从规范到训导

大学校规的法律人类学研究

杜敏菊　著

中国社会科学出版社

图书在版编目(CIP)数据

从规范到训导：大学校规的法律人类学研究／杜敏菊著．—北京：中国社会科学出版社，2023.4
ISBN 978-7-5227-1392-2

Ⅰ.①从⋯ Ⅱ.①杜⋯ Ⅲ.①高等学校—规章制度—研究 Ⅳ.①G647

中国国家版本馆CIP数据核字(2023)第026153号

出 版 人	赵剑英
责任编辑	王莎莎
责任校对	张爱华
责任印制	张雪娇

出　版	中国社会科学出版社
社　址	北京鼓楼西大街甲158号
邮　编	100720
网　址	http://www.csspw.cn
发 行 部	010-84083685
门 市 部	010-84029450
经　销	新华书店及其他书店
印　刷	北京明恒达印务有限公司
装　订	廊坊市广阳区广增装订厂
版　次	2023年4月第1版
印　次	2023年4月第1次印刷
开　本	710×1000　1/16
印　张	18
插　页	2
字　数	313千字
定　价	118.00元

凡购买中国社会科学出版社图书，如有质量问题请与本社营销中心联系调换
电话:010-84083683
版权所有　侵权必究

序 一

得知杜敏菊博士的著作即将付梓出版，我十分欣慰。这份欣慰的由来不仅因为我是杜敏菊博士的博士论文指导老师，还因为这部著作以法律人类学的理论和方法研究高等学校学生管理规范的制定与运行，在国内学界算是一部具有新意的著作。

在当下的中国大学中，学生管理是一项极其重要的工作，它贯穿于学生在校期间的学习与生活之中，也维系着学校的正常运行。表面上看，似乎学生管理就是校规的制定与实施，但在现实中，涉及学生管理校规的制定和实施却是十分精细而复杂的过程，涉及教育理念、学校文化、办学条件、教师素质、学生品格等多重因素，伴随着影响与被影响、反抗与顺从、混乱与有序、平稳与反转等现象。身处大学中的教师和学生对校规并不陌生，但却不一定完全知晓校规制定和实施的过程，杜敏菊博士的这部著作通过对一所大学学生管理规范的微观研究，描述了现代大学学生管理规范制定和实施过程的共性和因学校文化形成的特殊性，认为校规作为一种正式制度的规范，其制定和实践均以训导为指导原则，训导为主，处罚为辅是校规的主要特点。同时，校规具有过程性的训导机制，应当将校园文化的过程控制与校规的规范控制相融合，以解决培养什么人、如何培养人和为谁培养人的问题。

将大学的校规作为法律人类学的研究对象在人类学的圈子中并不会引起较多的异议，尽管人类学理论中对法律与习俗的区分有不同的观点，但并不排斥将人类社会的规范作为法律的人类学研究对象。即使在当下的法律人类学研究中，以纠纷和纠纷过程为关注焦点的过程研究成为流行的研究范式，然而，以规则为中心的研究范式仍然是当代法律人类学家采用的一种研究进路。在法律人类学的理论中，规范分为不同层次，国家法律、族群习俗或地方习俗、行业行规或机构章程尽管层次不同却都具有规范的性质，对不同层次的规范进行动态的、整体性的研究，查明不同规范在制定和实施中发生或可能发生的冲突及其背后的文化意义，提出实现和谐社会治理的切实路径是法律人类学研究的抱负之一。杜敏菊博士的研究将大学校规作为法律人类学的研究对象是具有开拓性的工作，它撩开了大学校规的神秘面纱，实际上，大学校规与其他规范一样具有公开性、明确性、适度性和强制性的共同特点，但大学校规又因不同大学的校园文化和管理对象的特殊性有各自的形态和性格，形成与其他社会规范的差别以及多样性的大学校规。同时，大学校规是社会治理系统中重要的一环，它不仅是大学建构教学科研秩序及日常生活秩序的工具和制度文化，也是社会规范的组成部分，它要遵守国家法律，也需要与社会普遍认同价值观相一致。所以，认识大学的校规不仅要看到校规的"地方性"，也要看到校规的社会性。

大学校规是陶冶教师和学生情操、形塑大学独特品格的表达与实践。杜敏菊博士的著作中，将大学学生管理规范表达与实践的指导原则称为"训导"，这是一个深思熟虑的概念。尤其是在实践方面，大学校规的训导禀性更具特殊性。大学的学生管理规范是一种强制力较弱的规范，尽管其中设置了纪律处分，但并不以实施纪律处分为其执行的主要手段，而是凭借校规中的人性基础和校规操作者与校规承受着的行动形成的训导过程保障校规的执行，即在大学的日常生活中，校规通过组织和建构校内秩序的过程约束学生的品性行为和学业标准，对学生的行动和观念进行持续性、日常性的训诫和教导。这种训导以细雨润物、因势利导的方式使校规成为学生乐于遵守的内在规范，具有持续性的特点；这种训导遍及大学生活的方方面面，包括学习和生活，具有日常性的特点。杜敏菊博士的著作通过大量的个案分析解释了训导过程的复杂、艰辛和训导工作的智慧、逻辑，其中有许多从大学层面提出的"守法"问题，这些内容对于读者了解大学校规的实践提供了感性实例和理性反思。

大学是一个特殊的社会领域，对于大学的研究不仅是学科的建设与发展，还有大学的管理与育人之道。杜敏菊博士的著作从大学学生管理规范的层面研究了大学管理与育人之道的路径，有抛砖引玉之意，我热切地希望能有更多的法律人类学家关注大学教育中的法律事实，写出更精彩的有关大学教育的法律人类学著作。

是为序。

张晓辉

2021 年 11 月

序 二

"大学之道,在明明德,在亲民,在止于至善。""物格而后知至,知至而后意诚,意诚而后心正,心正而后身修,身修而后家齐,家齐而后国治,国治而后天下平。自天子以至于庶人,壹是皆以修身为本。"现代大学的功能无外乎人才培养、科学研究、社会服务和文化传承,而人才培养是大学的首要任务。大学的使命就是要培养学生完整的人格、净化学生的心灵、修养学生的品行、锻炼学生对事物进行批判的能力,实现人的全面发展和国家、社会与个人的协同发展。

大学为了实现"立德树人"的终极目标,在其内部推行规范管理、教育,以公开、明示、相对稳定的内部规则组织起校园日常生活,包括学生操行评定、学业评价的规范与标准体系。校规直接影响着学生的行为习性和态度观念,在校园生活具体的"过程—事件"之中发挥教育、训练、引导、培养学生的效能。在组织起校园生活秩序的同时,校规控制并塑造着学生,从而间接影响到社会规范的运行与遵守,而"校规与校规遵守"所契合的法理学命题就是"法与守法"。

杜敏菊博士从法律人类学的视角去研究大学管理规范,较为鲜见,具有很强的个性与独创性,视角、观点和结论都具新颖性。她认为:校规是一种具有"地方性知识"特点的组织内部之"法",有着自身鲜明的"个性"——通过塑造学生的品行、习性而间接引领社会生活。而其途径则是在规范文本中弥漫对"良习美德"的倡导与弘扬,并且在适用过程中强调对学生的说理与劝服。一方面,校规从"时间""空间"和"内容"三个维度限定学生的生活轨迹,影响他们"选择"如何为人行事;另一方面,校规通过"奖—罚二元"和"隐喻—濡化"相结合的一整套机制,实现学生"外在"与"自我"的双向引导。

大学管理者往往强调学生服从、顺从。将班主任、辅导员、学业导师等在执行校规问题上的责任义务权利无限扩大，强调了"师"而忽略了"生"的作用。校规并非"从文本到行动"的自发运行，而是特定社会文化背景之下师－生双方主体互动的结果。规范不可能离开主体间互动而自行运转、生效，大学的规范教育不能单纯依靠规范本身而实现支援社会控制的目标。校规的遵守不是因为学生具有天生的守法倾向，也不是因为学生幼稚单纯，更不是因为校规的完备和严酷，而是因为在校规的制定和实施过程中贯穿着一种教育、规范、指引、培育的理念，使学生自觉认识校规、遵守校规、维护校规。

"法之合法"与"守法可能"的互动同构是基于规则"内生性发展"和民众"主体性养成"的双重实践之上，而大学规范教育的社会性与可迁移性为这种实践提供了具体通道。更为重要的是，校规的过程性训导包括规范自身内生性的发展和对学生主体性的培育，这有着深刻的社会文化意义——在具体事件－过程中为学生提供参与规则创立与完善的机会和通道，从中养成主体意识和守法倾向，从而能够在走向社会时顺利融入新时代社会治理实践，以自觉遵守国家法律和社会规范的习性，引领社会尊法、守法、护法之风。

大学管理者往往错误认识校规的作用。即大学校规是用来管理学生、维护学校秩序的，而忽视了它本身的教育、引导、规范、养成的作用。教育具有社会性和可迁移性，校规良性运行的效能可以外溢至普遍的社会生活，使大学规范教育成为支援社会控制的重要举措。经由校规体系组建起秩序生活，从中实现对受教育者的持续、规范、正向引导。当学生步入社会生活，将成为新时代"共建、共治、共享"社会治理策略的能动实践者。

杜敏菊博士与我是亦师亦友的关系。一是我们都师从于云南大学张晓辉教授；二是年长和学术研究的关系。由于她博士论文的研究是高校校规，而我长期从事学生、教学等管理工作，是学校诸多规则的制定者、参与者、执行者，具有丰富的实践经验。所以，她要求我为本书作序，我也就只好愉快的服从了。

莫关耀
2021 年 8 月

前　言

现代大学为实现"立德树人"的文化目标，需要在其内部推行规范教育，以公开、明示、相对稳定的内部规则组织起校园日常生活，其中涉及学生操行评定、学业评价的规范与标准体系是本书所指"学生管理规范"（以下简称"校规"）。校规由学校制定，普遍适用于在校学生群体，以一定制裁为约束力，主要通过界定校内权利义务关系而具体、直接地影响着学生的行为习性和态度观念，在校园生活具体的"过程—事件"之中发挥训练、教导学生的效能。在组织起校园生活秩序的同时，校规规范、控制并塑造着学生，从而间接影响到社会规范的运行与遵守，因而在法律人类学的视野中其属于"法"的范畴，而"校规与校规遵守"所切合的法理学命题其实就是"法与守法"。

本书的目的在于解释校园文化社区内部法则支援社会治理的可能与路径，同时以具体经验的视角审视"法之合法"与"守法可能"间的关系。就此，本书选取一所典型的中国大学进行田野调查，聚焦于该校校规运行的日常事实，通过观察、描述、评析内部法则与成员互动的景象，以具体案例来分析校园文化社区内部法则运行的社会文化意义。

本书的研究方法主要包括田野调查法、"过程—事件"分析法和扩展案例研究法。以S大学校规框定下的日常生活为研究背景，以具体的"过程—事件"为线索，对受校规影响的各方主体间互动场景进行深描，对发生于S大学这一"小地方"内部的诸多案例进行扩展式研究，讨论"规则—行动"此"大论题"。所应运的理论工具主要包括地方知识理论、社会控制理论和沟通行动理论等法律人类学和法社会学的相关理论。

本书内容主要包括相互关联的四个层面：第一章"校规的规范形态"，从规范分析的视角对校规的性质进行概括，认为校规组织起大学校园生活的秩序，是一种具有"地方性知识"特点的组织内部之"法"。较之于其他社会规范，校规有着自身鲜明的"个性"——通过塑造学生的品行、习性而间接引领社会生活，而其途径则是在规范文本中弥漫对"良习美德"的倡导与弘扬，并且在适用过程中强调对学生的说理与劝服。

第二章"训导的日常实践"，通过多个校园生活片断和具体事件来展现校规主体在特定情景中如何与校规发生互动，以此说明校规发挥训导的机制与效能：一方面，校规从"时间""空间"和"内容"三个维度来限定学生的生活轨迹，影响他们"选择"如何为人行事；另一方面，校规通过"奖—罚二元"和"隐喻—濡化"相结合的一整套训导机制，实现学生"外在"与"自我"的双向训导。

第三章"影响校规运行的复杂现实"，详细描述在复杂的校园社区生活中，校规运行中教师的另类行动和学生的逆反抵抗。认为校规并非"从文本到行动"的自发运行，而是特定社会文化背景之下师—生双方主体互动的结果，由此，脱离校规预期训导目标的现象时有发生。

第四章"校规良性运行的文化意义"，以正视校规良性运行可能遇到的阻碍为开端，讨论校规良性运行的可能及其良性运行的表现与效能。认为校规本身的有限性决定其运行的非封闭性和结果的非必定性，但是校园文化所发挥的"多层叠加"效应可以弥合校规的有限性，从而保持校规的良性运行，使得学生历经校规持续合法化的"规则之治"，在日常生活之中参与"文化传习"，并在校规适用的具体"过程—事件"中，基于主体身份和内在观点去认知、理解、遵守、完善规则，从而获得更加顺利社会化的"赋权增能"。

本书认为，规范不可能离开主体间互动而自行运转、生效，大学的规范教育不能单纯依靠规范本身而实现支援社会治理的目标。校规的遵守不是因为学生具有天生的守法倾向，也不是因为学生幼稚单纯，更不是因为校规的完备和严酷，而是因为在校规的制定和实施过程中贯彻着一种训导的理念，即通过日常生活中的校规宣示、仪式场景、灵活适用、纠纷平息、师生交融等过程性训导，使学生认识校规、遵守校规、维护校规，并自觉进行自我训导，从而建立学校的正常教学、生活秩序。更为重要的是，校规的过程性训导包括规范自身内生性的发展和对学生主体性的培育，这有着深刻的社会文化意义——在具体过程-事件中为学生提供参与规则创立与完善的机会和通道，从中养成主体意识和守法倾向，从而能够于毕业之后顺利融入"共建共治共享"的社会治理实践，以自觉遵守国家法律和社会规范的习性引领社会守法之风。研究验证了"法之合法"与"守法可能"的互动同构可以立基于规则"内生性发展"和民众"主体性养成"的双重实践之上，而大学规范教育的社会性与可迁移性恰好为这种实践提供了具体通道。

概言之，本书意在通过"性质""功能"和"意义"三个维度对一所大学内部学生管理规范作微观、具象分析，以生动的事例说明"合法之法"与"守法可能"之间的互动、同构关系；并基于教育具有社会性和可迁移性的原理，解释校规良性运行的效能如何外溢至更为普遍的社会生活之中，使大学规范教育成为支援社会治理现代化的重要举措。

受教育之人是实现"法—守法"关系良性发展之"元"，而大学规范教育之"本"在于营造优秀校园文化，并于其中，由校规体系组建起秩序生活，在过程-事件中实现对受教育者的持续、正向训导。当诸多经受此等校规训导之人走入更为普遍的社会生活，将成为新时代"共建共治共享"社会治理策略的能动实践者、全过程人民民主的直接经验者，于具体的社会生活中自觉主动促进国家社会治理体系与治理能力的现代化。

目 录

绪 论 ·· 1
  第一节　研究缘由与研究意义 ·· 1
  第二节　国内外相关研究概况 ·· 5
  第三节　研究方法、技术路线和理论工具 ·· 22
  第四节　田野点的选择 ·· 34
  第五节　田野的进入、离开以及伦理问题 ·· 37
  第六节　关键概念 ·· 39

第一章　校规的规范形态 ·· 44
  第一节　校规的生成 ·· 44
  第二节　校规的性格 ·· 49
  第三节　校规的动态演变 ·· 57
  本章小结 ·· 88

第二章　训导的日常实践 ·· 90
  第一节　体系化的训导机制 ·· 90
  第二节　训导的预期目标 ·· 112
  第三节　训导功效的常态 ·· 120
  本章小结 ·· 130

第三章　影响校规运行的复杂现实 ·· 132
  第一节　行动中的校规操作者 ·· 132
  第二节　承受者对校规的叛逆与抵抗 ·· 146
  第三节　校规运行的另类后果 ·· 163

  本章小结 ·· 185

第四章　校规良性运行的文化意义 ·························· 187
  第一节　校规良性运行的阻碍 ···························· 187
  第二节　校规良性运行的可能 ···························· 199
  第三节　校规良性运行的表现及效能 ······················ 221
  本章小结 ·· 243

结　论 ·· 245
  第一节　校内法则的运行承载着指向校规承受者的过程训导 ········ 245
  第二节　校规的过程训导可以实验"法与守法"的良性互构 ········ 247
  第三节　对规则的内部体验将引导校规承受者融入社会治理实践 ··· 248

附录一：校规承受者访谈提纲 ···························· 251

附录二：校规操作者访谈提纲 ···························· 253

附录三：校规承受者调查问卷 ···························· 255

附录四：《S大学学生管理协议书》 ······················ 262

参考文献 ·· 264

后　记 ·· 275

绪　论

第一节　研究缘由与研究意义

一　研究缘由：大学规范教育何以支援社会治理

教育之于人类社会有着极为重要的决定意义，因为人类赖以存在和发展的知识经验并不能如其他动物那样通过基因来完成代际传递，而需要依靠教育来实现传承，正是教育使得人类经验文化和人类物种本身得以延续。在人类丰富的教育形态当中，大学教育作为现代社会实施专业教育的国家顶层文化设计，是生成、储存及传播知识与文明的重要形式，其社会功能与文化意义在于对受教育者施予有目的、有计划的教化与训导，培养适格的社会建构力量，从而推进文化发展、优化社会结构。从此角度而言，大学教育可以被设想为一种"支援社会治理的主要依托"[①]。

国家制定法对大学职能的界定，表针着国家对大学之于国家、社会重大意义的认识，例如："以教授高深学问、养成硕学闳材、应国家需要"[②]"为社会主义现代化建设服务……使受教育者成为德、智、体、美等方面全面发展的社会主义事业的建设者和接班人"[③]等。与此同时，大学也被社会公众普

[①]　庞德在讨论法律的性质与功能时曾强调，法律作为一种社会控制的重要机制，不可能脱离其他社会因素而存在，它需要依托教育、宗教、习俗等机制来发挥其社会控制功能。参见［美］罗斯科·庞德：《通过法律的社会控制》，沈宗灵译，商务印书馆1984年版，第12页。"社会治理"理论是社会控制理论发展演进的成果，较之于传统的社会控制，社会治理更为强调社会生活中各方主体的地位公平和参与民主。

[②]　中国现代大学创立之初的首要目的在于"兴学救国"，1912年中华民国政府教育部公布《大学令》用于规范大学与政府关系及内部治理原则，此处引文即《大学令》第一条，明确大学的办学任务与宗旨。

[③]　1998年第九届全国人大常委会第四次会议审议通过《中华人民共和国高等教育法》，全国人大常委会先后于2015年12月、2018年12月两次对该法进行修订。该法第四条、五条对高等教育的办学原则与任务进行了规定。

遍地认为是先进知识和主流文化的主要编码、传递及认证机构，被誉为"文化高地"。但是，人们就大学规范教育在社会治理中发挥效用的理解却停留在一种间接而模糊的感受之上。大学教育作为现代社会的一个重要领域，如何在具体的时代背景中与社会整体和其他社会领域发生密切的互动往来，又如何在其中引领社会发展——既作为一种权力配置机构来促成社会成层，又作为人的社会化媒介来实现对受教育者情感信念及行为习惯的持续性塑造，从而有效发挥支援社会治埋的效用——尚需要以详实、具体的例证来做出说明与解释。

大学教育的社会功能及文化意义在具体的历史背景之下，其内容、形式及评价体系需要贴合时代特征而调适、变更。当中国的社会发展进程步入新时代，在承认中国社会存在"发展不平衡、不充分"的矛盾时，即是表明对"多元文化及价值利益碰撞竞争、社会分化与整合对抗角力"这一社会现实的正视，作为应对之策，社会需要由那些能够统领、整合多元价值和利益的机制来实现"共建共治共享"的有序治理模式。大学规范教育作为其中一项重要机制，其各项育人举措必须进行顺应时代的调适——"统一标准""单一模式"的"资格认证"体系需要切换为"复合标准""多元模式"的"整合引领"体系。

在大学规范教育进行上述调适的过程之中，大学内部的学生管理规范作为大学育人举措的重要内容，也需要从简单的强制性外生行为规范转变为能被受教育者普遍认同服从的内生性规则，在组织起校园生活正常秩序的同时，以校园文化细节对受教育者进行整合与引领，由此提供受教育者体验作为社会能动主体参与社会规则的商谈、拟定、变更的机会与通道，从中养成以"内在观点"自愿自觉服从社会规则的意识与信念。

本书研究大学学生管理规范所持的基本态度源自马林诺夫斯基所坚持的规则研究思路——"不是去研究人类怎样服从规则……（而）是规则应如何去适应人类生活"[1]。因而，研究路径就是以法律人类学的视角对这一具体社会规范的功能与意义进行深描和解释——学生管理规范如何适应新时代社会治理策略变更所提出的新要求。研究目的在于求证新时代背景下，大学内部法则作为大学教育的重要机制，如何发挥"支援社会治理"的效用——校规

---

[1] ［英］马林诺夫斯基：《原始社会的犯罪与习俗》，原江译，法律出版社2007年版，第84页。

体系的运行如何才能为受教育者提供一种生活于"内生性规则"之下的社会化体验,在具体运行过程中完成对受教育者的训化与教导,将其塑造为具备主体性、能动追求人生意义,同时能就社会规则达成一定默契并自觉自愿、服从守规的社会建构者群体,有效参与到"共建共治共享"的社会治理过程当中。

概言之,本书聚焦于大学校规这一具体的社区内部法则,通过描述分析其在校园社区生活中的运行状况,讨论其溢出校园而影响更为普遍的社会规则的可能,以此说明大学的规范教育如何发挥其支援社会治理的效用。

二 研究意义:"法与守法"命题的另一种叙事

本书响应当代法律人类学家对"法人类学也应当研究本土法律问题"的号召[①],追求透过我们司空见惯、习以为常的大学内部学生管理规范,描述校园社区内部法则作为社会规范体系的重要组成部分是如何影响普遍意义上的社会规范的形成与运行的。研究主要居于受校规直接影响的群体之立场、设身处地地解释"规范—行为"这对关联互动关系形成的原因、后果与意义,从而进一步讨论随着受教育者步入更为普遍的社会领域而发生的校规运行效应对其他社会规范可能产生的影响。

本书所论"校规",是指大学在国家法律赋权或指令之下,在组织校园秩序、教育管理学生的过程中逐渐形成的内部规范体系。校规通常以公开、明示、相对稳定的形式给出学生操行评定与学业评判的标准与依据,在校园社区之内现实地约束着内部成员(主要包括教师和学生双方)的思维与行动,具有规范、控制和塑造人的功能,故而在法律人类学的视野下,是一种确实存在的社区内部法则。校规与受其约束之人行动之间的关系,即是"规则—行动"的关系,而本书的核心观点即是"合法之法"与"基于内部观点的守法行动"呈同构关系,就此而言,对"校规—守规"的分析所切合的法理学命题就是"法与守法"。

---

① Conley J. M., O'Barr W M. *Legal Anthropology Comes Home: A Brief History of the Ethnographic Study of Law*, Loyola of Los Angeles Law Review, 41 – 64 (1993). 作者约翰·M. 康利和威廉·M. 奥巴在此篇题为《法律人类学归来:法律民族志研究简史》的评论中,提出法律人类学自20世纪80年代以来,开始减少对世界其他区域的关注,而更多地关注于自身所在的区域,以此来研究他们自身以及他们所在的文化,即所谓"法人类学回家",提出研究异文化的终极目标应是对自身文化的反思,故而不应忽视对本土文化的深入理解。

围绕"法与守法"命题展开的学术讨论一直是法理学研究的基础性话题。本书沿袭法律人类学的视角,将大学校规界定为一种存在于大学校园日常生活中的社区内部法则和一种"无法自外于其所由生的社会文化"①的社会规范之法,以 S 大学这一具体"小地方"的内部学生管理规范为实例,从理论层面进一步讨论"法与守法"此"大论题",分析人们之所以守法的诸多可能原因以及社区内部法则如何影响到更为普遍的社会规范。具体来说,本书描述、解释校规与受其影响者行动之间的关联互动,以及这种关联互动又如何对更普遍的社会规范系统产生潜在影响,从而以具体个案研究的方式对"法与守法"话题的讨论进行丰富与补充。

研究作为校园社区内部法则的校规,不仅要深描其在校园内部如何与受其影响之人进行互动,也不仅在于讨论如何实现"校规—守规"二者间的良性互动,更在于从教育的"社会性"和"可迁移性"的原理出发来说明"校规—守规"的良性互动效果如何才能够经由受教育者群体的媒介作用而溢出校园,促进更为普遍的社会领域中"法—守法"的良性同构,并提升社会治理的有效性和正当性。

通过对校规运行的深入观察,我们发现校规的效用会经由受其训导之人而传递、影响到其他社会规范的存在与运行——大学时代,受教育者是迫于外生性因素而无奈"屈服"或暗中"抵抗"校规,还是以校规主体的身份认同、服从具备内生性的校规,将显著地影响到他们对社会中"法"与"守法"的感受与体认。也就是说,大学作为人社会化的重要媒介,在很大程度上决定着受教育者在社会结构中的占位和资源,同时也塑造着受教育对社会本身的经验与体认——受教育者对大学校规运行的感受,将在很大程度上决定着他们对社会规范的信念,决定着在更普遍的社会领域中"法"与"守法"良性同构关系能否成立。

就研究的现实意义而言,本书通过深描受校规承受者何时、何故、何以依从遵守或抵抗规避校规来呈现校规与校规承受者行动之间关联互动的生动场景,就此讨论校规"合法性"的理想状况以及现实中校规体系运行的"另类结果",并分析解释这些"另类结果"产生的原因,据此讨论如何

---

① 林端:《法律人类学简介》,《中国论坛》1988 年第 298 期,第 72—78 页、第 299 期,第 62—68 页。

增进校规"合法性"——在有效组织大学校园秩序的同时实施过程性控制,培养校规承受者审慎对待规范的习性、促生民主尚法精神、形成与其他社会主体达成规则共识的能力,并主动参与"共建共治共享"美好生活的社会治理实践。

综上所述,本书的理论意义在于以个案研究来丰富"法与守法"命题的讨论,通过详细叙述大学校规这一具体规范的运行现实,来求证"法的内生性"与"基于内部观点守法"之间的良性互构;而本书的现实意义则在于通过S大学校规运行的具体个案分析来讨论现有大学校规体系何以达至"合法有效"的内在规则、何以实现对校规承受者的过程性控制,从而促进大学规范教育在新时代更有效地为"共建共治共享"的社会治理策略提供智力支持。

第二节 国内外相关研究概况

一 对大学教育的人类学反思

自20世纪80年代以来,西方人类学开始将研究视线从对异文化的关注转回至对西方社会自身文化的分析,其中就包括对西方教育制度的深刻反思。有学者认为,人类学最重大的两项研究成果即是对"文化"和"实践民族志"这两个关键概念的发现与运用,而此二者就与教育、尤其是高等教育有着密切关联。[1]

当代西方对大学教育展开人类学分析的思想渊源可以追溯至"福柯(Michel Foucault)—拉康(Jacques Lacan)—德里达(Jacques Derrida)"后现代主义"理论三部曲",即对社会权力与结构的批判与反思[2]。沿此思路,布迪厄(Pierre Bourdieu)提出基于社会现象学的社会实践理论,就特定场域(field)之内"规则—行为—策略"多重纠合关系的角度对社会空间现象(包括教育)进行反思[3],此后他又直接完成了系列关于大学教育的民族志研究,

---

[1] Wesley Shumar and Shabana Mir., Cultural Anthropology Looks at Higher Education, *A Companion to the Anthropology of Education*, Wiley-Blackwell, 445–460 (2011).

[2] Ibid..

[3] Pierre Bourdieu, *Outline of A Theory of Practice*, Cambridge, Cambridge University Press, 1977; Pierre Bourdieu, *The Logic of Practic*, Stanford, CA: Stanford University Press. 1990; Pierre Bourdieu and L. J. D. Wacquant, An Invitation to Reflexive Sociology, *Contemporary Sociology*, 1992. (此书中译本见〔法〕布迪厄,〔美〕华康德:《实践与反思——反思社会学导引》,李猛、李康译,中央编译出版社1998年版)。

从规范到训导：大学校规的法律人类学研究 >>>

例如《同质化的学术体》[1]《国家权贵：权力场域中的精英学校》[2]，分析文化资本如何经由教育机制而被代际传递，从而批判官僚资本主义与技术专家共谋之下对社会所实施的统治，并揭示其是如何对人们的意识进行控制并获得人们顺从的。布迪厄围绕教育中文化资本、权力传递所展开的批判性研究对西方文化人类学研究产生了显著影响，他倡导研究者应当对自己所在的位置进行反思性研究，因为正是"位置"决定了人们的话语，由此才可以理解社会知识是如何在社会领域中进行布局，并为学术领域中的参与者所利用的。

受到布迪厄思路影响，自20世纪90年代以来西方人类学家对大学教育进行了诸多研究，其中较为显著的成果包括威森特·丁度（Vincent Tinto）的《离别大学》[3]、威廉·蒂尔尼（William Tierney）的《大学内部学生参与状况的人类学研究》[4]、霍兰德和埃森哈特（Dorothy Holland and Margaret A.）的《浪漫的教育》[5]、威斯利·舒马尔（Wesley Shumar）的《售卖大学：对高等教育商业化的批评》[6]、莎拉·斯劳特和拉瑞·勒斯莱（Sheila Slaughter and Larry L. Leslie）的《学术资本主义：政治、政策和资本主义化的大学》[7]、珍·简森（Jane M. Jensen）的《边缘上的高等教育》[8]，以及乔伊斯·迦南和威斯利·舒马尔（Joyce E. Canaan and Wesley Shumar）合编的论文集《新自由主义大学中的结构与机制》[9] 等。

---

[1] Pierre Bourdieu, *Homo Academicus*, Stanford, CA: Stanford University Press, 1988.

[2] Pierre Bourdieu and Lauretta C. Clough, *The State Nobility: Elite School in the Field of Power*, Stanford, CA: Stanford University Press, 1996. 该书中译本名为《国家精英——名牌大学与群体精神》，杨亚平译，商务印书馆2004年版。

[3] Vincent Tinto, *Leaving College: Rethinking the Causes and Cures of Student Attrition*, Chicago, University of Chicago Press, 1993.

[4] William Tierney, An Anthropological Analysis of Student Participation in College, *Journal of Higher Education*, 1992, 63 (6): 603–618.

[5] Dorothy Holland and Margaret A. Eisenhart. *Education in Romance: Women, Achievement, and College Culture*, Chicago, IL: University of Chicago Press.

[6] Wesley Shumar. *College For Sale: A Critique of the Commodification of Higher Education*, Washington, DC: Falmer Press, 1997.

[7] Sheila Slaughter and Larry L. Leslie. *Academic Capitalism: Politics, Policies, and the Entrepreneurial University*, Baltimore, MD: Johns Hopkins University Press, 1997.

[8] Jane M. Jensen. *Post-Secondary Education on the Edge: Self-improvement and Community Develoment in a Cape Breton Coal Town*, New York: Peter Lang, 2002.

[9] Joyce E. Canaan and Wesley Shumar. *Struction and Agency in the Neoliberal University*, New York: American Council on Education; Macmillan, 2008.

在《离别大学》中，威森特·丁度在借鉴涂尔干（Emile Durkheim）的社会团结理论和范·杰内普（Van Gennep）的仪式过程理论的基础上，对大学之内学生缀学（学业终止）的原因进行了深入分析，认为缀学即是学生无法顺利通过大学中存在的社会阈限，即无法顺利完成社会身份的转变，故而缀学并不一定是坏事，反而还有利于学生本人、大学和社会。

威廉·蒂尔尼的《大学内部学生参与状况的人类学研究》其实是针对威森特·丁度《离别大学》的回应与评论，他认为后者并没有很好地理解范·杰内普的仪式过程理论，将其不恰当地运用于分析大学内部身份整合现象。与范·杰内普所研究的部落社会不同，当代美国大学并不存在单一的文化，也并非一个小规模的社群，故而进入或离开大学从表面上来看似乎更多地可以由个人进行选择。但问题的实质并不在于学生个体在"通过仪式"上的失败，而是基于肤色、种族等原因而被列入"异文化群体"，他们的"异文化"并不能够顺利与校园主流文化相融合，其实是无法有效参与到大学生活之中的，也因此不能享受文化资本所带来的"优待"。

《浪漫的教育》则是一部关于女大学生的民族志。作者在对两所大学进行的田野调查基础上完成该书的写作。这两所大学在学生种族结构方面有着显著不同，其中一所主要以白人学生为主，另一所则以非洲裔学生为主。对两所大学进行的长期个案追踪调查均显示，在大学内部"性别"对个人成就有着非常重要的决定意义——男生以其在学院中的地位，诸如是否成为足球队员或是否担任学生干部等作为评判其成就的重要依据；而女生则主要以能否拥有一个"地位高"的男朋友或使"地位高"的男生为她服务为评判其个人成就的主要依据。也就是说，大学女生更加关注自己的"颜值"而不是"学业"，由此解释了大学女生喜欢挑选一些难度不高的专业，并且更容易中途放弃学业的原因。据此，作者认为正是校园文化中关于"性别差异"的建构导致了两类性别的学生对学业态度的不同，进而也分划、加剧了两性在社会地位、成就方面的差别。

在消费资本主义席卷全球的社会背景之下，威斯利·舒马尔、莎拉·斯劳特和拉瑞·勒斯莱等人均在其作品中充分表达了对大学商业化的批判与控诉，认为原本自由的教育被越来越公开地售卖给私人买家，同时，政府对大学科研的投入与资本企业又有着千丝万缕的关联，从而导致大学成为从事"知识生产"的商业化机构，鼓吹学术群体内的"学术文凭主义"，认为这将会显著地影响到社会结构及参与其中的人们。

珍·简森在《边缘上的高等教育》一书中描绘了一个加拿大工人阶级社区对大学的态度。在该社区的居民看来，尽管大学许诺了一种更为"体面""有价值"的谋生之路，但大学内部的文化却与社区固有的文化存在明显冲突，所以对于他们来说，大学并不能真正兑现其许诺，读大学并不能使他们获得更好的出路，而仅仅是一种虚无的"文凭主义"。

《新自由主义大学中的结构与机制》是一本收录了多篇关于不同国家大学机制文化人类学研究成果的论文集，主要关注20世纪末至21世纪初以来新自由主义运动对高等教育的影响，包括对大学商业化、课程形式变化、大学内部管理结构与权力分配等话题的讨论。其核心思想认为政治与经济对大学有着显著影响，大学被"政治"所利用，成为制造文化区隔、巩固社会结构的统治机制。

综上，国外学者对大学所进行的人类学反思已然构成文化人类学成果的重要组织部分。这些研究从文化批评与后现代主义的视角对大学的功能使命、社会意义进行解构与重构，揭示出大学其实就是一个社会"文化"的注解——受到不断变化的政治强权与政治事件的影响，同时反映出并强化所在文化的特点。大学机构中的主流文化不仅如格尔兹（Cliford Geertz）所言是"意义的象征集合"，更是一个能使某些人获得特权同时又使另一些人被边缘化的重要标识系统。

上述对大学教育所作的人类学反思，均是紧扣大学与社会整体间的互动关系而展开，结合具体现象讨论大学教育之于西方世界的社会意义，尽管某些结论并不一定适用于解释我国大学教育中的现象与意义，但这些成果还是给予本书写作极大启示：对大学校规的研究不应限于规范条文本身，而在于从整体论的视角出发，对其文化意义进行深入观察。其中，不仅要描述经济形势、政治氛围、传统习俗、科学技术等社会因素如何对大学规范产生影响，还应当关注在当前时代背景之下，大学校规与受教育者所在社会结构之间的关系，追问伴随大学校规运行而发生的知识传递、观念塑造的终极目标是什么、现实状况又如何，以及其背后的社会意义何在。

二 对"校规"的学术研究

1. **国外研究**。由于国家体制和文化传统的差异，国外并没有与我国"学生管理"完全对应的概念,与之相近的概念是"学生事务"(student affair),而"校规"主要是指与学生事务相关的大学规章、标准等,指向学生的校内行为规范与学业标准(governance and performance),通常以 *Rule*,*Regulation*,*Student Charter*,*Statutes*,*Guide* 等形式出现,通常公布于学校网页①、校内公共设施(如宿舍楼、图书馆等)等信息档。

国外大学"通过管理和服务追求对学生的教育功能和发展功能,而且其教育功能隐性地贯穿于管理和服务的具体事务中"②,"校规"强调大学为学生提供服务,但并不排斥对学生进行必要的管理,不过这种管理主要是依托学生自我管理、自我约束来规范学生行为,引导学生自觉达到培养目标以完成学业。

国外学者对大学"校规"进行的专门研究主要涉及如下内容:一是论证学生事务规范可以对学术研究产生积极促进作用③;二是比较学生事务管理规范的不同模式以及其背后的支撑理论④;三是多元文化时代背景给学生事务规范带来的挑战和机遇⑤等。主要观点包括:其一,强调校内规范应当突出受教育者的主体性,认为教育的主要目的不在于"效率"而在于尽可能地促进教育公平和正义(Upcraft M L, Schuh J H, 1996);其二,学生事务是一个复杂

---

① 例如:英国国王学院主页(访问地址:https://www.kcl.ac.uk/aboutkings/Governance/index.aspx),美国芝加哥大学主页(访问地址:https://www.uchicago.edu/students/),澳大利亚国立大学主页(访问地址:www.anu.edu.au/about/governance/legislation)。

② 刘敬敏:《中美高校学生工作与学生事务的比较分析》,《合作交流》2007 年第 5 期,第 69 页。

③ See: Trudy W. Banta, George D. Kuh, *A Missing Link in Assessment: Collaboration Between Academic and Student Affairs Professionals*, Change the Magazine of Higher Learning, 30(2)40-46(1998); Davis T., Laker J. A., *Connecting Men to Academic and Student Affairs Programs and Services*, New Directions for Student Services, 2004(107)11(2004); Ortiz, Anna M., *The Student Affairs Establishment and the Institutionalization of the Collegiate Ideal*, New Directions for Higher Education, 1999(105): 47-57(2002).

④ See: Barr M. J., Desler M. K., *The Handbook of Student Affairs Administration*, Jossey-Bass, 2000; Upcraft M. L., Schuh J. H., *Assessment in student affairs: a guide for practitioners*, The Jossey-Bass higher and adult education series, 3(3), 359-362(1996); Hamrick F A, Klein K. *Trends and Milestones Affecting Student Affairs Practice*, New Directions for Student Services, 15-25(2015); Elkins B., *Looking Back and Ahead: What We Must Learn From 30 Years of Student Affairs Assessment*, New Directions for Student Services, 39-48(2015).

⑤ See: Pope R., Reynolds A. L., Mueller J. A., *Multicultural Competence in Student Affairs*, Jossey-Bass, 2004; Pope R. L., Reynolds A. L., *Student Affairs Core Competencies: Integrating Multicultural Awareness, Knowledge, and Skills*, Journal of College Student Development, 38(3), 266-277(1997); Lauren B. *Critical Issues for Student Affairs: Challenges and Opportunities*, Journal of College Student Development, 48(6): 730-731(2006).

的过程，包含着事实与价值的统一，在校内规范运行的过程中，不可能将价值排除在外（Hamrick F. A.，Klein K.，2015）；其三，理想状态的学生事务规范关系不应存在固定的、自上而下的权力关系，而应由学生参与到学生事务当中，实现权力的参与和分解，以使教育组织中的每一方得到自由和解放，使人的主体性得以张显（Ortiz, Anna M.，1999）；第四，在文化多元的时代背景之下，实现学生管理的方法不应当是唯一的、对抗的，而应当是多元的、对话的，只有如此，教育才能体现自由、真理和正义（Pope R.，Reynolds A. L.，2004）。

此外，国外学者在对大学制度进行评论时，也涉及到对"学生事务"规范展开的讨论，例如亚伯拉罕·弗莱克斯纳（Abraharn Flexner）的《现代大学论——美英德大学研究》[①]、J. S. 布鲁贝克（Brubacher J. S.）的《高等教育哲学》[②]、伯顿·克拉克（Burton. R. Clark）的《高等教育系统：学术组织的跨国研究》[③]、S. E. 佛罗斯特（S. E. Frost）的《西方教育的历史和哲学基础》[④]、阿特巴赫（Philip G. Altbach）的《比较高等教育：知识、大学与发展》[⑤] 等。这些著作的共同观点可以概括为两项：其一，强调大学中"人"的主体因素，并将其放入到学校组织系统中进行讨论，认为内部规范必须考虑学生主体，以"人"为中心；其二，大学体系、制度的形成受到诸多因素的影响，不能将大学"学生事务"规范孤立成一种特殊的事物进行研究，应充分考虑其所依存的社会，因此大学制度（包括"学生事务"规范）的建立也不能由"人"任意而为。

上述西方学者指涉"校规"的研究成果，在很大程度上为本书的研究提供了立论参考：首先是整体性的态度——对"校规"的研究不能孤立于其所在社会环境，否则将无法全面地理解"校规"真实状况与文化意义；

[①] Abraharn Flexner, *Universities: American English German.* Oxford University Press, 1930.

[②] Brubacher. J. S *On the philosophy of higher education*, Jossey-Bass Press, 1982. Revised Edition. 中译本：《高等教育哲学》，王承绪等译，浙江教育出版社2001年版。

[③] Burton. R. Clark, *The higher education system: Academic organization in cross-national perspective*, University of California Press, Berkeley, 1983.

[④] S. E. Frost, *Historical and Philosophical Foundations of Western Education* (2nd editions), First published in 1966. 中译本《西方教育的历史与哲学基础》，吴元训等译，华夏出版社1987年版。

[⑤] Philip G. Altbach, *Comparative Higher Education: Knowledge, the University and Development*, Ablex Publishing Corporation, 1998.

其次是对受教育者主体性的关注——受教育者并非被动地受制于"校规"，而是在特定情景中对"校规"进行重组与建构，故受校规影响之人与校规的互动场景、他们彼此间的人际关系及行动策略应当是研究"校规"的核心内容。

2. 国内研究。就已有研究而言，我国学者多在法学与教育学、法学与管理学的交叉领域对学生管理规范展开讨论。在笔者所收集到的资料中，目前暂无专门以大学学生管理规范（校规）作为专题研究对象的专著类学术作品，仅在一些对学校相关法律制度进行论述的专著中涉及对学生管理规范法理问题的讨论，例如《学校法通论》[①]《学校法律制度研究》[②]《高等教育行政执法问题研究》[③] 等。这些作品主要涉及对如下话题的讨论：一是从总体层面评述国家法律就学校体制与规范（包括学生管理规范在内）的应有设计及应循原则；二是论证学校制定各类校内规范时应当遵循国家法律法规和教育行政命令的必要性与必然性；三是现行学生管理规范存在的法律缺陷与风险；四是讨论学生与学校之间关系的法律属性，以及在发生具体纠纷时学校应当遵守的原则和解决纠纷可用的途径等问题。

围绕"校规"展开专题讨论的学术论文，主要内容及观点涉及：厘清大学的性质和学校与学生之间的法律关系是制定合理的学生管理规范的前提[④]；在"依法治国"背景之下大学学生管理规范的完善路径[⑤]；大学章程和校规存在的不足及完善途径[⑥]；从学生管理的某些具体侧面（如对学生进行违纪处

[①] 蒋超：《学校法通论》，四川出版集团巴蜀书馆2006年版。
[②] 马怀德主编：《学校法律制度研究》，北京大学出版社2007年版。
[③] 周叶中、周佑勇主编：《高等教育行政执法问题研究》，武汉人学出版社2007年版。
[④] 马怀德：《公务法人问题研究》，《中国法学》2000年第4期，第40页—47页；李华：《高等学校与高校学生的法律关系探究》，《学校党建与思想教育》2010年第11期，第49—51页；祁占勇：《高等学校学生自治的权利边界与法律保障》，《高等教育研究》2012年第3期，第29—34页；罗爽：《论高等学校法人制度的根本性质及其意义》，《高等教育研究》，2014年第3期，第15—24页。
[⑤] 张利君：《论高校学生管理法治化》，《黑龙江高教研究》2008年第5期，40—41页；张铤：《论高校学生管理法治化的基本价值及实现途径》，《教育探索》2012年第4期，12—14页；陆伟、王知春：《高校学生管理法治化探究》，《中国成人教育》2015年第1期，31—33页；孙杰：《依法治校视角下的高校学生管理法治化研究》，《高等农业教育》2015年第7期68—70页。
[⑥] 祁占勇：《大学章程的法律性质及其完善路径》，《高教探索》2015年第1期，第5—9页；胡肖华、徐靖：《高校校规的违宪审查问题》，《法律科学》2005年第2期，第20—26页；李军锋、沈建峰：《法治视野的高校内部规章及其效力》，《教育探索》2012年第3期，第129—132页；贾宝金：《论高等学校大学生校规的性质》，《中国农业教育》2012年第6期，第17—20页。

分、学位授予等）讨论现行管理制度存在的法律风险及改进途径①；透过学生管理规范可以分析大学权力与学生权利之间关系等②。

上述研究观点已然为我们揭示：大学依照国家法而建章立制的必要性，在于细化国家法，但这些大学内部的建章立制并非简单地"从上而下"就能实现，"合理合法"地建立、实施、完善学生管理规范必须考虑校内、校外诸多因素；我们所在的新时代背景和社会事实要求大学与学生之间不再是单一、单向的"管治"关系，应当将学生吸纳到制定学生管理规范的主体当中。这些研究已涉及到"校规"基本原理、价值取向、现存缺陷、完善途径等诸多层面，为本书写作提供了大量参考信息。但是，上述研究仍有诸多需要补充完善之处——其一，已有研究大多缺乏充分对校规与所依存社会环境间紧密关联的事实的详细描述；其二，往往仅将"校规"当作一种为实现大学良性运转而存在的工具来认识。忽略对其中"人"的因素进行深入讨论，缺少将受教育者作为主体来看待的眼光，也缺乏将受教育者能动作用于"校规"的事实进行深入分析，即仅限于对"规范"表象的描述与讨论，而缺少对其内部运行机制的关注；其三，已有研究几乎没有针对具体大学校规进行的实证性研究或案例研究，往往仅作较为宏观和宽泛的讨论，因此其研究成果的针对性和说服力容易受到挑战和质疑；其四，进入已有研究讨论视野的"校规"，仅仅是指由学校颁布、以文字形式表现的"正式"规范，但在实际学生管理过程中，存在大量不成文的非"官方"的"非正式"规范。它们也在实实际际地影响着大学中学生的行为、习惯、利益与观念。由于缺失对此类"非

---

① 张毅、黄敏之：《高等学校学生违纪责任的追究和权利保护研究——教育部〈普通高等学校学生管理规定〉解读》，《法制与经济》2006年第12期，第34—36页；南彬，胡颖廉：《信息传递与多方制衡：充分表达在学生违纪处分中的理论和实践——以清华大学为例》，《清华大学教育研究》2006年第S1期，第95—101页；陈恺玲：《论合法的高校学生违纪处分规则》，《福建师范大学学报：哲学社会科学版》2006年第4期，第42—46页；张新，李晓蓉：《法律视野下的高校学生违纪处分行为的性质及其救济》，《学校党建与思想教育：上》2011年第A11期，第68—69页；骆四铭：《学位管理："认证"还是"授权"——中美学位管理比较分析》，《黑龙江高教研究》2009年第5期，第1—5页；陈越峰：《高校学位授予要件设定的司法审查标准及其意义》，《华东政法大学学报》第3期，第110—112页；李祥、胡雪芳：《试论"学位法"修订的核心问题》，《黑龙江高教研究》2014年第3期，第28—30页。

② 例如罗爽：《从高等学校权力为本到学生权利为本——对公立高等学校与学生法律关系分析》，《北京师范大学学报：社会科学版》2007年第2期，第24—29页；全国教育科学规划领导小组办公室：《"高等学校学生管理的法律研究——基于公共性的高校权力与学生权利关系的研究"成果公报》，《当代教育论坛：校长教育研究》2008年第7期，第5—7页。

正式"校规对正式校规所产生实际影响的必要关注，使得已有研究显得过于片面、单向。据此，本书力求进一步深入研究，以弥补已有研究存在上述缺憾。

具体而言，本书将对一所大学之内校规的运行状况进行实证研究，将校规这一特殊的内部之"法"放入社会文化背景之中进行整体、动态、长期观察，同时也关注大学之内客观存在的多元规范，描述校园日常生活中校规与受其影响的各方主体之间互动与互构的事实，从文化研究的整体视角评述校规与受教育者行动之间何以实现良性互动、设想何以经由校规"训导"之人而实现校园内部规范对社会外部普遍规范的良性影响。

三 对"法与守法"的讨论

1. **西方法学家的争论**。在充斥浪漫主义与文化自恋的古希腊，柏拉图（Platon）承认"法"是在无"哲学王"圣明之"人治"的情境下退而求其次的选择，是基于公民成立国家的契约而产生的"绳索"，如若法律基于公正原则并服务大部分人的利益，则是体现国家"良好愿望"的"善法"，因此公民"守""善法"便是一种"美德"，而教化公民养成此"美德"则是执掌国家法律的"良吏"们应当履行的职责[①]；亚里士多德（Aristotle）进一步论说了"守法"的前提是"良法"的存在，而国家完美的状态则是"良法受普遍服从"的法治[②]。

自公元14世纪以来，近代自然法理论不断营造人文主义氛围，在此背景之下，"法"被论说为基于"天理"和"人性"的"社会契约"，而公民"守法"就是对契约的遵守，"信守你的协议，或遵守诺言"[③]。卢梭（Rousseau）系统论述社会契约论，认为法是基于每个社会成员的协商而制定的契约，并不是依靠权力强加于人的命令，因而，法律是社会结合的条件，人们服从法律是因为他们就是法律的创作者。[④]

在资产阶级人文主义背景下，西方对"法"的另一种表述则是人们基于

[①] 柏拉图：《法律篇》，张智仁等译，上海人民出版社2001年版，第28—29页；

[②] 亚里士多德说："法治应该包括两重意义：已成立的法律获得普遍的服从，而大家服从的法律又应该本身是制定得良好的法律"，见亚里士多德：《政治学》，商务印书馆1985年版，第199页。在这里，可以将"人们对法律的普遍服从"视为一种行动，而"本身制定得良好的法律"则可视为"法规"，当二者同时出现则可构成一种完美的政治局面——法治。

[③] ［英］霍布斯：《论公民》，应星、冯克利译，贵州人民出版社2003年版，第26页。

[④] ［法］卢梭：《社会契约论》，何兆武译，商务印书馆1980年版，第52页。

"功利"的"理性选择",认为人们遵守法律是出于保护自己免受损失的功利目的。其中,功利主义法学认为人们选择行为的原则是:"根据每一种行为本身是能够增加还是减少与其利益相关的当事人的幸福这样一种趋向,来决定赞成还是反对这种行为"[①]。霍布斯(Thomas Hobbes)对守法原因更为直接地表述是:"当遵守法律比不遵守法律似乎给他们自己带来更大好处或更小坏处时,他们才会愿意去遵守"[②]。进入20世纪,功利主义以法律经济学的形象再现,其代表人物波斯纳(Richard Allen Posner)这样来认识"守法"现象:"服从法律更多的是一个利益刺激问题,而不是敬重和尊重的问题"。[③]

与上述自然法理论不同,分析法学派认为法律是主权者的命令、是一种秩序和事实,跟"好"与"坏"的价值判断无关。公民守法则是基于对国家强制力的畏惧,国家强制力通过间接威慑和直接惩戒迫使公民遵守法律。

作为对上述两类观点的超越,后续学者将"守法"视为人们在具体情景之下的选择策略——有观点从"法律正当"的角度来理解"法之为法"和"人之守法",认为法是由具有合法性权威的国家机关或官员遵照法定程序制定的,而且法律与社会所认同的价值或道德相符,这样的"良法"自然应当受到社会成员普遍遵守。于是,要实现社会成员普遍遵守法规,那么就得先论证这些法规的"合法性"和"正当性"。

昂格尔(Roberto Unger)认为人们与法律在价值观上的趋同是"选择"守法的主要原因——"人们遵守法律的主要原因在于集体成员在信念上接受了这些法律,并且能够在行为上体现这些法律所表达的价值观。"[④]

伯尔曼(Harold J. Berman)则进一步将"法律"和"宗教"进行关联,认为法律要保持生命力,就需要如宗教般拥有"仪式、传统、权威和普遍性"[⑤],人们之所以选择守法,是基于对法律的"信仰","正是靠了宗教激情,信仰的一跃,我们才使法律的理想与原则具有普遍性"[⑥]。

[①] 转引自[美]博登海默《法理学:法律哲学和法律方法》,邓正来译,中国政法大学出版社1999年版,第105页。

[②] 同上注,第53页。

[③] [美]波斯纳:《法理学问题》,苏力译,中国政法大学出版社1994年版,第297页。

[④] [美]昂格尔:《现代社会中的法律》,吴玉章、周汉华译,译林出版社2001年版,第29页。

[⑤] [美]哈罗德·J. 伯尔曼:《法律与宗教》,梁治平译,中国政法大学出版社2003年版,第27页。

[⑥] 同上注,第30页。

罗尔斯（John Bordley Rawls）则从"公平对待"的角度来评判是否应当"守法"。他将法律比作一种游戏规则，认为人们在游戏中就要服从规则的统治，他说"游戏是否能得以继续，依赖于所有人的无差别守法。若一个公民从违法中获得的好处，而这种好处自发来自另外所有公民的守法。一旦违法就是违背公平游戏规则，使法律这一社会协作游戏难以为继"[1]，人们若想受到公平的对待，就要公平地对待他人。在20世纪中期，公平对待论占据了显要的地位，但该学说却不能解释为何作为个体的人，在没有人监管且不易被察觉的情况下，仍然选择遵守"游戏规则"而不是"搭便车"，也无法证实所有的"守法"行为都能为其他社会成员带来某种利益。

哈特（H. L. A. Hart）则更进一步，从实现社会成员间的公平与互惠的角度来理解"法与守法"。他说"服从规则的道德义务是因为互惠合作的社会成员，他们有相互的道德权利去要求服从"[2]。他以法之"初级规则"和"次级规则"精密划分来说明"法的概念"，同时以"对规则的内部观点"（an internal point of view）和"对规则的外部观点"（external point of view）的区分来分析人们守法的不同情形——根据人们对规则所持内/外观点，可以区分人们是基于法律义务或是"被迫做"（be obliged）、"克己"（have an obligation）、"对社会压力的体验"（feelings）以及"规律性、可能性与预测"等原因而选择服从法律。如果人们基于"对规则的内部观点"，就会视规则为行为理由，自愿维护规则，并依据规则来评价自己或他人行为；相反，人们基于"对规则的外部观点"，视规则为行为后果可能性的标志，从而只是作为观察者而行动。在哈特看来，人们"守法"要么是基于"内在"的认同，要么是迫于"外在"的服从。

庞德（Roscoe Pound）则认为人们"守法"是因为法律带来了秩序，而人们产生了服从的习惯。他把法律视为一种维护社会秩序的"装置"[3]："把权力的行使加以组织和系统化起来，并使权力有效地维护和促进文明"、通过"排解和调和各种互相冲突和重叠的人类需求"，故"法"本身并不等同于权

---

[1] Rawls J., Legal Obligation and the Duty of Fair Play, *Philosophy*, 1964. 转引自王凌皞等《多学科视角下的守法行为研究——兼论自动守法中的高效认知界面优化》，《浙江社会科学》2015年第8期，第33—43页。

[2] Hart, Are There any Natural Rights? *Philosophical Review*, (64) 1955, p. 185. 转引自张文显：《二十世纪西方法哲学思潮研究》法律出版社2006年版，第380页。

[3] ［美］罗斯科·庞德：《通过法律的社会控制》，沈宗灵译，商务印书馆1984年版，第24页、26页。

力，是实现社会控制的一种主要手段，需要获得来自宗教、道德和教育的支持。

20世纪中后期，以反基础、反本质、非理性和解构为特征的"后现代主义"思潮认为法是"虚拟"的，包括"法"本身、"权利主体""原则和价值"以及"研究方法"都是通过法律话语虚拟出来的。① 认为法律不再具有神圣性和崇高性，而是沦为一种服务于政治的工具；仅仅依靠法律自身根本无法说明、解释和解决社会问题；法律不再是一个整体，而是被碎片化了，根据人们的需要被分解到不同的领域当中去。一般认为，福柯的法律观是后现代法学的典型代表，他的《规训与惩罚》② 是一种法律制度史的经验研究。他认为规则与规训之间存在着密切联系，在规训的社会中，规则无所不在，几乎每个人都逃不出这种规训的牢笼，所谓的隐私权和个人自治权都淹没在由规训和强制所构成的准法律制度之中，因而法律的强制性不但没有减弱，反而在这些准法律的掩盖下保持着它那锋利的棱角③，由此"权力运作"已渗透于分散的社会各个机构中，人们遵守规范完全是外部规训和自我规训的结果。

面对"后现代主义"的解构，哈贝马斯（J. Habermas）选择逆流而上，创立以"主体间商谈"为核心的沟通行动理论（the theory of communicative action）。由此，"沟通之维"成为法学家们认识"法为何物"的新视角。在哈贝马斯看来法律是一种需要从道德角度加以正当化的制度，但这种"道德角度的正当化"并不等同于自然法学派援引的"天然自成"之伦理道德，也不同于分析法学派所强调的"主权"或"强制"，而是取决于受法律影响的各类言谈主体（speaking subjects）之间相互协调、沟通以达成关于世界理解的合意（agreement）④。故而人们"守法"是基于"交往理性"而达成的共识，此时法律的接受者同时也是法律的创制者。比利时学者马克·范·胡克（Mark. F. Huck）作为哈贝马斯理论的传承者，进一步将法律商谈理论具体运用于法律哲学领域，主张"沟通是法律的存在方式，也是法律合法性的渊

---

① 王新举：《后现代法学对现代法学的解构——论法的虚拟性》，《北方论丛》2008年第6期，第146—150页。

② ［法］米歇尔·福柯：《规训与惩罚》（修订译本），刘北成、杨远婴译，生活·读书·新知三联书店2012年版。

③ 高中：《后现代法学思潮》，法律出版社2005年版，第36页。此处所指的"准法律制度"应当对应福柯原文中的"规则"。

④ ［美］马修·德夫林编：《哈贝马斯、现代性与法》，高鸿钧译，清华大学出版社2008年版，第26页。

源",而且"规范发出者、规范接收者和规范文本彼此互为前提,共同决定着规范的意义"①。激励公民积极广泛参与公共政治辩论,通过无主体性或无人格性的沟通程序,使"规范接受者"同时成为"规范发出者"②,由此"守法"成为必然。

综上,在西方法学诸理论中,自然法学派将"法"看作是道德或人性在人世的反映,"守法"是基于伦理道德和内心服从。在普世价值难以统一的现代社会,该学说逐渐失去自圆其说的能力。分析法学派将"法"看作是形式加强制的结果,"守法"是因为屈从秩序或畏惧强权,此学说看似直观但却忽视了人的主体性,片面夸大了国家强制力的功效,无法解释人们为何"知法犯法",也无法解决"民不畏死,奈何以死惧之"的执法困境。与此同时,"法"被化约为工具,其本身的正义性、正当性没有得到论证。尽管"后现代法学"思潮的解构使"法"失去了至上性、自治性和自身的统一性,却也拓展了我们看待"法"的视界,也提示人们守法存在多重心理原因,无法进行简单概括。"沟通主义法律观"则为我们展示了"法"的沟通之维,开拓出有别于前人的观点,倡导每个主体都参与法律实践,主体间平等、充分、理性地对话与论辩,并由此产生"合法"之"法",使"法"的接受者同时也是"法"的发出者,故而达至"以事实为根据的接受与所主张的有效性之可接受性这两者之间的结构性交叉……作为事实性和有效性之间的张力,已经进入了交往行动之中"③的效果,但遗憾的是"沟通理性法律观"并没有给我们揭示"沟通"何以在日常生活中实现,因理论上的论说并没有附带实践的具体途径而显得过于缥缈。

2. 西方法律人类学家的讨论。 与上述侧重思辨的传统法理学研究径路明显不同,发轫于19世纪欧洲的法律人类学着重从非西方社会的现实经验中总结概括"法为何物",强调从"他者"的视角来理解人们"为何守法"。一百多年以来,尽管法律人类学家对"法"的研究范式经历了进化论、结构主义、功能主义、阐释主义等多次变革,但他们对"法呈多元"却一直保持着共识:"国家不是强制性规范的惟一来源,在与国家共存的其他许多领域内,也有规

---

① [比]马克·范·胡克:《法律的沟通之维》,孙国东译,法律出版社2008年版,第113页。
② 同上注,第263—269页。
③ [德]尤尔根·哈贝马斯:《在事实与规范之间——关于法律和民主法治国的商谈理论》,童世骏译,生活·读书·新知三联书店2003年版,第47页。

范制定和社会控制实现的现象"。① 即，"法"并不仅限于公权力机关颁布的、具有某种固定形式的法律文件，而是有着多种多样的形态与内涵。早在巴霍芬（Bachofen）的《母权制》、梅因（Maine）的《古代法》，及稍后摩尔根（Morgan）的《古代社会》中，都已说明在前国家社会中存在着不同形态的法规。

马林诺夫斯基（B. Malinowski）从"功能-需要"的视角出发，认为任何社会都存在"法"，这种最广泛意义上的"法"，指涉"社会控制的过程"。在特洛布里恩岛人当中，当地的社会控制就是通过人与人之间的"互惠"得以实现的，人们是基于"互惠"的需要而选择建构社会之"法"并遵守"法"②。

拉德克里夫-布朗（L. Brown）则并不认同所有社会都有"法"，在他看来，"法"是一种程序，是"通过作为第三方的政治权威的强制力来维持社会秩序"③，只有存在政治权威的社会中才有"法"，而人们是迫于政治权威的强制力才遵守法规。

霍贝尔（E. Horbel）认为"特殊的强力""官吏的权力"和"规律性"构成了"法"的三个要素④。此处的"特殊的强力"不同于分析法学派所认为的政治权威，而是来自特定社会本身——可能是北极圈内残酷的生活条件，也可能是北美洲大平原上需要拼命争夺的生存资源。因此，这样的"法"其实是选择的产物，只是社会控制系统的一个工序或一个因素。人们基于特定社会的生存现实建构了"法"，也服从于"法"。

格拉克曼（Max Gluckman）相信所有社会都有习惯上被接受的行为规则，因此所有社会都有法律。在对非洲部落进行长期观察之后，他发现部落社会也有"理性"的规则，而且这种"理性"与西方法律的理性是一致的。因此，他认为"法律是被社会中所有普通人认同的确定权利和理性行为的规则体系，人们依照这个规则体系相互之间的关系，获得保护自身权利的途径。"⑤

---

① Moore, Sally Falk, Fifty Turbulent Years of Legal Anthropology, 1949—1999, *Journal of the Royal Anthropological Institute*, Mar 2001, Vol. 7 Issue 1, p. 95.
② [英] 马林诺夫斯基：《社会的犯罪与习俗》，原江译，法律出版社2007年版，第16页、30页。
③ [英] 拉德克里夫-布朗：《原始社会的结构与功能》，潘蛟等译，中央民族大学出版社2002年版，第242页。
④ [美] 霍贝尔：《原始人的法》，严存生等译，法律出版社2012年版，第23页。
⑤ Gluckman, M., *Politics, Law and Ritual in Tribal Society*, London: Bail Blackwell, 1965, pp. 178 - 183. 转引自张晓辉，王秋俊《论曼彻斯特学派对人类学的理论贡献》，《思想战线》2012年第6期，第101—104页。

绪 论

穆尔（S. Moore）根据对纽约服装行业和非洲乞力马扎罗山查加人所作的田野调查提出了"半自治社会领域"理论，认为"法"是内部规则与外部规则的互动，而人们选择性地"守法"是基于获取自身的利益。"半自治"其实是人类社会的常态，所有社会领域都存在不同形态、不同程度的半自治状态，任何社会领域中都存在内部规则与外部规则的相互影响和相互转换，而该领域中的成员们追求自己的利益，能够领会、利用这种现实[①]。

格尔茨将"法"视为一种地方性知识，认为只有从"本地人"的观点出发，将其放入"地方性情景"中才能获得把握和诠释。"法"不单单是对社会生活的反映，而是社会生活的建构性元素，是对文化的翻译，具有"建构性"（constructive）、"元素性"（constitutive）和"形塑性"（formational），人们是否"守法"通常受限于反映具体文化事实的社群观点。[②]

克马罗夫（Comaroff）和罗伯茨（Roberts）对非洲南部茨瓦纳（Tswana）社会的纠纷解决问题进行了长期观察，发现理论上由固定的规则所组成的法律体系，在法律实践中往往会得出不可预期的结果来。由此他们认为，"应该把茨瓦纳社会的纠纷看成是包含有其文化和社会组织意识形态宇宙观的微观的和转喻式的表述，而纠纷的形式和内容恰恰是牢固地扎根在那种宇宙观的构成当中的"[③]。此二人的研究，将特定社会的"法规"放入到该社会的文化背景和成员的宇宙观中进行考虑，让看似与法律的"确定性"和"一致性"相背离的实践，变得可以理解和合情合理。该理论提示我们，应当把"法规"放置在一种以意义为中心的整体社会文化背景下来研究，否则这些"法规"将不能被理解。

综上，法律人类学家关于"法"和"守法"的研究极大地丰富了本书对"法"的理解，同时也提示应将校规这一校内之"法"纳入产生它的社会文化背景当中，从整体上去把握其文化意义；而且还应当从"当地人"的观点出发，以一定程度上的相对主义视角来理解和诠释校内成员的行动策略；更

[①] ［美］萨莉·法尔克·穆尔：《法律与社会变迁：以半自治社会领域作为适切的研究主题》，胡昌明译，收录于《法哲学与法社会学论丛》辑刊，2005年版。
[②] ［美］克利福德·格尔茨：《地方知识——阐释人类学论文集》，杨德睿译，商务印书馆2014年版，第253页。
[③] Comaroff J. & Roberts S., *Rules and Processes: the Culture Logic of Dispute in an African Context*, University of Chicago Press, 1981.

为重要的是,"法"与社会控制之间有着密切的关联,研究校内之法的意义之一就在于以具体个案来对这着关联进行描述与概括。

3. 我国学者围绕"守法原因"与"何以促进守法"展开的讨论。有学者将"守法"作"消极守法"与"积极守法"的二元区分,认为"消极守法"是屈于法律的威慑,以消极的心态而被动地服从法律;"积极守法"则是法的自我内化,无论是从主体的外在行为还是其内在动机都符合法的精神,主动适用授权性法律、主动对社会不法行为进行合法抵制。[①] 与此关联的是"守法依据"之"外"与"内"的区分——外在依据是统治者(立法者)的意志要求,能够实现社会控制;而守法的内在依据是守法者实现自身现实利益的需要,能够通过抑制人的"兽性"而维系人类社会。[②] 可见,对"守法"原因的研究范式可以分为"工具主义"和"规范内化",前者认为法律权威的工具性控制功能和威慑力量是个人服从或遵守法律的动因,提升"法律"本身的权威性和威慑力是使社会成员"守法"的前提和关键;后者则是从行为与观念和意识之间的内在联系的视角来理解人们为何要遵守法律,认为任何社会行动都是行动者主体有意识地选择的结果,因此人们守法,并非因为外力的作用,而是行为者对法律规则内化的结果。

另有学者根据守法者的不同心理状态,将守法原因分为"遵循规则"和"依照规则",前者是守法者在明确知道规则是什么的情况下,被动地严格按照规则来采取行动;后者则是指守法者积极主动地运用自身策略对规则进行分析和反思,再作出与规则创设目的相一致的行为。[③]

基于对"守法"原因的分析,学者们又提出了如何促进"守法"的问题——在什么情况下人们会倾向于选择守法?有学者提出,应当从"完善制度前提(法律优良)、夯实现实基础(政府守法)、建立利益诱导(奖惩并举)、营造社会氛围(守法精神)、打造知识背景(教育普及)和树立榜样力量(干部守法)"六个方面来系统地促进全民守法的实现[④]。

---

① 郑智航、张笑:《守法论要》,《当代法学》2003年第10期,第14—16页。
② 胡旭晟:《守法论纲——法理学与伦理学的考察》,《比较法研究》1994年第1期,第1—12页。
③ 王凌皞等:《多学科视角下的守法行为研究——兼论自动守法中的高效认知界面优化》,《浙江社会科学》2015年第8期,第33—43页。
④ 胡玉鸿:《全民守法何以可能》,《苏州大学学报》(哲学社会科学版)2015年第1期,第58—63页。

有学者认为应通过"规则进化、个体社会化和自我外化"三个方面来共同促进公民守法。认为应使规则能够真正保障人们的权利和利益,而促进人们去自觉地维护规则,实现个体从被动地服从威权到主动维护规范的转变,将自己顺从规范的心理外化为各种遵守规则和法的行为。[①]

有学者提出应从"论证法的'合法性'"和"促进个体与法律的'良性互动'"两个方面来实现和保障全民守法。论证法的"合法性"包括强调法对民众利益的关怀和法对公正与正义的追求,而个体与法律的"良性互动"是指法对民众生活经验(包括风俗、习惯)的充分回应,强调不仅让民众"看到法律的刚性与权威性,也要让民众感受到法律的柔性和有限性"。在这种"良性互动"中寻求一种"合意"的法律知识,实现立法者、司法者、政府、民众间法律信息的沟通与反馈。[②]

还有学者认为可以从"培养公民主体性意识"和"保证法的良法品格"两个方面来生成"守法精神",进而实现公民守法。认为在"公民主体性意识"之下,公民会积极遵守符合社会价值观念的法规,自觉控制自己作为个体的局限性,而"法的良法品格"则是指法在价值上必须符合正义的要求、在内容上必须反映客观规律、在形式上要求立法过程的民主化,法律表达的规范化和法律体系的科学化。[③]

综上,我国学者围绕"守法原因"和"何以守法"两个要点展开的讨论,为本书的写作提供了有益的指引——"守法"并非一成不变的模式,而是人们限于丰富的外部环境和复杂的内心状态,在"守法"或是"不守法"之间反复衡量而作出的选择;社会生活的秩序井然需要"法"与"守法"之间的良性互动,而这种良性互动取决于诸多因素,例如"立法"对社会生活的及时有效回应、"守法意识"的养成途径和使"守法"成为可能的社会文化环境等。但是,上述理论并没有以具体的事例来详实地说明"法之合法"与"民众守法"之间良性互动如何得以发生,就此,本书将通过对 S 大学内

[①] 林振林、马皑:《从规则到行为:试论我们为何守法》,《政法学刊》2010 年第 4 期,第 93—98 页。

[②] 吕明:《在普法与守法之间——基于意识形态"社会黏合"功能的意义探究》,《南京农业大学学报》(社会科学版)2012 年第 3 期,第 118—123 页。

[③] 丁以升、李清春:《公民为什么遵守法律——评析西方学者关于公民守法理由的理论》(下),《法学评论》2004 年第 1 期,第 29—35 页。

部规范运行状况的"深描"来具体展示规则与人的行动策略间的互动究竟如何,以此作为对上述理论的丰富与补充。

第三节 研究方法、技术路线和理论工具

一 研究方法

1. 田野调查法(Field Work)

田野调查法是人类学研究最基本的方法,也是人类学区别于其他学科最为显著的特点。研究者亲身、长期深入具体的调查领域(田野),以"设身处地"的态度、"主—客位"恰当切换的观点和整体分析的视角,对田野之中的人、事、物及其关系等进行充分观察、体会,据此建构出针对田野的知识体系,完成对研究对象的描述、分析与阐释。

就具体方法而言,田野调查包括参与观察(Participant Observation)、深度访谈(Depth Interview)和直接体验(Direct Experiences)三项。其中,"参与观察"是指研究者进入合适的现场(setting)之中,在该现场的日常生活情境或场景中,以局内人的角度来观察人们的互动和意义,并对其进行描述和阐释[1],此后在田野调查的基础上完成民族志的写作。就法律人类学而言,参与观察法是其区别于一般法学研究的重要特征之一,指研究者介于"局内人"与"局外人"之间,既作为"交往行为和规范的知情人",又作为"有心观察者"而对"一定社群、族群或村落中人们当下的规范生活和交往行为"[2]进行写真与阐释。具体到本书的写作,这一研究方法的运用首先是"参与",即笔者在很长一段期间内尽可能地参与S大学日常生活;其次是"观察",侧重于从S大学校影响之下的"局内人"的视角来观察那些实际上引导和控制着S大学内部成员行为的校规和这些规则与内部成员行为之间的互动图景,再联系实际和整体社会背景、综合"局内人"和"局外人"的视角对这种互动进行描写与阐释。

为完成本书写作,笔者长期参与到S大学的日常生活当中,亲眼观察校

---

[1] [美]丹尼·L.乔金森:《参与观察法:关于人类研究的一种方法》,张小山、龙筱红译,重庆大学出版社2015年版(第2版),第2—3页。

[2] 谢晖:《法(律)人类学的视野与困境》,暨南学报(哲学社会科学版)2013年第2期,第8—21页。

规体系的创立与运转、校内成员的生活状况等日常校园生活现象。用于写作的质性材料除来自透过内部成员视角所进行的参与观察之外，还来源于完全观察（在不影响观察对象的情况下，仅作为旁观者对校规与成员行为之间互动进行关注）和完全参与（充当一个受校规影响的校规操作者，亲历"处理"违规学生和褒奖"优秀"学生的现场，将自身行为也化作研究现象的一部分）。在本书理论化阶段又兼顾"局外"评判的视角，"拉开距离"以此避免因"陷入"研究对象的生活片段而使研究成果"随俗"（gone native）[1]，导致受制于"当局者迷"的困境而难以得出针对研究对象的具有学术意义的解释。

"深度访谈"是指研究者与田野中的信息报告人进行深入、细致、详尽的交谈，访谈内容不限于事先拟定的具体"访谈提纲"，而是"坚持尽可能开放的思想"与对方进行讨论、对话，因而可以"发现许多预想不到的事"[2]。研究者将信息报告人的历史过往、成长背景、所在环境、社会地位等信息与报告人直接提供的信息一并纳入研究的范畴，从而更加全面、整体地收集田野内部信息。就本研究而言，笔者与S大学内部多位成员进行过多次深度访谈[3]，访谈对象可区分为校规操作者和校规承受者两个群体，其中对校规操作者的访谈涉及到学校分管领导、学校职能部门管理者、学院分管领导、学院辅导员、班主任等不同层面人群；对校规承受者的访谈覆盖不同年级、不同专业多名学生。需要说明的是，访谈提纲仅是开展深度访谈的辅助工具，访谈内容并不限于提纲中问题，也未严格按照提纲顺序进行。通常情况下，访谈是在与访谈对象"偶遇"在特定情境之下进行，与访谈对象建立起相互信任的"关系"后再开展，对某位对象的访谈有时会延续多次。

"直接体验"贯穿于"参与观察"与"深度访谈"过程之中，指研究者充分运用自己"多方位的身体活动"[4]，与当地人"感同身受"地直接融入田野日常生活当中，并将自己的亲身体验也作为研究素材，从而建构起关于田

---

[1] "随俗"在此意指进行参与观察的研究者将自己完全等同于被观察的对象，使自己的观点和行为成为研究内容本身。参见［美］丹尼·L.乔金森：《参与观察法：关于人类研究的一种方法》，张小山、龙筱红译，重庆大学出版社2015年版（第2版），第60页。
[2] 朱炳祥：《社会文化人类学》，武汉大学出版社2006年版，第241页。
[3] 在访谈之前拟定有半结构式的提纲，但访谈并不限于提纲内容。访谈提纲见附录一、二。
[4] 朱炳祥：《社会文化人类学》，武汉大学出版社2006年版，第242页。

野的知识体系。为完成本研究，自 2005 年 4 月以来，笔者一直栖息于 S 大学之内，观察、参与、体验着 S 大学日常生活的方方面面，与 S 大学校内师生建立有良好的互动关系，即本研究的"直接体验"贯穿于对校规创立、运转和对校内成员行为、态度与情感的观察与反思之中，融会于与校内成员就具体事件和关系的访谈与讨论之中，交错于长期深入地对校园生活节律进行的亲历与记述之中。

2. 扩展案例研究法（Extended Case Method）

案例研究法是法律人类学的传统研究方法，而扩展案例研究法强调过程的研究，主要是"从当地人观点或主位（emic）的角度"出发，围绕研究对象所进行的历时性分析与整体性分析，即"不仅要收集和调查个案本身，而且要将个案产生的社会脉络或情境也纳入考查范围"[①]，将案例纳入所在情景中进行讨论（situational analysis），实现分析视角在微观与宏观上的统合。

受美国学者托马斯"行为整体理论"[②] 和戈夫曼"拟剧理论"[③] 的启发，本书坚持在研究过程中将所涉及的案例放入到所在的情景中进行考量，即不仅关注案例本身，而且要将其具体的情景因素和社会脉络纳入考察的范围，尤其关注案例的"前历史"和"预期后果"以及关联的事件。因此，本书所作讨论的"案例"，不止于以"争议"或"纠纷"的形式出现的事件，而主要指散布在大学日常生活中与学生管理相关的一些仪式、活动、事件和经过。而且，论文对这些"仪式、活动、事件和经过"的记述与分析不止于其本身，还包括对其"前因后果"、所蕴含的社会文化意义等进行整体式的讨论，尤其是对案例中当事人的成长环境、社会关系等个人特质给予必要的关注，并将这些信息纳入研究的视野。本书中的某些"案例"可能会在多个不同话题之下被反复提及、讨论，即写作过程中有时会"螺旋式"地使用田野中观察到的案例。

3. "过程—事件"分析法（Process-Event Analysis）

"过程—事件"分析法是指将研究对象视为动态、流动的过程，通过对其中具体事件的各个要素及各要素之间关系的细致观察、测量、描述、分析来反映事件与所在社会背景的互动关系，目的在于"对其中的逻辑进行

[①] 王秋俊：《格拉克曼法律人类学思想研究》，人民出版社 2017 年版，第 126—127 页。
[②] [美] W. L. 托马斯等：《不适应的少女》，钱军等译，山东人民出版社 1988 年出版，第 1 页。
[③] [美] 欧文·戈夫曼：《日常生活中的自我呈现》，冯钢译，北京大学出版社 2008 年出版，第 1 页、15 页。

动态解释"①，从而有可能去解释隐藏在现实生活背后的"隐蔽"机制②，为人们理解社会中的实践逻辑和构建解释社会的理论而奠定基础。之所以强调"过程—事件"分析，是为了区别于仅仅偏重"结构－制度"的静态研究方法，如果研究视角局限于对某一社会事实的结构及相关社会制度的分析，可能会忽略现象背后的复杂社会原因和与它有着关联的其他事实，从而导致研究的片面与静止。而且，"过程—事件"分析是对"原因—结果"式思维模式的超越，在理解纷繁复杂的社会事实时，不能仅限于简单的"因果关系"分析，而应当采用更加综合、动态的"事件—相关"式思维模式。

在本书写作中使用"过程—事件"分析法与现代法律人类学注重"过程主义"的理论范式相通。根据西蒙·罗伯茨的概括，法律人类学对"小型社会"法律的研究可以区分为"具有明显法律特征"和"没有明显法律特征"的两类③，前者强调社会中的"规则"，而后者更在意处理具体事件的"过程"。此后，西蒙·罗伯茨与约翰·科马罗夫合作写成《规则和过程：非洲语境下纠纷的文化逻辑》一书，明确地用不同"范式"来区分法律人类学的研究，认为存在两种相互对立的范式，即"规则中心"和"过程主义"。此后，曾有学者④认为这种"范式"上的界分过于绝对，刻意夸大了社会科学研究中"规范"与"解释"两种方法的分离与对立，忽视了两种思维并进交错、承接勾连的事实。尽管如此，在当代法人类学的研究中，还是应当强调对具体社会生活中的"过程""事件"进行关注、观察与分析，以动态、延伸、整体的眼光来看待田野之中的个案。

具体就本书的写作而言，采用对发生于校园生活中的各类日常事件进行详细记述的方式，远远超越对不同主体间因纠纷、争执而产生"法律适用"问题的讨论。对某项具体校规制度的分析，也不仅限于对其"结构"的描述，

---

① 孙立平：《"过程—事件分析"与对当代中国农村社会生活的洞察》，收录于王汉生、杨善华主编：《农村基层政权与村民自治》，中国社会科学出版社2001年版，第7页。

② 尽管有社会学研究者坦言："过程—事件"分析法也只是众多社会研究方法中的一种，它所提供的也只不是一种对"现实"的话语建构而已，而并非社会生活的"真实"本身（参见谢立中《结构—制度分析，还是过程—事件分析》，社会科学文献出版社2010年版，第285页），但这种研究方法确实可以让我们更加细腻地去观察社会现象，从而得出更加接近"真实"、更为生动、可信的解释。

③ Roberts S., Law and the Study of Social Control in Small-Scale Societies, *Modern Law Review* 39 (6), 663－679 (1976)。

④ 参见王伟臣《从规则中心到过程主义——论法律人类学的范式转型》，《民间法》2015年第2期，第75—84页。

而是从制度产生的原因、变迁过程和可能产生的文化意义等进行讨论，通常结合关联制度的具体事件之"起因、发展、结果"，并采访涉及事件的相关人员，借由他们的"眼"与"口"来观察、描述校规。

二 技术路线

为便于描述，此处先通过图Ⅰ展示本书的技术路线：

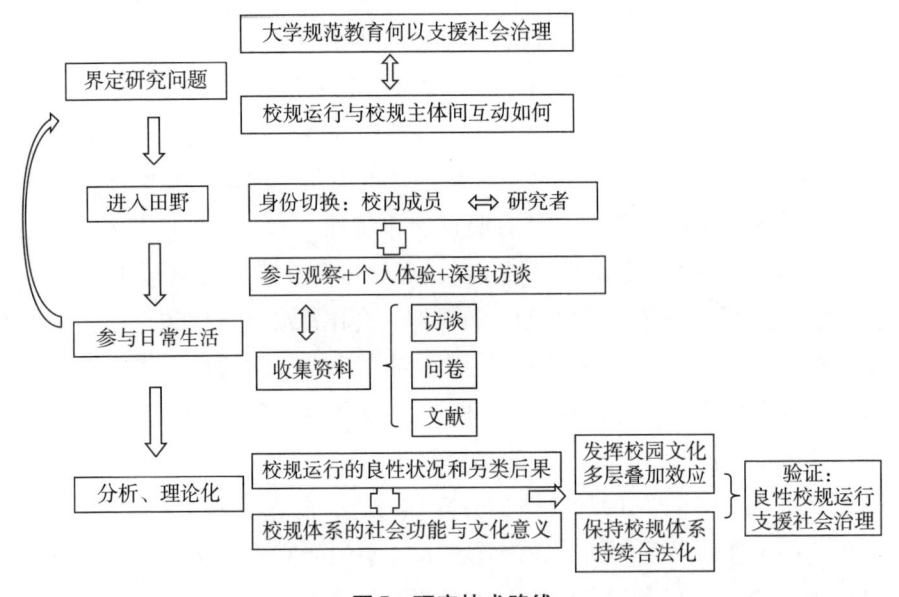

图Ⅰ 研究技术路线

具体而言，本书以对"大学规范教育何以支援社会治理"和"校规运行与受教育者的互动如何"此双重疑问为起点，带着"问题"进入S大学，展开田野调查，将大学日常生活当中的校规运行现实情况作为观测点，分析校规对受教育者施展训导的过程实况，对比"行为规范、道德教化、品格塑造"方面的既定目标，借助参与观察、深度访谈和直接体验，结合校规操作者和校规承受者各方视角，分析校规现实运行状况与理想的训导效用之间存在偏差的原因及其可能引发的后续效果。

在研究调查时，除运用"田野三角"之外，还借鉴了社会学的实证分析方法，即对S大学校规运行过程的现实状况进行一定程度的定量分析。资料来源于对校规承受者进行的不记名调查问卷。①

---

① 调查问卷见附录三。

然后，结合田野调查和文献研究的结果对前期素材进行理论化分析。根据作者在S大学日常生活中进行的参与观察，结合个人体验与"局内人"感受，从多个角度描述校规运转的现实状况，评述校规训导功能的理想状况与现实偏差，结合大学的社会效用与文化属性讨论作为"校内之法"的校规与校园文化、与整体社会文化的关系。最后，是对校规体系如何有效发挥训导效用、接近理想运行模式的想象：借"校园文化叠加效应"和"校规体系的良性运行"两个相互关联的着力面来实现大学规范教育的应然效用，即通过规范的内在化和主体意识的养成来培育主体性的社会治理实践参与者、全过程人民民主经验者，最终为国家治理体系与治理能力的现代化提供持续的智力支持。

三　理论工具

1. 地方知识理论（Local Knowledge Theory）

作为"文化相对主义"和"法律多元"的具体化例证，格尔茨将发生于不同时空区域、不同文化传统背景之下的特有社会规范（包括法律）概括为"地方知识"。认为这种特有的社会规范是当地人"藉由将自身的行动放置在更广阔的符号指涉框架（frames of signification）之中以了解自己为什么这么做，这么做在实际上、道德上、表达上……法律上有何意义"[1] 的依据，是关于理解"世界是这个样子"（the way the world is）的一种强有力的、特殊的、独有的观念与方式。

限于人类认知能力的有限性和所在时空的具体性，人们通常会将自己封闭在一套"自己所编织的意义之网"当中[2]，所以"地方知识"可以解释为什么不同的人群认知社会事实的方法与逻辑、处理世事和人际关系的态度与规则总是富有当地特色——正是"意义之网"的不同，决定了"道德宇宙"和"法律感性"的不同。而任何地方的"法"都只是对"真实加以想象的独特方式之一部分"。规则的"地方性"根源于文化的多元和人的差异性，不同的历史、自然、政治因素决定了一定区域内人们生活模式的"风格"差异，不同时期、不同地方、不同情境之下形成的经验体系有着不同的内容与方式，用格尔茨的话来说：正是由于人内在能力的广泛差异和不确定性，导致了

---

[1] ［美］克利福德·格尔茨：《地方知识——阐释人类学论文集》，杨德睿译，商务印书馆2014年版，第209页。

[2] 同上注，第211页。

从规范到训导：大学校规的法律人类学研究 >>>

"我们都从能供养一千种生活方式的自然条件开始，而最终只选择了一种生活方式"①。这种特有生活方式中的规则（法律），具有建构性，既是现实的组成元素（constructive），又具有形塑意义（formational），不仅仅是对社会生活的现实反映，更是对社会生活的建构。由此可以说"地方知识"理论为我们揭示了一个万象纷呈的规则世界，让我们看到不同社会领域中共时存在的多元规则，以及这些多元规则之所以长期共存的原因及对生活于其中之人的影响。

在本书当中，大学内部的学生管理规范同样可以被理解为一种"法"，那么，自然就存在着一所大学校规的独特性何以形成以及同一时空下多种规则共存、交织、竞争与妥协等问题。大学社区有着怎样特有的多元规则体系、成员如何在多元规则中进行选择、这些规则又如何对社区成员的行为和品格进行塑造等就是本书所涉及的主要话题。

从"地方知识"理论出发，我们承认并理解不同文化、不同经验的存在，在此基础上去理解校规所在的校园文化及整体文化的背景，以一种开放的心态去分析校规规范体系为何并不能完全如制度预想的那样去运行，以及部分受教育者不能成功整合入校园文化的深层原因，避免把既有校规所倡导的价值想象成理所当然的共性经验，而是去理解部分校内成员归属于不同"亚文化"群体这一现实，进而从文化多元的视角去理解校规训导功效实然与应然之间的差别，最终构想出在具体的文化实践过程中如何以校园文化来整合、统领不同文化背景的校内成员。

更为重要的是，基于"地方知识"的视角来研究校内规范，"不仅应关注行为，也应关注规范……以及背后隐含的意识形态"②，也就是说，论文要去展现、理解校规的现实运行状况，并从文化多元（集中表现为意识形态的多元）的角度出发，来解释校规运行实况与理想模式之间存在偏差的深层原因。同时立足于具体的"地方性"来思考校规应当如何通过对校园生活的组织、校园秩序的构建来引导校规承受者的"预设、成见以及行为框架"③，由此来完成对他们特有"道德宇宙"和"法律感性"的形塑。

---

① [美]克利福德·格尔茨：《文化的解释》，韩莉译，译林出版社1999年版，第57页。
② [荷]K. 冯·本达-贝克曼：《法律多元》，朱晓飞译，收录于许章润编《清华法学》（第九辑），清华大学出版社2006年版，第286-303页。
③ [美]克利福德·格尔茨：《地方知识——阐释人类学论文集》，杨德睿译，商务印书馆2014年版，第253页。

2. 社会控制理论（Social Control Theory）

"社会控制"作为一个学术概念，最初由美国社会学家 E. A. 罗斯于 1901 年提出。[①] 罗斯所说的社会控制是指社会对人的动物本性的控制，控制的目的在于限制人们发生不利于社会的行为。罗斯坚信人的天性中存在一种由"同情心、互助性和正义感"组成的"自然秩序"[②]，正是这些"自然秩序"成分使得人类社会能处于自然秩序的状态，人人互相同情、互相帮助、互相约束，自行调节个人的行为，从而避免由人与人的争夺、战争引起的社会混乱。但在社会现实之中，人性中的"自然秩序"难以再对人的行为起约束作用，越轨、犯罪等社会问题大量出现。据此，罗斯认为必须用"社会控制"这种新的机制来维持社会秩序，即社会对个人或集团的行为进行约束，而舆论、法律、信仰、社会暗示、宗教、个人理想、礼仪、艺术乃至社会评价等等，都是社会控制的手段，是达到社会和谐与稳定的必要措施。可见，罗斯已经发现通过形式多样的手段体系实施社会控制的必要性。

在社会控制理论发展初期，控制的对象被限定为个体的越轨行为，即把人和其行为当作了需要管理、调控的对象，而社会中应当生成一定组织机制（如法律、政策等），由一定的代理人来完成对人的控制[③]。随后，学者们发现伴随社会生活的变迁，控制手段也会发生相应变迁，由此，有学者提出可以从宽泛的角度将"社会控制"定义为"所有使人们对社会规范和习惯致合（conformit）的力量和约束方式"，与此相对应的是狭义的"社会控制"，即"指对越轨（deviance）实行消除和遏制的行动或回应"[④]。

20 世纪 70 年代以来，社会控制理论进入新的阶段，社会学家把"控制"与"系统"进行了关联，认为"社会系统是由两个或两个以上的行动者组成的，对控制系统的控制实质是对个体行为的控制"[⑤]。认为系统内个体的行为

---

① [美] E. A. 罗斯：《社会控制》，秦志勇、毛永政译，华夏出版社 1989 年出版。
② 同上注，第 32 页。
③ [美] E. A. 罗斯：《社会控制》，秦志勇、毛永政译，华夏出版社 1989 年出版，第 44 页。
④ 参见朱晓阳《罪过与惩罚——小村故事（1931 – 1997）》，天津古籍出版社 2003 年版，第 6 页。作者对史密斯·夏洛特在《人类学辞典》（Charlotte Seymour-Smith. *Macmillan Dictionary of Anthropology*, Macmillan Press 1986, P.259）中对"社会控制"的注释和多纳德·布莱克在《法律的行动》（Donald Black, The Behavior of Law, New York: Academic Press, 1976）中的观点分别进行概况而提出区分"广义 – 狭义"社会控制的观点。
⑤ [荷] 汉肯：《控制论与社会》，黎鸣译，商务印书馆 1985 年版，第 5 页。

相互影响，而并非之前"刺激—反应"模型所描述的那样，提出了"社会中的个人和群体既是社会控制的客体又是它的主体"的新见解，认为从"社会控制"的视角出发可以解释人的行为，从而解释社会变迁的原因。

福柯的"规训"理论（Discipline Theory）其实是对"社会控制"进行的深刻反思。"规训"理论是福柯庞大的后现代主义社会理论中的重要组织部分，在他看来，"规训"是近代产生的一种特殊的"权力技术"，既是权力干预、训练和监视肉体的技术，又是制造知识的手段，规范化是这种技术的核心特征，由此实现对权力垄断和社会把控。具体而言，规训通过层级监视、规范化裁决和反复的检查等途径实现对人体的操作和塑造，而这一过程是外部规训与内部规训的结合与统一。个体对外部规训自然而然地产生"驯服"，表现为顺从、配合等，于是个体开始对自身实施"自我驯服"，从而使"规训"变得"灵巧和强壮"。①

在福柯眼中，学校通过"时间""空间"和"身体"控制对受教育之人进行着无所不在的"驯化"，使"教育空间既像一个学习机器，又是一个监督、筛选和奖励机器"②。学校要求受教育之人以"标准"或"准则"为导向，严格按既定的、细微的标准统一行事，而学校的每个角落都充斥着或直接或潜隐的监视以保证个体必须按"标准"行事，从"全景敞视"的平面到"自上而下"的立体，监视无所不在，使得"标准"能够被执行。

除却无所不在的监视之外，学校实现规训的手段还有可以实施内部处罚的"规范化裁决"和以"科学"自命的仪式化"检查"③。"规范化裁决"建立起一种"人为秩序"——界定什么是"规范"，并对偏离"规范"实施处罚，通过发挥"比较、区分、排列、同化、排斥"等功能而"强求一律"。

学校中的"检查"，往往表现为与教学活动伴随的"考试"，通过对学生学习状况进行仪式化的度量与判断，将学生进行分类，排序，从而使"监视"和"规范化裁决"两种技术结合在一起——以"追求规范化的目光……导致定性、分类和惩罚的监视"。可以说，在福柯的眼中，带有压制意韵的规训无所不在，学校实质上就是"知识交换器"和"权力生产基地"，是实施规范

---

① ［法］福柯：《规训与惩罚》，刘北成、杨远婴译，生活·读书·新知三联书店2012年版，第154页。
② 同上注，第167页。
③ 同上注，第201—218页。

绪 论

化教育的主要场所，也是观察"规训"的最佳场景。

福柯规训理论对教育的批判与反思，正是对我们的警示——如果教育一味追求标准化、统一化，压抑受教育之人的主动性与个性，最终将导致人主体性的消解！本书认为，大学不仅是"知识"的生产和传输的机器，而是在向学生传递知识的过程中，有目的、有计划地实施着对学生情感、态度的影响与塑造。与福柯的观点不尽相同，本书认为学生并不是单向、被动地接受学校的"规训"，我们所追求的大学教育并不是以压制人为目的，而是一种"全人"的主体性教育，故而凭借校规对学生实施的是一种双向"训导"，即将学生纳入建构各类校规的主体范围之内，由此产生对校规的情感认同，从而实现"外在训导"与"自我训导"的并行，达成"立德树人"的最终目标。就此，本书一方面将描述校规对受教育者实施行为约束与观念控制的情景，分析校规训导的目的、机理和意义，另一方面又对受教育者作为校规主体，参与建构校规、完善校规的必要性与可行性进行讨论，分析校园生活中"双向训导"的可能。

人类学研究则将"社会控制"与整体文化进行关联，认为"文化"可以"从整体上被理解成人与环境之间规则关系的控制体系"[①]。劳拉·纳德则更明确地提出了"人们关于文化的想象总是与控制观念和权力运作相互交织，从过程控制中建构文化并使其制度化"[②]的观点。据此，本书所讨论的凭借校规而实现的"控制"，是基于对其文化意义的深思。

此外，在人类学的分析视野中，社会控制的动力主要来自于人的内心，是"一个与文化濡化（enculturation）相配合的心理学过程"[③]，人类社会在外来约束固定为法律文本（外部控制）之外，还存在着将外来约束内化为良心的控制机制（内部控制），而且两种机制通常会结合并行。人类社会之所以能够实现控制，其根本在于人的本性——"极度依赖于超出遗传的、在其皮肤之外的控制机制和文化程序来控制自己的行为"[④]，因为人悬挂于文化的"意

---

① ［英］奈杰尔·拉波特、乔安娜·奥弗林:《社会文化人类学的关键概念》，鲍雯妍等译，华夏出版社 2013 年版，第 95 页。

② Nader L. *Sidney W. Mintz*, Lecture for 1995: Controlling Processes Tracing the Dynamic Components of Power, 38（5）*Current Anthropology*, 711–738（1997）.

③ 钟年、孙秋云:《从人类学角度看社会控制》，《中南民族学院学报（哲学社会科学版）》1995 年第 4 期，第 43—47 页。

④ ［美］克利福德·格尔茨:《文化的解释》，韩莉译，译林出版社 1999 年版，第 57 页。

义之网"中,需要文化来赋予其身份,更需要从文化中学习与他人往来所需要的符号及其意义,文化是人存在的前提,正是有了文化的限定,人们的思维模式、行为习惯便有了一定程度的持续性和确定性,由此可以说明文化控制是社会控制的重要机制之一。更为重要的是,因其直接作用于人的精神与情感,能够"占据心灵内部欲望强烈的堡垒"、从而"保证稳固地控制",文化控制是一种更为"高超的控制"①。由此,沿着人类学文化控制的观点出发,本书将讨论校规的文化意义、校园文化与校规之间的关系,认为仅仅依靠校规的"外部控制"无法完成对校规承受者的正向训导,而通过"潜移默化"的文化控制策略,才有可能实现校规"外部控制"与受教育者"内部控制"的契合,从而在实践中真正实现"精神引领"与"行为塑造"的目标,培养出符合时代发展需求的适格社会建构者。

中华人民共和国成立以来,党和政府基于不同历史时期的形势变化情况和发展任务要求,为实现社会稳定、人民幸福,建立适应我国国情的社会治理模式进行了长期探索和实践。我国社会治理走过了从传统的社会管控、社会管理到现代的社会治理的探索历程,完成了从"管控格局""管理体制"到"治理体系"的演变过程。逐步形成人人有责、人人尽责、人人享有的现代社会治理格局,走出了一条具有中国特色的社会治理之路。从1993年党的十四届三中全会提出加强政府的社会管理职能,到2004年党的十六届四中全会提出加强社会建设和管理、推进社会管理体制创新,再到2018年党的十八届三中全会基于推进国家治理体系和治理能力现代化,首次提出创新社会治理体制,我们在认识上经历了从社会管控、社会管理到社会治理的重要转变,丰富了社会控制理论的内涵,深化了对社会治理规律的认识。

3. 沟通行动理论②(Communication Action Theory)

哈贝马斯乐观地认为,共同生活的世界为人们提供了共同的、可接受的背景知识、文化价值和共享规范,故而人们的行动均存在协调的可能。经由

---

① [美]E. A. 罗斯:《社会控制》,秦志勇,毛永政译,华夏出版社1989年版,第325页。
② 有学者就哈贝马斯理论中关键概念的英译 communication 及其对应中译应当是"交往"或是"沟通"有不同的见解,如曹卫东、高鸿钧等将其译为"交往",译著参见《交往行为理论》《哈贝马斯、现代性与法》等;而章国锋、孙国东等则将其译为"沟通",译著参见《哈贝马斯传》《法律的沟通之维》等。按照孙国东先生的意见,沟通不仅包括了参与各方"交流""表意"的内涵,更隐含着各方达成一致的目的所在,更接近哈贝马斯使用该词的本义,故译为"沟通"更为恰当。本书采用了孙国东先生的意见,使用"沟通行动理论"来指称哈贝马斯对社会组织模式的理论学说。

主体间的相互对话、理解协调便可以达成关于世界的合意从而实现社会整合、形构人际关系的合法性秩序以及塑造具有互动资质的人格。

在哈贝马斯的该理论中有两个至关重要的概念："生活世界"和"沟通"。"生活世界"就是各个主体"共同分享的背景知识"[①]，生活世界由"解释"所确立，生活于其中的社会成员又把"解释"当作背景知识来理解世界，其包括两层含义，第一是指"水平形成的文化、社会和人格情境"，主体间的沟通借此得以展开；第二则意味着主体整合社会的"潜在资源"，参与沟通的主体运用这些资源"可以传播和更新他们的文化知识，形构团结和构建社会认同"[②]。可以说，"生活世界"是哈贝马斯搭建其沟通行动理论的前提，是一种理想之中的状态，为人们展开平等、充分的沟通互动提供了机会与资源。

"沟通"是以合意为导向的互动，所有潜在的参与者都有机会参与表达主张、提出建议及解释论证，并有机会针对其他参与者的"表述"和现有互动规范提出质疑或批评、支持或肯定，从而整合社会生活、协调行动者行为。凭借"沟通"哈贝马斯突破性地提出了实现"政治民主"与"合法之法"的新举措——因为所有的潜在参与者均有机会成为社会制度的建构者与共享者，"民主"与"合法性"便不再需要依托"天意"或"人性""道德"或"强制"来证成，而是坚实地立足于主体间的"沟通"——使每个人都有机会感受到对自己和生活的"把控"，成为他自己，从而实现人的自由与解放。正如高鸿钧先生所评价，沟通行动理论"从主体互动的角度"对康德和卢梭所倡导的"自我立法"理论进行了"整合与改造"[③]，使我们重新发现了整合社会、建构"合法之法"、完善人生的希望。

然而，哈贝马斯的沟通行动理论自带的最大限制便是人们生活世界的共享性——只有拥有同一个话语体系，分享共同的背景知识，人们才能够参与沟通。但就如何保障话语体系的统一、背景知识的共享，哈贝马斯却并没有给出具体的意见，遗憾地使他"解放人类"的宏图成为未竟事业，但却也给

[①] [德]尤尔根·哈贝马斯：《交往行为理论：行为合理性与社会合理性》（第一卷），曹卫东译，上海人民出版社2004年版，第13页。

[②] [美]马修·德夫林：《哈贝马斯交往行为理论之法》，收录于马修·德夫林编《哈贝马斯、现代性与法》，高鸿钧译，清华大学出版社2008年版，第28页。

[③] 高鸿钧：《通过民主和法治获得解放——读〈在事实与规范之间〉》，《政法论坛》2007年第5期，第162—171页。

后人留下了进一步求索的空间。

就此,本书认为共同的"生活世界"不可能凭空而来,而是需要由社会共享价值统领、共守规范引导的具体行动来构建;同样地,社会主体进行有效"沟通"的意识与能力也非"天赋",而是在融入日常生活内的具体参与中后天"习得"。故此,学校规范教育作为社会系统的重要组成部件,应当可以作为人们习得"沟通"技能、建构共同"生活世界"的"实验室"——在具体的"微环境"之中营造共同文化价值、创立共享规范,同时塑造具有沟通资质的人格,即实现"话语体系的统一、背景知识的共享",即,于校园日常生活的"过程-事件"之中为受教育者提供参与全过程人民民主的直观体验,再经受教育之人携带此等"资质"而进入更普遍的社会生活,从而使"沟通"的习性溢出校园社区,而在社会生活中得以推广、弥散,从而引领更普遍的社会领域中人们的主体性规则意识,在一定程度上增进全民守法。

第四节 田野点的选择

一 选点理由

随着法律人类学学科的发展,研究内容所覆盖范围日益广泛,呈现出"去地域化"(deterritorialized)、"去殖民化"(decolonized)的特点,田野的选择不再限于偏僻的异国他乡,研究对象也不再限于小规模社会或边缘地带的法律现象。这种研究风向的转变要求研究者"认真地选择调查的地点和研究的对象,并将调查地点和研究对象限制在相对狭小的范围内。同时,由于研究者需要从社会变迁过程中对相关问题做出合理的文化解释,所以,在选择调查地点和研究对象时,还得考虑历史文献、文物、遗俗等间接材料是否可以再现历史场景。更要紧的是,在这样一个小地方,还要研究大问题,研究者必须考量其所研究的问题是否具有普遍性以及该调查地点能否为问题的解决提供充分的经验材料"[①]。据此,本书选择 S 大学这一"小地方"(small place)作为田野点,研究其中的"规则—行动"这一"大论题"(big issue),具体理由如下:

[①] 张晓辉:《法律人类学视角的学术魅力》,是为张钧《农村土地制度研究》序言,中国民主法制出版社 2008 年版,第 3 页。

第一，S大学是一所典型的当代中国大学，具有中国大学的普遍特征——学生来自全国各地，通过全国统一入学考试录取，在校学生人数众多，生源结构丰富；绝大多数学生集中住宿、在相对固定的场所学习，形成相对闭合的校园生活社区；实行院校二级管理，有较固定的教学体系和作息制度；有权授予法定学位，依法开展博士、硕士和学士三个层次的日常教学教育；学生毕业后，自主择业（或升学），进入不同社会领域工作（学习）。

第二，S大学办学历史悠久，逐渐积累了大量校内学生管理规范，有开展历时性纵向维度比较研究的素材。在不同历史背景之下，S大学相继制定了大批学生管理规范，为本研究提供了较为丰富的资料。

第三，S大学具备一些自有特征能够如放大镜般突显"规则—行动"之间的动态关系。一方面，该校生源构成较为集中，容易形成多个、不同的学生群体，便于观察不同群体中的规范运行状况。另一方面，该校家庭经济困难学生比率较高（40%左右[①]），避免困难学生出现"双困现象"[②]是内部学生管理规范追求的另一重要目标，因而学生家庭经济状况等个人特征常常成为可以左右校规执行的重要参数。

综上，对S大学这一"小地方"内部规范运行状况的观察、分析可以作为研究"规范运行"与"行动策略"这一"大论题"的具体方案。需要强调的是，本书并不研究S大学本身，而是在S大学中进行研究[③]，故避免"陷入"田野而无法自拔是作者一直在进行的反思与努力，研究并不追求对S大学方方面面的学生管理制度进行详细述评（尤其是涉及教育体制改革、人才培养发展战略等"宏大"话题），而仅聚焦于对"规范—行动—意义"之间互动场景的描述与分析。

此外，基于田野的研究还不得不考虑"进入田野"的效益："投入—产出比"以及在多大程度上能够"浸入"田野。笔者自2005年以来，长期工作、生活在S大学当中，熟悉该校环境，与一些"关键人物"（如学生干部、学生

[①] 数据来源：S大学学生处管理科，统计时间为2016年12月。
[②] "双困现象"是指学生在家庭经济条件和学业表现两方面与普通学生相比均有明显差距，该现象在S大学较为普遍。
[③] 该观点依据格尔茨的著名论断："人类学家并不是研究村落（部落、城镇、邻里等等），他们是在村落中研究"而形成。参见［美］克利福德·格尔茨《文化的解释》，韩莉译，译林出版社1999年版，第29页。

工作人员、学校分管领导等）建立有较强联系，便于收集素材和观察典型事件。而且为完成本书写作，笔者还将长期参与观察、深度访谈和直接体验而收集而成的大量 S 大学文本性学生管理规范和典型案例进行了整理、分析与解读，从而提高研究效率。

二　田野点基本情况

S 大学始建于 1938 年，此前校区位于昆明市主城区内。自 2007 年起，应当地政府命令及学校规模化发展要求，该校陆续进行校址搬迁，目前其主校区位于某省某市大学城北端，占地面积 3300 余亩，现有在校师生 33000 余人。校内分为东、西区两个区域，每个区域均设有教学楼、学生宿舍、食堂、体育馆等设施。东区主要为理科院系所在、西区主要为文科院系所在，分立于学校标志性建筑——图书馆两侧，共同构成师生生活、学习与工作的社区空间。S 大学校园平面图见图Ⅱ。

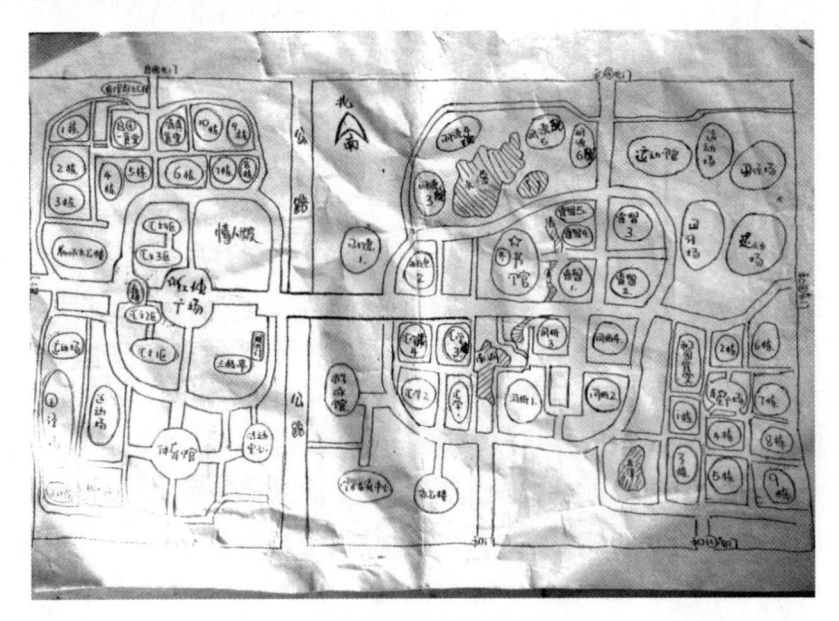

图Ⅱ　S 大学校园平面图（手绘图）

S 大学长期以来与政府之间关系良好，与外部社会环境保持良性互动，曾被国家授予"民族团结进步模范集体""全国教育系统先进集体""依法治校示范校""毕业生就业典型经验高校""高校校园文化建设优秀成果奖""五四红旗团委"等荣誉称号。

第五节　田野的进入、离开以及伦理问题

一　进入田野

尽管笔者因工作原因自 2005 年 4 月起便一直与 S 大学在校学生保持接触，但这种接触更多地停留在为学生提供"资讯中介"的层面——将 S 大学学生管理部门的规定和要求"转告"学生，再将学生的行为、表现反馈至 S 大学管理部门。其间，作者也曾对 S 大学管理部门校规制定、修改的场景和学生日常行为进行过观察，并收集到一些学生与校规互动的案例，但却并没有真正"设身处地"地立足于学生这类"他者"的立场，深入思考他们行为与校规之间的深层关系，以及这些行为的形态、原因及意义。这种接触一直持续近十年。

2015 年 1 月起，笔者开始有意识地将上述"接触"转化为一项田野工作——立足于 S 大学当地的研究，重新融入 S 大学这一"社区"的日常生活之中，结合参与观察、深度访谈和本人直接体验，对 S 大学学生行为与校规之间的互动进行详细描述，并尽可能地凭借人类学、法理学、社会学等学科视角对其做出解释。

为了真正"进入"S 大学的社区内部，笔者每天都保持与 S 大学学生的交往，尽可能地使用他们的"语言"与其对话（主要是学生间的流行用语和语气、句式）；经常进入学生宿舍、食堂与他们交流讨论；同时，参与到一些制定、修改、适用学生管理规范的过程中，并亲历这些规范文本制定、修改及"实效"的讨论会议；多次到 S 大学 W 学院和 H 学院的部分班级中观察班会的进行过程；与部分校规操作者建立信任关系并进行深度访谈，有时这些访谈会在他们的办公室中进行，这样可以更直接、真实地再现他们操作校规的环境和情形，但更多的时候是在非正式场合，如教工食堂、校园人行道上、会议间隙等进行。

二　离开田野

2017 年 4 月起，上述田野工作暂告一个段落，笔者开始专注于本书的写作，将前期参与、观察和体会到的"素材"进行整理，并使其条理化和系统化地呈现。在写作过程中，当发现有遗漏重要信息片断或场景细节时，也会

重新"回到"田野中，对当时提供信息的关键人进行回访，以使用于本书写作的"素材"尽可能地完整；在写作过程中仍然保持对前期田野中一些事件后续情况的关注（往往是依靠关键人提供的间接资料）。因此，笔者从田野的"离开"，并不是完全地与田野隔离，只是为能够连贯地完成本书写作，而与田野保持一定疏离。

三 伦理问题

美国人类学协会（AAA）的伦理准则确立这一格言："人类学研究者必须尽其所能确保其研究不损害他们在其中工作、开展研究和进行其他专业活动的人群的安全、尊严和隐私""保护与人类学者分享自身故事者之隐私"。[①]在本研究当中，笔者尽力去遵循这一准则。在田野调查期间，笔者与学生一直保持着密切接触，并与一些学生建立了相互信任的良好关系。在此过程中，出于对笔者的信任，他们会提供一些重要信息，使笔者有机会"看见"或"听说"一些学生违反校规的事件，如未被监考老师发现的考试作弊行为、未被宿舍管理人员查证的"夜不归宿""违规用电"以及未被任课老师记录的旷课行为等。这些信息的确对校规的深入研究提供了生动素材与重要思路，但也使笔者陷入两难处境——是要"揭发"学生违规行为，还是要对其保持"未知"。面对这一困境，笔者最终的选择是：在不涉及学生人身安全或重大财产安全隐患的情况下，不向他人揭示从信息提供者处获取的上述情况，但会在与信息提供者接触或对话时明确表达自己的观点：遵守校规通常是更为恰当的选择。

另外，本书作为在S大学中完成的研究结果，尽可能地去如实反映"校规与成员行动"之间的互动图景，这种互动确确实实地关乎着受校规影响之人的权益，因而将研究结果反馈给S大学的内部成员并听取他们的意见，也成为笔者担负的一项伦理责任。尽管本书的研究立场是"揭示"这种互动图景，但却在无意间会居于"局内人"的立场，涉及到对"改善"这种互动的思考。大部分校规操作者在收到研究反馈后，通常会与笔者一起讨论如何"改善"校规、论证其"合法性"，这些讨论又为本书的写作提供了很多有益的素材。

[①] ［美］威廉 A. 哈维兰（Haviland, W. A.）等：《文化人类学：人类的挑战》（原书第13版），陈相超等译，机械工业出版社2014年版，第22页。

第六节 关键概念

一 校规（Campus Regulations）

"校规"在本书中指由大学所确立并以文字形式颁布、在学校范围内普遍适用于全体学生的行为规则与学业标准。根据研究目的，本书所指"校规"并没有涵盖大学校园文本规范的全部，而仅限于与学生操行评价和学业评定标准相关的学生日常行为及学业管理成文规范（统称为学生管理规范）。此两大类校规是大学教学、生活秩序和学生个体发展、学业长进的重要保障，也构成大学作为制度化组织的主要建构性事实，是校园文化的重要组成部件。

在本书当中，校规被视为一种携带大学特性的"地方知识"，是大学与所在社会文化环境长期互动关联的历史积淀，表现为 S 大学社区内部"规范""行为"与"意义"交织重叠的特有形式，故而讨论校规之下人们的行动，需要将其放入"更广阔的符号指涉框架"（frames of signification）之中①，也即 S 大学特有的校园文化当中，方能理解人们行动的多重意义和规范的综合影响，以及"规范－实践"之间的互动同构关系。

二 训导（Discipline）

"训导"是学生管理规范运行所完成的实际效用。校规在组织校内秩序的过程中明确约束着学生的品性行为和学业标准，对学生的行动和观念进行持续性、日常性地训诫与教导，促进其逐渐成为符合特定社会需要的社会建构主体。

"训导"伴随着校规施行的过程，涵盖校规操作者与校规承受者双方积极互动的起点、经过与后果。"训导"发生于大学校园日常生活之中，通过校规承受者能够感知或直接参与其中的具体的事件而实现对其知识、态度、情感的影响与塑造，即校规"训导"具有日常性与过程性。

"训导"机制是公众期待与大学抱负相结合的产物，故而不同的社会文化环境、不同的校园文化就会产生与之相应的训导机制，也就是说具体的校规

---

① ［美］克利福德·格尔茨：《地方知识——阐释人类学论文集》，杨德睿译，商务印书馆2014年版，第209页。

"训导"机制，其实施目标、实行方式、运行载体等都显著地受到所在整体文化、历史背景、校园文化的影响，即校规"训导"具有动态性与地方性。

"训导"凭借校规而进行，但并不能抽象地发生，而是在具体的师生互动中得以实现。较之于其他社会规范，校规最为显著的特点在于通常以"师生"之间的情感交互来推动规范运转，无论是对承受者进行品行评价还是对其进行学业评定，尽管立足于校规制度的规定与指引，但却均离不开"师者"亲身亲为的训诫与教导，所谓"感人心者，莫先乎情"，这些训诫与教导通常凭借师生之间的理解与共情而完成。也就是说，"训导"以校规制度的存在为基础，但却并不抑制情感，仅只是限制情感的恣意或任性，即校规"训导"具有情感性与互动性。

"训导"不仅仅是简单地基于"奖-罚"进行的行为控制，而是依托"仪式化交融""网格化""分类评价""有意搁置"和"迂回疏导"等诸多复杂策略来以"感染""柔性""侧翼"式的形式逐渐培育、塑造校规承受者对校规的理解与认同，从而自觉尊重、遵守校规，沿着"培养目标"实现自我教化，即"训导"具有多元性与策略性。

三 校规主体（Subjects of Campus Regulations）

校规主体是指在大学校园社区内部受到校规直接约束，同时也能动地创造、变更、应对校规的人群。在 S 大学校园社区中，主要存在两类行动相互关联的校规主体——校规承受者（校规所指向的学生）和校规操作者（制定、实际执行校规的教职人员）：

1. 校规承受者（The Addressees of Campus Regulations）

本书中的"校规承受者"是指受大学所颁布的学生日常行为管理规定和学业管理规定所规制的在校大学生。概念本身有着时间、空间和内容上的限度：在时间限度上，以自学生个体经过大学录取、办理完入学手续至其修完学业、办理离校手续的期间为限；其空间限度是指以学生在学校范围之内生活、学习的过程为限；其内容限度是指以学生因日常操行评价和修业学习评定相关的行为或事务而受到校规规制为限。

与传统民族志中的"民族"相比，本书所研究的此类"他者"并非因血缘或地缘而聚居于一定区域，而是因共同目标——"求学"而在一定时期内共同生活于 S 大学这一社区当中的特定人群，其呈现出明显的流动性和时段性。尽管如此，因目标的一致性和生活时空的相同性，他们在一定程度上经验着并建构着校园社区内同一的文化（校园文化），在与校规互动过程中表现出特有"规范－行动"的态度观念和策略模式。

这一概念的提出深受哈贝马斯沟通行动理论中"法律承受者"概念和舒国滢教授法哲学理论中"规范承受者"概念的启发。在哈贝马斯看来，"法律承受者"是法律指向之人，其所对应的概念是"法律创制者"（authors）。当"承受者"能够作为整体地将自己同时理解为规范的理性创制者时，即使在没有宗教等形而上学的力量支持之下，强制性的法律的"社会整合力"也可以实现，而此时的"法律承受者"即是法律的"主体"①。此后，有学者沿着哈贝马斯的思路对"法律承受者"做出更为详细的分析，认为法律的功能之一在于"便利个体生活"。这种"便利"以指引人们进行行为选择为基础，而选择的依据就是"法律承受者"与权威执法者进行互动所形成的"稳定预期"②，即强调承受者与执法者之间的互动是社会便利的基础。

舒国滢教授论证了"规范承受者"并非单向、被动地服从于规范要求，即他们并没有基于"来自形式的单向性理由"而遵守服从规范。事实上"来自规范承受者自身的理由"既可以引起"规范承受者"自愿服从于法律，也可以引发他们对规范的抵抗，而且这种"抵抗"在必要时又会以"制度化力量"的形式导致规范的"合法性危机"，进而提出"整合规范承受者的法律确信，并形成普遍的社会共识"③ 是维护国家宪法权威、法律体系稳定的必要条件。

受上述学术观念影响，本书所提出的"校规承受者"同样并非被动地承受着既定校规的人群，而是极具思维活性、行为灵动、认知开放、情感丰富的个体组合，他们与"校规"之间其实存在着彼此塑造、相互成就的关系。与此同时，他们也并非单纯地受到校规这一单一规范的规制，事实上他们从来没有存在于与世隔绝的"象牙塔"之中，而是生活在由包括校规、国家法、学生间规约、社会道德、风俗习惯等诸多社会规范所共同交织的规则网络之上，即在多元规范并存的状况下与校规进行着上述互动与互构。

---

① ［德］哈贝马斯：《在事实与规范之间：关于法律和民主治国的商谈理论》，童世骏译，生活·读书·新知三联书店2003年版，第40—41页。
② ［比］马克·范·胡克：《法律的沟通之维》，孙国东译，法律出版社2008年版，第88－90页。
③ 舒国滢：《法哲学沉思录》，北京大学出版社2010年版，第213—248页。

对于大多数校规承受者而言，历经数载校园生活濡化和校规训导，总会不自觉地、或多或少地将一些校规内化为个人习性，带着"母校"烙印融入更为普遍的社会领域。就此而言，尽管校规的效力原本仅限于学生在校就读期间品行、学业的范围，但其实际效力却能够向外溢出校园空间——校规承受者们往往会自愿、自觉地"延续"校规对其影响。在此意义上，本书认为"校规承受者"既"受制"于校规，同时也"承载""传承""构筑"着校规。

2. 校规操作者（The Manipulators of Campus Regulations）

"校规操作者"指大学当中有权力以个人认知、态度、情感和行为直接影响校规的生成、运行和变更的校方教职人员。在普遍观念中，"校规"被视为由教育职能部门或校方创立的规范性文件，而专职从事学生管理的教师群体构成校规的"发出者"（senders）。但本书所倡导的校规应当是在特定校园社区之中，由"校—生""师—生"互动、同构所形成的结果，故将大学内专职从事学生管理工作的教员称作"校规操作者"，预示他们不应当、也不能够单方面、任意创立、执行学生管理规范。

本概念所指代的人群是与学生管理规范关系紧密的校方教员，即学校学生工作分管领导、职能部门管理人员、学院分管领导、辅导员和班主任等。校规操作者主要依据、凭借"校规"来管理学生——对其进行操行评价和学业评定，其工作实际上包含了制定（修订）校规与执行校规两项相互衔接的内容。

此类"他者"基于共同职业缘由而共事于S大学之内，对于S大学社区内的文化同样有着相似的体认，也因目标一致性而分享着一套特有的"规范-行动"观念与策略。他们行为行事的方式、风格直接影响着校规以何等面貌出现在校规承受者的生活当中，于是成为承受者对校规目的、运转状况进行评判的重要内容。

本书所设想的理想校规操作者，能够深刻体会到自己职业责任之于国家、社会和受教育者个人的重大意义，同时具有"理想信念""道德情操""扎实学识"和"仁爱之心"[①]，并能够于日常工作的具体"过程—事件"中与校规

[①] 2014年9月，习近平总书记视察北京师范大学时首次概括"四有好老师"的标准，强调"今天的学生就是未来实现中华民族伟大复兴中国梦的主力军，广大教师就是打造这支中华民族'梦之队'的'筑梦人'"，对新时代教师的基本素养提出新的要求与标准。

承受者进行平等、有效地对话沟通,通过言传身教,"春风化雨"地实现对校规承受者的习性塑造与精神引领,而远非刻板生硬地"照章办事"或随意任性地"应付了事"之人。

四　校园文化(Campus Culture)

校园文化是大学在长期办学实践中逐渐行成的独有的物质与精神特质,是一个校园社区存在、发展的历史积淀,是生活于校园社区内所有成员互动的经验成果,包括教学楼宇、设施设备、校园环境等有形物及其在物理空间中呈现出的风格,也包括大学内部成员的主流价值观念、习俗惯例、行为偏好、规章制度的自有风貌。对内部成员而言,校园文化就是一套以特定词汇和行动模式,组织着常规行为的价值观念、规范制度和组织结构,尽管司空见惯,但却有着强烈的可感知性,实在地影响着社区成员的态度与行动。校园文化由于内部成员的不断更替、以及与外界环境的不断交流而处于动态,是一个不断变迁的过程,持续处于尚未完成的发生状况。也就是说,校园文化有其相对性,同时又保持着变动性。

校园文化的特有性决定了校规的"地方性",是生产作为"地方知识"的校规之源泉。这种"地方性"来源于校园社区内成员的独特经验,通过一定的符号形式(包括有形文字、特有仪式和动态事件等)在成员间流通,不仅限定着校规的价值取向、呈现形态和运行逻辑,也构成校内成员认知、评判校规效用的预设前提。

第一章　校规的规范形态

论及大学校规，人们即刻会将其理解为规制大学内部成员行为的一套规范体系。尽管我们对这种"校园行为规范"的结构和形式早已司空见惯，但通过长期的田野调查，笔者发现校规并非简单、平面地"建章立制"，也并非严格依照"文本－行为－结果"的单向线路来运行，而是特定校园文化社区成员长期互动、经验而形成的内部法则的一种形式表达。从规范层面来看，校规有其显著特点：校园文化的相对性与特有性，决定了校规的"地方性"；同时，社区成员之间的频繁往来，以及社区与所在整体社会环境的互动决定了校规的"动态性"。校规作为动态发展的"地方知识"以鲜活的"个性"特征影响着社区成员的行动策略，组织起校园社区内部秩序，并以精神引领的形式，持续塑造着受教育之人的品行与习性。

第一节　校规的生成

校规的生成，在此意指作为文化社区的大学针对学生管理而进行的社区内部"立法"，作为规范的校规被期待为"一种安排，借助于它就可以（积极地）影响接受对象的特定行为，并进而在其效力范围内调控特定的过程"[①]。校规的生成取决于校园文化社区内"当地人"的经验与观念，其效用直观地表现为组织社区内部的教学、生活秩序。校规作为社区的"地方知识"，并非处于静止状况，而是基于成员的变更和与外部环境的交互而呈现出一定的开放性与可变性。

一　校园文化社区框定校规生成的文化背景

每一所大学都有着自身独一无二的历史，在长期的办学过程中渐次形成

[①] ［德］伯恩·魏德士：《法理学》，丁晓春、吴越译，法律出版社2013年版，第60页。

自有的价值追求与教育理念，所开展教育的内容与形式、校内成员的组成结构、规章制度，以及校园环境的布局等，共同构成一个特有的文化社区（culture mommunity）——在特定的地理区域（校园），由一定的人群（师生群体），基于相似的理想信念和利益诉求，凭借一套共享的符号体系而发生着相对密切的社会交往关系[①]。几乎每一所大学都会有意宣扬自身"特色"的可识别性，而内部成员通常也将这种"特色"想象为"共同体"的标识，以此作为识别自我或他人的群体归属、分层占位、行动策略等的重要依据。经内部成员长期互动而建立起的校园文化社区，同时也为内部成员限定出生活、学习的空间范围与行动模式，作为校内各方主体的行动场景而存在。

校规产生于文化社区之内，用于调适、规范社区成员（师生群体）的交互关系与具体行动，并以成员能够识别、理解的符号体系而存在和流通。因此，校规并非仅是针对社区内部具体事务的"建章立制"，也并非由某一群体的偏好或任性所决定，而是由社区文化的特有性所框定的地方知识——基于何种理念与目的而创立校规、针对何等事务或关系而设立规范、有限资源或权力如何分配归属、以何种形式来表达或呈现校规、校规适用秩序达至何等程度……均建立在社区的特有文化框定之下，因而呈现出明显的"地方性"，持续、强烈地影响着社区成员的事实认定倾向与行动策略选择。这种"地方性"对于内部成员来说，是"符合逻辑、显而易见"且"内在和自然"的集体经验[②]。大学校规的生成通常表现出顺应学校社区发展需要而"内部自生"的"地方知识"属性，具有一定的"自我创生""自我指涉"的自觉与能力。

一个直观的例证是，S大学办学八十年来，不断积淀形成由教职人员对学生日常行为考评的复杂制度。在S大学，学生统一入住集体宿舍和每天"晚点名"已成为一种强烈的管理传统和习惯。该校有一支保障该项校规实施的"工作队伍"——除宿舍门卫值班员外，每栋公寓一楼均设有固定的辅导员宿

[①] "社区"是文化人类学和社会学的基本概念，一般认为由德国社会学家滕尼斯（Tonnies, F.）首创，作为区别于"法理社会"的"礼俗社会"（德语为 die Gemeinschaft，对应的英语为 community）随着研究与应用的不断发展，其含义更趋丰富，甚至已经突破了传统的地理界限和人们面对面的接触，但其要素仍然包括一定的人群、相似的价值判断、通用的符号体系和交互的关系等。参见何祎金：《从概念到方法的历程：社区研究的中国再造》，《内蒙古社会科学》（汉文版）2018年第3期，153—159页。

[②] [美] 劳伦斯·罗森：《法律与文化：一位法律人类学家的邀请》，彭艳崇译，法律出版社2011年版，第3页。

舍、每间学生宿舍内都设学生舍长、由学生干部担任的督察队等。每天晚上临近规定时间，会有几名学生干部在公寓门前"守门""查晚归"，每间宿舍的舍长清点本宿舍成员，并将情况汇报给本班班主任，再由班主任将清点情况报告值班辅导员。每年新生入学教育的必备内容之一便是学习"宿舍管理规定"，新老生之间的交流也往往会围绕"晚归"话题。[①]

与 S 大学不同，X 大学建校近百年以来，其所倡导的是人格自由与自主管理的校园文化，学生住宿区无教职人员管理，而是由学生社团自行维护，学生进出宿舍楼、图书馆、实验室需要由本人刷卡并验证身份。X 大学校规中没有对学生每天回宿舍的时间进行限制，但如果学生连续 24 小时没有在宿舍、图书馆或实验室的刷卡记录，门禁系统会自动将该数据报告学生所在学院，也会向学生本人手机发出提示，要求其向辅导员作出合理说明。

比对上述两所大学的宿舍管理规定可见，在大学这一特定社区内，关于学生的住宿安排，已然成为各个成员可以预见、感知并有所共识的一种地方知识，而这种地方性知识建立在社区特有的物质与精神资源之上，各具特色，但都能以公开、强烈的压力形式影响内部成员的行动策略。

二 校园生活秩序化是校规生成的首属动因

任何社区的存续与发展，都有赖于一定程度的秩序。在人类学的视域下，秩序并非是指社区内毫无纠纷、不发生结构变更，保持着一种"宁静的和谐"或"成员的一致"[②]，而是指社区内权力分布、资源分配、日常生活及人际关系能够相对稳定地、制度化地延续，即使发生纠纷或混乱，也有一套制度化的机制来加以化解、缓和，消除"失序"对日常生活的震荡。

在校园社区内部创立校规的最初动因，无疑是保障学校教学、生活秩序得以延续、教学目标得以实现。校规以制度化的形式，明确社区成员的行为规范、评判标准、权利义务等，使得成员个体清楚各自位于社区生活中的结构地位、行为行事的规则步骤，以及处理人际关系的准则与尺度等。可以说，

[①] 这些交流实际上往往是老生向新生传授"规避晚归查处"的经验，其反映出该校规在现实中并没有被所有学生"内心服从"，此处出现了校规创立的理想模型与现实运行分离的现象，此类规范"表达与实践"背离的现象将在之后作进一步讨论。

[②] See: Simon Roberts, *Order and Dispute, an Introduction to Legal Anthropology*, St. Martin's Press, New York, 1979, p.30。

创立校规的意义就在于使校园社区内部的权力结构、资源配置、人际关系和行动过程等成为一种成员普遍明白、默会的"知识",现实地约束内部成员的行动与观念。由此,校园内部的教学、生活呈现出规律性、持续性和可预见性。

校规明确地表达了对秩序的要求,通过调节成员们的行为及成员间的交往互动,以确保大学内部的教育活动按"学期－假期－学期"的节律进行、学生按"入学－各年级修业－毕业"的单向顺序成长,所有成员都在网格之中按部就班、所有事务都按既定计划和标准依次进行。这种对于秩序的追求,其实源自人们对"确定性"的偏爱和对"混乱"的回避,对于校规操作者和校规承受者而言,校规是预测和确保学校及其成员未来状况的重要依据,依照校规的"安排",一切都将顺利进行。校规对秩序的追求,在S大学的"明文规定"中随处可见:

> 为进一步加强管理,维护学校正常的教学、科研和生活秩序,保障学生的正常学习和生活……结合学校实际,制定本办法。(S大学《学生安全教育及管理暂行办法》)
>
> (为)维护学校正常的教育教学秩序,树立良好的学风、校风,不断提高教育教学质量……结合本校实施学分制的实际情况重新修订本管理规定。(S大学《本科生学分制学籍管理规定》)

然而,现代大学所在环境的多元性决定校规所追求的价值并不是简单直白、标准统一的"秩序",而包涵着一套复杂的理念:透过对"秩序"的追求,校规所坚持的深层价值其实在于以特定的文化目标来促成受教育者的社会化——用特定的行为方式和价值观去影响、塑造、滋养符合社会特定需求的社会建构者。用"官方"语言对此进行表述即为"使受教育者成为德、智、体、美等方面全面发展的社会主义事业的建设者和接班人"[①]。在良好的校园秩序基础之上,理想的大学教育能够运用校规对受教育者进行知识、技能与态度三个方面的培育和塑造,促使其顺利完成社会化,成为与社会整体文化背景相协调的社会主体,使其具备主动参与社会治理的意识与能力——"作

---

① 《中华人民共和国高等教育法》,第四条。

为主权权威的参与者",而非单纯的"服从者"①——意识到自己是意志独立、思想自由、人格平等的社会主体、全过程人民民主的一分子,能够自觉规划、支配自身行为并对这些行为的后果承担责任。具体到校园生活当中,理想当中的校规应当能够在组织、维护秩序的过程中使学生普遍意识到自己既是学校规范和制度的承受者,同时也是推进这些规范和制度趋于合理的行动者,能够主动关注并积极参与到学校事务的民主协商与决策过程当中。

三 校规生成映照大学与整体文化的内外交互关系

毫无疑问,任何社区都总是处于动态发展之中,这种动态源自社区与外部环境的持续互动交流。在此过程之中,校规作为校园社区的内部法则应运而生,并随之呈现动态变迁,以此不断回应规范、协调新事务、新关系的需求。由此,再次证明人类社会中任何的立法行为都将受到某种限制,正如哈耶克所描述的那样:"在人们努力改进现行秩序的过程中,他们绝不能肆意且专断地制定他们所欲求的任何新规则"②,或者说,立法者毫不受到约束的任性并不可能长期存在。

特定时空之下的整体社会文化是彼时彼处物质财富与精神资源状况的集中表现,在很大程度上决定着作为整体的社会本身及组成社会的各子系统的现实状况与未来发展趋势。正如人们已经认识到的那样,"教育是附属于社会的一个体系,它必然反映着那个社会的主要特征"③,校规作为大学这一社会子系统的内部管理规范,必然受到所在社会整体文化的限定,呈现为一种响应社会期待的文化产物,随着整体文化的变迁,大学校规的价值追求、内容形式都会发生相应变化。校规作为校园社区生活应循规律的抽象表达,必然无法割裂与所在社会整体的关系。易言之,大学所处的社会文化环境总会在大学当中展现自己的身影,对学校提出具体"要求"——在现代大学创立之

---

① 现代大学作为社会需求的"强回音",所培养的"未来之人"应当是具备公民意识和能力的人。在卢梭的眼中,"公民"和"臣民"是有区别的,前者是主动、积极地作为主权权威的参与者,而后者是被动地作为既定国家法律的服从者。参见[法]卢梭:《社会契约论》,何兆武译,商务印书馆1980年版,第26页。

② [英]哈耶克:《建构主义的谬误》,载《哈耶克论文集》,邓正来译,邓正来选编,首都经贸大学出版社2001年版,第273页。

③ 联合国教科文组织国际教育发展委员会:《学会生存——世界教育的今天和明天》(研究报告),华东师范大学比较教育研究所译,教育科学出版社1996年版,第88页。

初，社会对大学的要求是培养精英①，为政坛或行业提供未来领袖之才。因此，大学校规创设的目的在于对学术自由和知识传授的保障，更多侧重于对学业标准的严格规范；而在大学教育逐渐转向普及教育的今天②，社会却要求大学为批量"涌入"的、有着不同诉求的学生提供"引领"与"教化"——不但要教授专业知识，更要完成对学生品行及人格的塑造，并在很大程度上承担着对学生思想的引领，而这种"引领"几乎涉及学生学业学习和日常生活的每一个环节。

与此同时，大学内部文化也在很大程度上影响着整体社会文化的变迁：一方面凭借教师对学生知识、技能与情感态度的培养而塑造出特定的社会建构者；另一方面借助学术权威对政治（主导、管理公共事务）、经济（掌控先进技术和物质资源）等社会其他子系统的契合与联动，形成特定标准与规则、引导主流意识形态和文化的变迁，从而能够对社会中普遍民众的观念和行为进行潜在影响。

由此可以说，校规的生成必然是校园文化与社会整体文化"内外交互"的成果，而来自整体文化的"外力"，在一定程度上又带着大学"内部"创制的印记和某种"基调"，正是这种内外交互的力量促成了校规的生成与发展。

第二节 校规的性格

一 以明示规则为形式载体

校规作为一种社区内部法则的形式表达，需要明确、具体地对所指向的行动作出指引。每一条具体的校规，都需要有明确的适用对象和范围、实施的程序环节、适用的结果等内容，以保持规范形式上的完备性和内容的可操作性。

---

① 根据美国教育学家马丁·特罗（Martin Trow）的高等教育分层理论，大学教育可分为"精英教育"（大学入学率小于15%）和"大众教育"（大学入学率等于或大于15%）不同层次，随着时代变迁，最终将由"精英教育"转向"大众教育"。

② 2015年4月，教育部发布首份《中国高等教育质量报告》显示，2015年我国在校大学生达3700万，毛入学率为40%，高于全球均水平。事实上，2019年我国高等学校毛入学率已超过50%以上，进入高等教育普及化阶段。

从规范到训导：大学校规的法律人类学研究 >>>

  作为内部规则，校规组架着校内成员的生活，意味着从不同维度对大学日常生活中成员间关系进行调整、对成员行为进行设计安排，并确立校内资源的分配原则。

  从时间维度来看，S 大学的日常生活在"学期 – 假期"之间交替进行，每个学期在"开学 – 期中 – 期末"的顺序中组织着教学活动与日常管理，而每一工作日又划分为"起床 – 早餐 – 上午课程（1 – 4 节）– 午餐 – 下午课程（5 – 8 节）– 晚餐 – 晚间课程（9 – 11 节）– 休息 – 就寝"几个作息时段。需要说明的是，学校的"一学年"是按每年 9 月开始至次年 8 月结束来计算，与自然年度有所区别。"学年"与"自然年"的区别在现实中影响到一些现象的分析与理解，如每届学生的"就业率"统计与分析，无论是"初次就业率"（截止每年 8 月 31 日的毕业学生就业情况）或是"年终就业率"（截止每年 12 月 31 日的毕业学生就业情况）都针对已从 S 大学毕业的学生，他们在物理空间上其实已"离开"S 大学，但根据 S 大学校规仍然要求其"如实汇报本人就业情况"，即校规对承受者施予影响的时间以能够被直接观测的形式被延长。

  再进一步对校规在时间维度上的安排进行分析可以发现，S 大学校规所安排的生活节律实际上形成对时间的"切割"，使生活于其中的人们自觉意识到时间的流逝——随着"学年"的更替，校规承受者历经"大一新生""大二学生""大三老生""大四毕业生"的身份变化[①]，在积累专业知识与技能的同时，也不断调适着自己与校内法则间的关系，更加"老练"地以他们认为妥当的方式来继续校园生活。由于校规规定的作息节律成了大部分学生安排自己活动的参照，感受到时间的流逝，他们会产生需要与时间竞争、必须把校内活动与抽象的时间推移协调起来的特定情感体验。

  校规之下的这种时间安排与 E. E. 埃文斯 – 普里查德（E. E. Evans-Pritchard）笔下的努尔人生活节律有着显著的区别。对于努尔人而言，其对生命历程的把握、对时空的概念、对人（代）际关系的安排以及社会结构的组建都决定于其赖以生存的自然条件，即根据自然旱 – 雨两季的交替而追随牛群过着"半游牧 – 半园艺"的生活，在这个层面上来说，他们的生活节律是一

---

  ① 对于硕士研究生而言这种时间流逝的表现则是"研一新生""研二老生""研三毕业生"的身份变化。

种"自生"的状态①，而大学生活的节律在很大程度上却是校规有计划、有目标的安排，实际上是可以做出人为调节的，受其影响之人在必要时（如放弃学业、休学、请假等）可以选择"脱离"这种时间安排。

在校规对时间的安排之下，校规操作者同时也会根据校规承受者所在的不同时间段来定位给予承受者的评判标准。一般来说，校规操作者对于"大一新生"，更多的是引导其知晓、认同校规文本规定；对于"大二""大三"的"老生"侧重的是对其言行是否与校规规定相符的测评，校规操作者在此处的前置逻辑通常是"老生"应当"熟知"校规，如有违规或未达标准则往往被认定为"明知故犯"；对于"大四毕业生"则侧重于如何能使其"顺利毕业"，校规操作者对此类学生的评判（尤其是否定性评判）会趋于谨慎。也就是说，承受者具体所在的"时间"状态，对于受到校规影响的承受者和操作者双方而言，实际上为其指引着应当遵行的行为行事原则。

就空间维度而言，校规在大学日常生活中主要作用于"半公共空间"（宿舍）和"公共空间"（食堂、教室、图书馆、运动场馆等）两类场所当中。校规操作者往往会根据空间性质的差异而对校规承受者的行为采用不同要求的规范，概括而言，针对"半公共空间"仅在必要范围内限制校规承受者的自由，例如仅出于公共安全的目的，限制学生在宿舍使用大功率用电设备的自由；而在"公共空间"则更加直接地强调对校规承受者行为的控制，通常会对承受者的行为提出具体要求，如："举止得当、文明礼让""请勿高声喧哗"等。

校规除却在不同空间预设相应的行为规范之外，还决定着校规承受者与他人关系的建立与维系，例如基于宿舍管理规定而形成"舍友"关系、基于班级管理规定而形成的同学关系、师生关系等。

从内容的维度进行分析，校规在大学日常生活中主要指向两类事务，一是对承受者某些资格得失的认定（如以获得毕业证与学位证为标志的"毕业资格"、以获得嘉奖与宣扬为结果的"评优资格"、以取得物质资助为目的的"受助资格"等）；二是有限资源分配的原则（如图书馆、实验室、自习室等教学设施的共享与利用）等。

此处用表1.1对上述校规架构校园生活的机制作简要概括：

---

① ［英］E. E. 埃文斯－普里查德：《努尔人》，褚建芳译，商务印书馆2014年版，第121－122页。

表1.1 校规的"时间－空间－内容"三维度

维度	环节	举例	效果	
时间	学期－假期	对报到注册的规定 对假期住宿管理的规定	依次、顺序 修完学业	行为统合
	开学－期中－期末	对"选课制"的规定 关于"严肃考风考纪"的规定		
	工作日作息时段	对"晚归"和"夜不归宿"的处理规定 对无故缺课的处理规定		秩序控制
空间	半公共空间	宿舍管理规定	根据不同场所 进行行为选择 维系人际关系	
	公共空间	图书借阅管理规定 实验室安全管理规定		
内容	资格得失	奖助学金评选办法 学生综合测评体系	确定标准、 减少争议、 引导后续行为	目标导向
	资源分配	图书借阅管理规定 公共洗衣机使用管理规定		

在 S 大学的日常生活中，校规并没有严格按上述三个维度来完全区隔，而是交织在一起，共同限定着大学日常生活的范围、顺序与节律，使规范承受者得以明确知晓在"何时""何处"应"如何"做"何事"，以致大学日常生活每一个片段都呈现出强烈的秩序偏好：大学日常生活"应当"有条不紊地、井然有序地进行。这一偏好基于这样的假设：大学生活中的大部分人有着大致相同①的预设目标——"学有所成、学以致用"（以按时获得毕业证、学位证和找到"理想的"工作为象征），并为实现这一大致相同的目标而愿意按照确定的方向、形式而行动。故此，校规的规范机制在于为生活于大学校园之中的人们提供行为指引，通过"行为进程"（如学分制管理、作息安排、学业进度等）和"预设标准"（最为典型的是"人才培养方案"所要求的修业课程、取得学分数量、成绩达到绩点等）使他们能够预测出自己行为的可选方案及其结果，以据此作出规划与选择，同时也让他们能够沿着清晰的"步骤"与"节奏"来实现上述目标。从此角度来看，校规以行为规范的形式，从"时间－空间－内容"三个维度共同统合着生活于大学之中的人们行

---

① 此处之所以用"大致相同"来修饰"预设目标"是因为在大学中并非所有学生都一致认同此预设目标。经验表明，任何一所大学中都存在一些学业怠惰、对未来职业生涯缺乏希望与规划的学生。

为，这种统合的效果是人们行为方式的可预测性、过程的可控性及结果的确定性等，由此而生成特定的教学秩序与管理秩序，排解或调和大学内部成员之间互相冲突或重叠的需求，进而确保绝大部分校规承受者能够达致成长成材的愿景、目标。

由此可见，"校规"就是长期存在并被假设具有合法性的系列指向行为、事件的设计与安排，意示着校园社区内部行为与事件的可预见性和相对稳定性。校规以指向受教育者操行评定与学业标准的明示性规则为载体，以"看得见"的方式存在于校园社区的日常生活之中。

二 以道德教化为价值追求

校规是校内成员行为模式的固定化，包含着规范的一般效用：告示、指引、评价、预测、教育和强制等。但较之于国家法，校规更为强调对学生的"德性教化"，而且这种教化通过或直接"现身"（校规文本中的宣言式表达）或间接"影响"（校规文本对特定行为的认定与评价）融入大学日常生活，贯穿于大学教育始终。校规的运行正如美国教育学家杜威所期待的那样，"使道德的目的在一切教学中……处于普遍和统治的地位"[①]。

无论是指涉学生日常行为守则、奖学金评选办法，抑或是违纪处分条例的创立，所有校规的生成均以特定时代的明确道德导向为前提。文书中展现的所有关于学生行为规范、品行判定、能力界定都有"道德教化"的必然在场[②]，教化实际上已作为一项原则或明显或隐藏于具体的校规当中，即"立德树人"的教化一直是大学校规文本的预设基调。

然而，"道德"本身却是一个极具历史感与情境性的概念，无法用精准的语言将其内涵与外延刻录出来。如何在相对稳定的校规中涵摄一段时期、不同情境的道德要求成为一个复杂的问题。作为一项实用的解决方案，校规文本中往往采用模糊词语来表述涉及"道德"评判的内容，如"品学兼优""表现突出"等。我们可以通过下面的案例来展现校规对道德的明确强调以及其评判标准的模糊性：

[①] ［美］杜威：《杜威教育论著选》，赵祥麟、王承绪编译，华东师范大学出版社1981年版，第98页。

[②] 包括学生在校期间应当遵守的日常行为规范、奖学金参评条件和取得毕业证、学位证的条件等都明确地标识出对学生个人的"道德"要求。

案例1.1 《S大学国家奖学金评审办法》是国家奖学金评选规则的细化，规定申请该项奖学金的申请者个人条件及程序。该办法第三条（三）、（四）项规定：奖学金申请人应"诚实守信，道德品质优良；在校期间学习成绩优异，社会实践、创新能力、综合素质等方面特别突出"。由于国家奖学金奖励金额较大（每名获奖的本科学生奖励8000元）但奖励比率较低（覆盖率约0.3%），是每年"评奖季"学生关注的焦点，各评选单位在操作过程中均持慎重态度。但由于"诚实守信，道德品质优良"缺乏明确界定，不同学院在具体操作中往往自由地增加限制条件，如申请者"本年度应获得校级三好学生或优秀学生干部称号""担任过班级以上学生干部"等。正是因为评奖办法中关于申请者条件的模糊词语，才使得每年名额不确定（奖励比率由省级教育行政主管部门根据当年国家专项经费的多少决定）的国家奖学金评定工作得以在规定的时间内顺利进行。一方面，国家奖学金奖励的对象必须学业优异且品行符合国家道德导向，但"道德"需要放在特定情景下来把握。"特定情景"此时便是奖学金申请者在其所在学院、班级、宿舍等的现实表现，由学院一级的校规操作者（学院学生工作领导小组成员）设定细化标准对其进行考评，所有奖学金的潜在申请者，均会自然选择以这些细化标准为德行导向；而且，每年奖励名额和申请者人数均处于不可预知的不确定状态，只有赋予具体操作者根据上级下拨的名额来设置附加条件而对"道德品质优良"进行解释的权力，已经固定为文本的《奖学金评定办法》才能持续发挥作用——限定获奖资格，确定获奖人选。

校规中存在的模糊词语在语义上具有延展性和开放性，能够在一定程度上容纳校规文本所运行的社会环境变迁所带来的关于"道德"评判标准的变动，赋予校规在一定时期内，既保持形式与内容不变，又便于灵活适用的能力。与此同时，模糊词语还授予了校规操作者（通常指具体负责学生操行评定的教职人员，最为典型的是辅导员及班主任）一定程度上自由裁量的权力——这种权力通过特定操作者对具体校规文本的"建构性"阐释来实现，即由具体操作者在特定情形中来裁量具体校规承受者的行为是否符合日常行为规范、是否达到某项奖学金申请条件、是否达到取得毕业证与学位证的条件等，在这些具体操作与执行过程中实现教师对学生的道德教化的权力。当然，这一权力的存在与运用，实际上也强化着校规操作者对承受者的影响力与控制力。

需要补充的一点是，校规的具体操作者往往是经过严格选拔与专业培训的特定人员，他们实际上形成层级分明、分工细致且往来密切的职业共同体，他们对校规文本进行阐释的自由裁量权事实上被限定于一定的"职业道德标准"和"操作规程"范围之内，故通常并不存在因操作者个体的不同而产生的校规运行结果激烈分散，从而保证了校规道德教化导向的大致统一。

三 以身份隐喻和有限强制为运行依据

较之于国家法，校规在语言风格上并非如"命令"般坚定准确、"无需说明指令规则的根据"[1]，而是更多地在表现为"劝服说教、感染同化"。尤其是在与学生操行评价相关的日常管理规定当中，几乎都有相当数量的条款用于论说该项校规的合理性与目的正当性，意图让学生凭借"读""学"校规文本便能够理解并自然产生认同，而后自发地服从、遵守校规。此时的校规，是以"大学生应当具备较高道德水准、综合技能、社会职责"等逻辑预设，以身份为隐喻，将符合道德标准的行为准则与受教育者的行动关联起来，"在每个潜在的符号之下，将那些似乎必须保持内在一致的不同领域联结起来"[2]，劝说式地引导学生进行某些行动。例如：

案例1.2 S大学《学生勤工助学管理暂行办法》：第一条 勤工助学活动是指学有余力的学生利用课余时间通过自己的劳动，锻炼能力，增长知识，并获取一定报酬，用以改善学习和生活条件的行为。开展大学生勤工助学活动对于引导学生接触社会、了解国情民情、增强社会责任感；促进学生理论与实际相结合、巩固加深所学知识；培养学生与劳动人民感情、树立劳动观念；适应教育改革和推进素质教育的需求；在一

---

[1] 在拉德布鲁赫看来，法的语言风格经历了从传统"劝服、说教、使人信服型"向现代"命令型"转变的过程。他认为启蒙时期的法律注重论述法的理性与目的，强调人们经由对法的信奉而遵守法，而现代法律转为采用"军事命令般的粗鲁口气"，不再指望人们信服法律，而是命令人们遵守。参见［德］拉德布鲁赫：《法学导论》，米健、朱林译，中国大百科全书出版社1997年版，第24页。

[2] ［美］劳伦斯·罗森：《法律与文化：一位法律人类学家的邀请》，彭艳崇译，法律出版社2011年版，第7页。

定程度上缓解经济困难学生在学业和生活上的等，都具有十分重要作用，对于国家、学校及学生自身都有积极意义。学校倡导、鼓励学生参加有组织的勤工助学活动。

在上述 S 大学一项具体管理规定中，我们可以看到校规的创制者使用大量文字、分多个层次强调"勤工助学"对国家、学校和学生个人的重要意义，目的在于增进学生对该校勤工助学制度的"认识"，主动参与其中，并在该项规定指引之下了解勤工助学的类型、途径、程序和保障措施。可见，校规的语言风格加入了情感色彩和价值判断，极力突出对承受者的说服、劝解和教导，试图从"了解国情民情""增强社会责任感""适应教育改革""学以致用""缓解经济困难"等多重角度让承受者认同学校勤工助学制度，进而自发地按学校规定参与各类勤工助学工作。在语言文字的背后是以"大学生"身份为隐喻，预示者校规承受者应当不断提升个人能力、承担更多社会责任，是对其人生观与世界观的引领。

当然，校规有如其他社会规范，其生命在于能够被有效执行，就此，某些类型的校规仍然需要借助一定的"令行禁止"式"强制"来维持运行，例如：

案例 1.3 S 大学《学生宿舍管理规定》第十五条 住宿学生须注意用电安全（一）严禁学生在楼道及宿舍内私拉乱接网线、电线、开关、插座。（二）严禁使用违规电器设备……第十六条 严禁携带有毒、易燃、易爆、有腐蚀性等危险物品进入学生宿舍；第十七条 严禁使用蜡烛等明火光源照明；严禁卧床吸烟；严禁在宿舍使用酒精炉、煤油炉和煤灰炉……如发现所列违规情况，相关管理部门及时清除，并向学生发放违规通知书，同时报学院、学生工作部给予违纪学生相应处分。

《学生违纪处分办法》第十三条 凡受纪律处分的学生，自违纪行为发生之日起至处分解除之日，不得在本校参评各类奖学金（含带有帮困性质的奖学金）、奖励及推荐项目或者荣誉称号；已获奖学金的，停发受处分期间的奖学金。

以上所列举校规条文，多处使用"严禁"一词，表明其要求承受者必须遵守、毫无例外地服从。此类规定的目的性极为清晰、明确——保障公共安全和学生利益，无需再作额外说明，故校规文本创制者在遣词造句时多选择强硬的命令式风格，除"严禁"之外，还常用"不得""一律""必须"等词语，与其匹配的是对违规行为进行相应强制处罚的规定[①]。这种处罚既包括给予违规者相应的"处分"，也包括对其某些权益（荣誉及经济利益）的剥夺。

需要说明的是，校规作为一种"性格独特"的社会规范，其功能的发挥主要表现为对承受者的持续"训导"：一种时刻萦绕校规承受者，潜移默化、"入心入脑"的意识引导与习性养成，故在校规文本当中隐喻式的"劝服说教"仍是其主要风格，而"令行禁止"式的强制仅限于必要的范围之内，这种"必要"仅仅是指出于对重大公共安全和学生权益保护的目的，并且通常也仅是一种"警示"威胁，并不必然被严格执行。尤为重要的是，即使在强制情况之下，校规操作者仍然会在具体执行过程之中通过自身的言行来完成对承受者的"劝服说教"，即在不得以的情况下仍然会适用强制处罚，但强制处罚的目的并不在于制裁，而在于教育与感化，在于增进其对"身份"隐喻的体认，形成自我约束的内心压力。在下一章中，校规执行的双重依据："隐喻"与"强制"，将会被进一步概括为多元的训导机制。

第三节 校规的动态演变

校规自创立之后，并非一成不变，在运行过程中会因多重原因而呈现出文本或运用中的某些变更，而呈现动态演变。这些原因可能包括规范的竞合、规范运用中的变体以及执行过程中的变通等。

一 竞合现象

校规指向的是高校内部管理、调控与学生相关的具体事务或行为，当同时存在两种或两种以上不同规范均指向某一事务或某一行为时，便会发生校规之间或校规与其他规范相竞合的现象。这种竞合又可以分作规范之间的"重合"与"冲突"两种情况。当出现校规竞合之时，受校规影响之人将要

[①] 校规作为一种具有特殊功能的社会规范，较之于国家法，其对违规者的处罚在内容与形式上均有明显差异，此现象与本书的核心论点——校规在与学生多向互动之中实现"立德树人"的训导功能关联紧密。特殊内容与形式的处罚是校规"训导"功能得以实现的重要一环，故本书将在其后部分还会就校规对学生违规行为的认定、处理程序、措施及效果进行讨论。

在这些不同的规范中进行"目光来回穿梭",最终凭借一定原则挑选出某些规范以作为处理、判断具体事务或行为的直接依据。

1. 规范重合

尽管大学事务和学生行为均发生在校园之内,但因为其产生的某些影响可能超越校园空间,涉及重大公共利益,故国家法律法规也会将特定事务和行为纳入自己的调控范围之内;同时,大学校园作为社会的组成部件,社会道德也在其中得以延伸,故在大学之内出现了国家法、道德、校规并立、重合的现象。

最为常见的规范重合类型表现为关于大学性质、宗旨、管理目标等的规定,在上述方面,校规几乎是对国家法的引用、再现或呼应。如S大学《关于贯彻〈普通高等学校学生管理规范〉的实施办法》《学生安全教育及管理暂行办法》等,就大量直接引用了教育部《普通高等学校学生管理规定》和《学生伤害事故处理办法》的条款。此时的规范重合,是一种文本上的高度重合。

"思想品德"长期以来都被视为大学培养学生的首要内容之一,故大量学生行为规范均指向学生的思想品德应达到的要求、评定标准和对品德不良者的惩戒,与此相关的规范也是常见的重合类型。例如,2005年4月教育部《高等学校学生行为准则》提出了"志存高远,坚定信念""热爱祖国,服务人民""勤奋学习,自强不息""遵纪守法,弘扬正气""诚实守信,严于律己""明礼修身,团结友爱""勤俭节约,艰苦奋斗"和"强健体魄,热爱生活"等大学生应当遵守的八项准则,其实质是对学生思想品德不同层面的要求,此后S大学随即制定有《S大学学生行为规范》:"尊师崇真,敦品好学,励志博识",同样是对思想品德的要求,只是以富有"地方性"的语言风格来进行表述,以此作为对普遍适用于所有大学生行为规范的一种补充与强化。

"自觉"与"文明"是大学引导学生树立的德行标准之一,在S大学校规文本中有这样的"呼应"式条款:"学生要自觉遵守公民道德规范,自觉遵守学校管理制度,创造和维护文明、整洁、优美、安全的学习和生活环境。"[1],显而易见,"文明""整洁""优美""安全"同样也是社会公德的要求,在学生个体之间往往也会针对"自觉"和"文明"形成一些不成文、但约束力极

---

[1] 《S大学关于贯彻教育部〈普通高等学校学生管理规定〉的实施办法》第四条,2005年7月制定延用至今。

强的惯例和规则，例如在图书馆保持安静、食堂排队打饭、用餐完毕将餐具放到指定回收地点等。在"自觉"与"文明"方面，校规与社会公德、学生内部规约之间形成了一定程度上的重合。此时的规范重合，又表现为一种超越文本、效果一致的重合。

当涉及重大公共利益之时，也容易出现规范重合现象，例如针对"考试作弊"这一违纪行为，因为其不仅仅关乎学生学业水平及能力是否受到公平评判，更关乎学生作为公民的受教育权、平等权是否得以落实、保障，因而，我国《刑法》和《普通高等学校学生管理规定》都对"考试作弊"进行了规定[①]，而绝大多数大学校规都有针对"考试作弊"认定与处罚等的具体内容；又如，校规对学生盗窃行为判断、处理的规定与《刑法》关于盗窃犯罪、《治安管理处罚法》关于盗窃行为的认定与处罚规定均同时并存。此时的校规文本往往是对国家法的强调性重复和操作性细化——对学生品行的具体要求、对违纪学生，根据其行为的情节轻重和国家法的处理结果进行相应的校内处分（包括开除学籍、留校察看、记过、严重警告等）。此时的规范重合，是一种内容相似、目的一致的重合。

上述规范重合的现象提示我们，受校规影响的学生其实是生活在立体交错的规范之网当中。作为直接规制学生学业评价与操行评定的校规，既是对其他社会规范的呼应，也可能是对其他规范的制度化或具体化。

2. 规范冲突

在"依法治校"的呼声中，大学往往能自觉地审视校规的合法律性，即校规的制定与执行过程中通常能够以国家制定法为参照。当学校主动发现或被动审视校规与国家法之间、校规之间、校规与其他规范之间，就某一事务或行为存在不一致的规定之时，往往会采取某些化解这些冲突的举措，如修改、废除、变通适用校规等。但在一定时期之内，规范之间的"不协调、相竞斗"仍然现实地存在于具体情形之中。

[①] 根据 2015 年 11 月 1 日起正式颁布实施的《中华人民共和国刑法修正案（九）》，在法律规定的国家考试中组织考试作弊、为他人实施组织考试作弊提供器材或者其他帮助、向他人非法出售或者提供考试试题或答案、代替他人或者让他人代替自己参加国家考试的，均构成犯罪，应受相应刑罚；2015 年经修订后的教育部《普通高等学校学生管理规定》（简称为《规定》）第五十四条第（四）项规定对上述严重作弊行为，学校可以对行为人采取"开除学籍"处分；2016 年 12 月教育部再次对《规定》进行修订，该规定第五十二条第（四）款，也作了相同规定。该《规定》自 2017 年 9 月 1 日起施行。

从规范到训导：大学校规的法律人类学研究 >>>

首先，以案例1.4来展示校规与国家法之间的冲突及其后果：

案例1.4 2015年9月之前，S大学一直延用2006年由该校教务处制定的《本科生考试作弊认定及处理办法》。根据该办法，"请他人代替考试"或"冒名顶替他人考试"均被认定为严重的考试作弊行为，对行为人给予"开除学籍"处分。然而，根据2005年9月1日起施行的教育部《普通高等学校学生管理规定》第五十四条第（四）款规定，"由他人代替考试、替他人参加考试……等作弊行为严重的""学校可以给予开除学籍处分"。

2015年7月，三名S大学学生因在期末考试中请他人替考而分别受到开除学籍处分，此三人分别向S大学申诉委员会提出异议，当事人均主张该校校规与作为上位法的教育部规章之间存在明显冲突——将"可以开除学籍"任意地化约为"开除学籍"，剥夺了学生因在违纪情节和认错态度等方面表现不同而应当享有区别对待的权利，因而S大学的该项校规应为无效。经过审查S大学最终撤销了对三名违纪学生的"开除学籍"处分，并于2015年9月对《本科生考试作弊认定及处理办法》进行修订①。

可见，S大学2015年9月之前适用的《本科生考试作弊认定及处理办法》在实体规定与程序规定两方面均与作为上位法的教育部《普通高等学校学生管理规定》相冲突。这种冲突导致校规在具体运行过程中遭遇当事人质疑，而这种质疑在国家法律的支援下又可以显著地推动校规的变迁。作为涉及当事人重大权益的组织内部立法，校规内容自当接受国家法律法规、政策"慎重地"的调控与监管，即校规作为位阶较低的"法"，不得与国家法律法规相冲突，否则该校规将面临因"违法"而"无效"的风险。为保持自身的"合法律性"，大学校规不得不处于自觉与国家制定法进行比对的动态发展过程

---

① 修订之后，该《办法》第三条明确列举"可以给予开除学籍处分"的几种严重作弊行为，即"由他人代替考试的""替他人参加考试的""组织作弊的""使用通讯设备或其他器材作弊的"和"向他人出售考试试题或答案牟取利益的"；并以第四条明确规定了程序性规范："学校对学生作出开除学籍处分决定，应当由校长会议研究决定。学校对学生作出处分，应当出具处分决定书，送交本人。开除学籍的处分决定书报学校所在地省级教育行政部门备案。"

中——2005 年教育部修订《普通高等学校学生管理规定》，S 大学随即对本校原有学生管理规范文本进行了修订和创立①；2016 年 12 月，教育部再次修订《普通高等学样学生管理规定》，S 大学内部相关职能部门开始组织业务骨干对现有校规进行修订，以使其符合国家制定法的"精神"和要求。

在案例 1.5 中，我们还将观察到大学内部管理规范之间的冲突：

案例 1.5 2014 年 11 月，S 大学 W 学院发现部分学生缺课情况严重，决定对其进行严肃处理。其中，一名 2013 级西班牙语专业学生（下文用学生 Y 代称）自本学期开学以来，已无故缺课 52 学时。按《S 大学本科生学分制学籍管理规定》（2014 年 7 月修订）（以下简称"2014 年规定"）第四条第五款规定："旷课课时数超过 50 学时的，给予开除学籍处理"。W 学院遂将对学生 Y 开除学籍的处理意见报送 S 大学教务处，教务处当即否决了 W 学院的处理意见，理由是：学生 Y 系 2013 级本科学生，应当适用《S 大学本科生学分制学籍管理规定》（2012 年 7 月修订）（以下简称"2012 年规定"）第四条规定："旷课课时达到当学期修读课程总学时四分之一的，给予严重警告处分；旷课课时达到当学期修读课程总学时三分之一的，给予记过处分；旷课课时达到当学期修读课程总学时二分之一的，给予留校察看处分；旷课课时达到当学期修读课程总学时二分之一以上的，给予开除学籍处理。经教育后认识较好、态度诚恳，并表示真诚悔改并写下保证书的，可降为留校察看一年的处分；若继续旷课，将给予开除学籍处理"。

教务处认为按 Y 所读专业教学计划，本学期修读课程为 160 学时，而其旷课课时仅是 52 学时，尚不足总学时的三分之一，只能给予"严重警告处分"。W 学院对教务处的决定表示质疑，认为学生 Y 旷课是在 2014 年 9 月之后，处理依据应当是已经生效的"2014 年规定"，而不应依照已失效的"2012 年规定"。但教务处则认为，此两个规定均在附则部分明确了适用对象及解释主体："2012 年规定"从 2012 级学生起开始执行、"2014 年规定"从 2014 级学生起开始执行、"本规定由教务处负责解释"。据此，W 学院按照主管职能部门（教务处）的决定，依照

---

① 新增保障学生权利的相关规定，以"申诉制度"的创立最为突出。

"2012年规定"给予学生Y"严重警告"处分。学生Y受到"严重警告"处分之后，并没有改正旷课、懒散的状况，仍然无心学业。此后，W学院没有再对其缺旷课行为给予其他处分，但学生Y最终因学分未修满而未能按期毕业。

由于制定时间先后不同，在S大学之内同时存在多个内容差异明显的《学分制学籍管理规定》版本[①]，分别适用于不同年级的学生，对同样是"旷课"这一常见学生违规行为作出了差异较大的认定与处理。此时，校规文本之间出现了冲突与矛盾。就本案例而言，多个《学分制学籍管理规定》同时存在于同一所大学内部，不仅仅会导致适用上的混乱，还会导致校规承受者对校规"公平性"的质疑——同样是对违规行为的处罚，针对2012级的学生却远比2014级以后的学生"宽松"得多。为追问其原因，笔者对S大学教务处分管学籍管理的副处长进行了访谈：

访谈1.1　访谈对象：S大学教务处副处长J老师，男，理学硕士，负责该项工作二年。

访谈地点：S大学行政楼，J办公室

访谈时间：2015年3月20日

[①] 自2005年至2015年，S大学对《学分制学籍管理规定》共进行过三次较大修订，这些规定对学生旷课情节的认定与处理有着较大差异：对2005级至2008级本科学生按旷课学时分段进行处分、对2009级至2013级学生按旷课学时与本学期个人应修总学时的比例分段进行处分、对2014级之后的学生又恢复按旷课学时分段进行处分，但较之对于2005级至2008级的处理有所宽松（受处分的起点放宽了5个学时）。由此，在S大学内会出现同是旷课行为、缺旷同样多学时的课程，但因为学生所在年级不同，而受到宽严尺度不同的"对待"——假设有一名2013级的学生和一名2014级学生相约旷课（旷课学时一样），当学校根据校规对二人进行处分时，这种冲突便显得格外明显且不合情理。总体来说，早年（2005-2008年）的第一种处分认定方式较之于后两种方式更为严厉，当时学生旷课的情况也比现在要少，用校规操作者的话来说就是"那时的学生比较乖"。2009年S大学对本科教学方案进行大规模改革，在仿照其他大学进行改革的过程中由教务处主导修订了学生旷课认定及处分办法，改为按"比例"来计算学生缺课情节。2014年S大学开始实行"完全学分制"，同时开始准备迎接2017年教育部"本科教学质量评估"，故又对与本科教学相关的校纪校规进行了"彻底"修订。其中，恢复对学生缺旷课"严厉"处理的态度，但考虑到学生缺旷课情况近年来较为严重，担心"打击面过大"，故采取比第一种"松"比第二种"严"的折中态度。2017年9月1日起，国家教育部新的《普通高等学校学生管理规定》开始实行，作这回应，S大学对学分制学籍管理规定再次进行修订，主要是在形式上将原有规定拆分为《学籍管理规定》和《考勤管理办法》；在内容上增强了一些程序性规定，如学生请假的过程及专用表格、学校处理手续、学生提出异议或申诉的途径等。

> 第一章 校规的规范形态

J：学校对旷课的处理确实先后存在几个不同规定，就是对2012级和2013级的学生比较松，一学期要缺超过四分之一的课才处理，最严重的超过一半以上（课程）才开除学籍；后面2014级及以后的学生，是按缺课学时记，不管一学期选了多少门课、多少学时，只要累计到10个学时就可以给警告，20个（学时）就严重警告……50个（学时）就可以开除……

那为什么教务管理规定要这样设计呢？严抓学风嘛！现在的学生越来越不爱学习，天天就想着玩……你到课堂去看看，缺课、迟到、上课玩手机……比比皆是，再不狠抓学风、严肃处理缺旷课行为就不得了啦……

也不能规定凡是本校学生一律按新规定执行（尽管这样显得更严格），还是得"老生老办法，新生新办法"，要不然学生就会来"嚷"（指因认为校规不公平而提出争辩、抗议），说新规定他们不知道或者说之前受过处罚的同班同学比他现在受到的（处罚）"轻"多了，这样不公平……现在的学生，动不动就来"维权""投诉"这一套。对于新生么，从一开始就严格抓起，就不存在"公平""不公平"的问题了。

当然，教务管理规定严格不等于就可以减少学生旷课现象、改善学风，但是我们希望它可以取得实效。不管学风是否好转，但至少表明了学校的态度——我们对无故缺旷课是不姑息的，及早发现（学生旷课）、及时处理，也可以更好地教育学生。

案例1.5和访谈1.1再次揭示校规的内容与形式在很大程度上取决于所在时刻环境的需要，而当校规操作者意识到环境所发生的变化，往往会对校规进行变更，发生于不同时间的多个校规如果放置于同一空间之下，难免便会产生多个校规之间的冲突。

再看校规与学生内部规约之间的冲突：

案例1.6 S大学《宿舍管理规定》第二十五条：住宿学生应养成良好的生活习惯，严格遵守作息制度……每天上午6：30分开灯，每周一至周四、周日晚上23：30、周五、六晚上24：00熄灯……（该管理规定未对违规者的应受处罚作明确规定。经查阅S大学学生工作档案和访谈早年就读于S大学的人员，该项校内管理规定至少于20世纪80年代已经确立，各个时期的S大学《学生手册》中都有收录、公告，新生入学教育时都会由辅导员、班主任作专门说明)。随着手机、笔记本电脑、充电宝等用电设备的普及，学生们很少会在规定时间"熄灯"、就寝，虽然宿舍内共用照明大灯可由管理员统一关闭，但学生们仍可使用个人充电台灯、手机、笔记本电脑等继续学习或娱乐。往往同一个宿舍内部会形成默契：在规定熄灯时间之后，大多数情况下每个人都会"缩在"自己床铺的蚊帐内使用手机或电脑，并尽量调暗光线、关闭音量；但当全体宿舍成员都在"追剧"(利用网络连续看电视剧)，他们往往会聚在一起使用同一个设备(通常是笔记本电脑)，此时他们并不会刻意控制时间、电脑音量及讨论的声音。

在案例1.6中，公寓熄灯之后宿舍内部形成的这种默契，其实是一种关于成员夜间作息的约定：可以按自己的"节奏"作息，但尽量不要影响他人休息；当全体成员决定同时娱乐时，他们并不会刻意控制宿舍内的声响，至于是否会影响到公寓内其他宿舍休息，并不会太在意。如果某一个成员违背了这种默契，将会引起宿舍其他成员的抱怨和不满，甚至遭到排挤。这种宿舍内部形成的学生间规约，实际上与校规并列，但二者在对受制约者的行为要求、实际效果、表现形式、违规制裁两个方面却存在明显的差异。

校规关于作息时间的规定，其实是一种导向：尊重大多数人的作息规律，保证次日学习有效进行和他人得以安宁休息；在校规条款之中，周末比平时推后半个小时熄灯，已然考虑了学生娱乐时间的延长，但是并非所有承受者都认同和理解校规的此等"关照"。就此，S大学宿舍管理规定增加了"文明宿舍"表彰的相关内容，希望通过增设奖励的正面刺激来引起学生的行动转变。

3. 竞合的后果

当校规与其他规范存在重合之时，往往表现为对其他规范的某种呼应、再现或强化，在具体适用时，校规操作者可能会列举其所掌握的相关规范，作为支撑其操作决定的依据。当适用者意图强调其操作的正当性与合理性时，其会不畏繁琐地罗列诸多规范，致使校规内容的不断丰富。

当校规与其他规范存在冲突且难以协调之时，当事人之间的互动往往会引起校规的变迁，在内容和形式上实现某种变化。通常，当事人会居于各自立场，争先适用有利于自己一方的规范，此时便会引起如何"挑选"规范以适用的问题。具体而言，当校规与国家法发生冲突之时，根据"上位法优先"的法理常识，校方的具体操作者理应选择放弃校规，而适用国家法，但事实上，操作者可能会出于对"身份"或"大局"的考虑，受其他因素所扰而"暂时无视"国家法。访谈1.2将对这一现象进行展示：

访谈 1.2　访谈对象： S 大学分管学生工作的校领导 A；**访谈时间：** 2015 年 7 月 20 日，晚上 22：30 许；访谈地点在 S 大学老校区教工食堂。（说明：A 当天作为申诉委员会主任委员主持申诉会的全部议程。笔者当天也全程参与到该事件申诉受理全过程，其间经历查看学生申诉书面材料、听取申诉人及家长的意见和被申诉人辩解、申诉委员会讨论、做出复查结论等环节，从下午 14：30 至到晚上 22：30 左右，用时近 8 个小时。笔者借跟随访谈对象和其他申诉委员在食堂吃晚饭的机会完成本次访谈）。

当笔者在问及处理三名学生申诉事件中（指案例1.4所描述事件），学生提出的主张是否有道理、校规是否存在瑕疵的问题时，A 做出如下回答：

A：现在的学生真是不简单，涉及到个人利益那可是不含糊！明明是理亏，可人家还是能搬出国家法律来跟学校理论……来的那些家长肯定也做了功课，估计还请了律师，说得头头是道，条条款款都清清楚楚呢……教务处那个规定（指S大学的《本科生考试作弊认定及处理办法》）是哪个写的（访谈对象并不分管教学业务，不便就此作"点名批评"）？有没有好好研究下国家的规定？自己想出来的？他们（指教务处）态度是强硬啦，"从严、从快"处理作弊学生，完了惹出这么大个篓子来！今天来的部门领导也不清楚这个文件的来历……但这个规定又是咱家S大学的，我在这个位子上很难表态嘛……肯定不能用自己的巴掌打自己的脸嘛！还不是只有校内先坚持着（指申诉委员会复查结论认定维持S大学对此三名学生的处分决定），然后等他们（指提出申诉的三名学生）自己到外面去乱乱（指当事人因不服学校申诉委员会的复查结论，而再向省教育厅申诉或向法院提起行政诉讼），听听外面人家的意见（指由校外第三方就该校规的恰当性所作评价）……学校规定是否有问题需要上党委会讨论（访谈对象不便于直接表达自己态度），之后各个部门还是要对自己制定的管理规定进行梳理，莫再整出些麻烦来。那些过时的、和国家规定冲突的都要重新做……现在的学生太熟悉"权利"和"依法治国"的理念了……不管了嘛,有错嘛还是要改……这个等后面再说吧。

访谈1.2中的对象作为S大学校规操作者的主要领导,其面临校规与国家法冲突之时,如何评判、选择适用规范并没有简单、直接地遵行"上位法优先"原则,而是顾及到诸多因素——学校领导之间的分工合作、学校的"面子"、学生的安全稳定等,这些都需要他进行妥当权衡,故而最终他选择在当天、当场"维护"学校的脸面——仍然依照S大学《本科生考试作弊认定及处理办法》维持学校对三名学生的处分决定。但同时他也表达了自己对校规与国家法冲突的担忧和后续打算梳理、修订校规的态度。

当校规操作者意识到校规与国家法、社会其他规范相冲突时,操作者通常会自觉对校规文本进行修订、更新。在案例1.4提及的事件发生之后,S大学还是对《本科生考试作弊认定及处理办法》《学生申诉办法》[①] 等进行了修订,使之与国家法尽量保持一致,以弥补校规文本实体和程序方面的瑕疵,以"看得见"的方式发生了变化,以调合校规与国家法之间的冲突。也就是说,当校规与其他规范发生冲突之时,经过校规主体间的互动、较量,对校规进行变更成为校规操作者的一种选择,也是校规发生变迁的诸多形式之一。

二 现实变体

在丰富的大学生活之中,校规并非总是通过变更规范文本来实现变迁,而经常是在保持规范本书不变的情况下,通过在具体经验中的变体形式来获得效力延续与内容发展。

1. 变体的几类形态

曲解 尽管规范创立者在撰写文本之时往往会尽可能地使用确切、精炼之词句来表达规范的目的及适用情景,但现实的复杂性在于,不同主体对同一规范总会有着不尽相同的理解与表述。这些理解与表述与规范创立者的本意之间可能存在明显差异,即对规范的曲解。

校规被曲解的形式主要包括对规范目的的曲解和对具体条文的曲解等两

[①] 在处理案例1.4过程中,校方分管校领导发现2005年制订的《学生申诉办法》过于"简陋",对申诉委员会的组成、申诉程序等核心内容规定不明确,故命令由校长办公室牵头,于2015年11月制定了新的《学生申诉办法》。

类情形。案例1.7将对校规的"目的曲解"进行描述：

案例1.7 2013年7月，S大学拟自2013级新生入学起，在全校推行本科学生"德育学分量化考评体系"，学校相应出台《学生德育学分暂行办法》和《学生德育学分重修暂行办法》两项规定，明确表述设立德育学分的目的是"为把立德树人作为教育的根本任务，坚持育人为本、德育为先的教育方针……落实以德育为核心，以创新精神和实践能力为重点的素质教育……"根据上述校规，该校本科生教育培养方案中专设"德育课程"，分布在四年、八个学期完成，共计2个学分。每周由班级对每一位本科学生的日常品德行为以量化的形式进行动态考评（在各分项基础分之上给予一定的加分或扣分即为该生当周的德育成绩），每个学期学生汇总二十周德育成绩后对应取得该门课程的绩点，若本学期未达到及格分数的学生将于下一个学期"重修"（主要指按学校组织完成一定学时公益劳动），否则将因学分不满而丧失毕业资格。同时，学生"德育成绩"所对应的"绩点"也决定其是否具有申请奖学金资格。上述规范在其草案讨论过程中引发不同校规操作者的不同理解：教学业务主管部门认为，将"思想品德"进行量化考核，既不科学也难以操作——要涉及全校所有本科专业培养方案的变动、如果学生重修还涉及是否需要重新交纳相应学分对应学费等问题；负责具体执行校规的各学院操作者认为，此前该校已有较为完善的《本科学生综合素质测评体系》，其中已包括对"品德"量化考评的详备内容，新的"德育学分体系"因重复而多余。故上述两类校规操作者均认为学校出台两项"新规"是在"刻意求新""僵化管理"。

参与草案讨论会之后，W学院分管领导这样对辅导员传达："学校即将出台一项非常复杂的德育测评体系，比以前的综合测评还要繁琐……今后够咱们折腾的了……不是取消综测，而是在综测之外，每周对每个学生逐项打分……居然用分数来管理学生的品德和行为……"，W学院辅导员随即也表示了对"新规"的不解及报怨："他们（指该项校规创立者）也不考虑下学院的实际情况，工作量这么大，光是每周都给每个学生打分，别的事都不用做了……"。

此处，本意在于借助动态量化考评而导引学生日常操行"每天改变一点点、向上一点点"从"点滴做起"的《德育学分体系》，在部分校规操作者的理解与表述中却变成"增加工作数量与操作难度"的"形式主义""政绩工程"。尽管如此，自 2013 年 9 月起《德育学分体系》还是在 S 大学 2013 级本科生中开始适用。

案例 1.8 将对校规的"条款曲解"展开描述：

案例 1.8　为明确学校与学生在管理中各自的权利与义务，S 大学要求每一名入学报到新生都要与校方签订一份《学生管理协议书》（见附录四），其主要内容为：学生在校期间享有的权利、应履行的义务、学生或校方的责任、安全提示等。该协议书附则 第二十一条："本协议甲方由校学生工作部（处）签章，乙方满 18 周岁由学生本人签章（字），未满 18 周岁，由本人与家长（监护人）共同签章（字）。"按该条款字面理解，如学生已满 18 周岁，则该协议只需要由本人与校方代表签订即可。在现实中，大部分学院均要求所有办理报到手续的学生和其家长（监护人）一并在协议书签字栏签名。（该管理协议书一式三份，已随录取通知书于新生报到之前发至每一名学生手中，客观上家长可以在签字栏签名；在报到时，辅导员会逐一检查学生的管理协议书上是否有本人及家长的共同签章，如有缺漏则要求学生或家长在报到现场补签。）

此处，组织学生签订《管理协议书》的具体校规操作者并非不能理解附则条文关于签章情形的规定，而是"有意"扩大了"学生与家长共同签章"的范围——将校规条款所要求的"未满 18 周岁"的学生，扩张到所有入学报到新生。根据我国民事法律制度规定，年满 18 周岁的自然人即为成年人，除却精神疾病之类异常情况下是完全民事行为能力人，可以独立实施民事法律行为。就与学校签订管理协议而言，年满 18 周岁的学生，应当具备知晓协议内容及意义、能够独立履行协议的能力，而无需其家长附加签名。但在现实经验之中，校规操作者出于对未来就学生管理而与学生、家长可能发生纠纷的顾虑，往往通过对条款的"故意"曲解，要求所有学生及家长共同在协议书上签章，以此作为自己已经履行告知、提醒家长知晓学校管理规定义务的证据，尽可能地防止将来一旦发生纠纷，家长向学校主张对学校管理模式、规定"不知情"。更为重要的是，在校规操作者的想象中，经过这一签约仪式，已郑重地提醒学生及家长，自签署协议之后，学生本人、学校将进入"权利－义务－责任"确定化的关系之中，学生正式开始具有校规承受者的身份，希望家长理解、认同并支持学校对学生进行的各项管理举措。可见，校规操作者对校规条款的"曲解"其实是一种"有苦衷"的选择。

扩充 校规的扩充是指在原有规范保持不变的情况下，基于现实需要而经具体操作者的自发补充、扩展以使得校规能够运行于具体而复杂的现实情形。

案例1.9 S大学《研究生奖学金评选办法》根据该规定，在校研究生每年申请奖助赏金的重要依据是其上一学年的"综合测评"成绩，学生本人"科研成果"构成该成绩的重要组成部分。对学生科研成果采用量化评定，即发表一篇"C刊"文章可加30分，发表其他级别的文章可加3分。事实上，在该校文科专业当中，很少有学生能够发表CSSCI级别的文章，而在一般省级刊物或各类论文集上发文的现象较为普遍。2016年9月，S大学接到Z学院学生举报："有很多学生利用假论文骗取奖学金"。校方在核查中果然发现部分学生申报科研成果所提交的论文"有假"——刊文期刊要么是"黑期刊"（没有正式刊号的非法刊物），要么是"克隆期刊"（冒用正式刊物之名，而整本期刊收录文章均与真正期刊上的不相同，在正式期刊网上也检索不到这些论文），再有就是"滥期刊"（所收录的论文质量极差，有的论文长度仅有数百字，甚至在同一期上收录同一作者的三篇内容几乎相同、仅标题有些许差异的论文！）同时，一些收录学生论文的论文集质量堪忧！由于自2014年9月起，所有全日制研究生均适用"学费制"（取消"公费"与"自费"区别，学生按年度交纳近万元学费），故奖助学金关乎全体研究生切身利益，而科研成绩的分数又与能否申请到奖学金、申请到何级别奖学金极为相关。当时"假论文事件"激起S大学众多研究生及培养单位的不安与热议。由于各专业研究领域差异较大，校方一时间难以对学生所提交所有论文的优劣、真伪进行彻底调查，校方遂以"通知"形式，要求各培养单位"根据S大学《研究生奖学金评选办法》出台相应细则，对所有用于评奖评优的论文进行审核，细则及审核结果报研究生院备案。"据此，各研究生培养单位纷纷制定"研究生学术论文质量认证细则"。例如：H学院规定:"研究生所有公开发表论文在投稿之前必须经导师同意并签字,否则该论文不计入学生科研成绩。"W 学院规定:"研究生公开发表论文的真实性与科学性由其导师为第一责任人负责审核……"

从上述案例中可见,由于"假论文"事件暴露出的规范不详尽问题亟待响应,但校级层面的校规又无法同时适应不同学院的具体需要,故只能由不同学院的具体校规操作者根据实际情况,及时制定"院级细则"来对校规进行增扩、补充式解释,而 S 大学关于研究生奖学金评定及科研成绩认定的相关校规则可以在形式上保持稳定不变。

简化 校规的简化是指在具体运行过程中,尽管校规在形式保持上不变,但已被受其影响之人化约为易于操作的"行为指南",原有的某些实施过程或细节被人为简省。

案例 1.10 根据 S 大学《本科学生综合素质测评体系(修订)》规定,每年 9 月该校将组织所有本科学生就上一学年品德素质、专业学习、社会实践、职业技能、科技创新等方面的表现进行综合评价。其中,关于学生的"道德基础素质""心理品质""审美情趣"和"体育锻炼态度"等采用"定性考评"方法(此处"定性考评"并不完全准确,其实指由评分人对应评分细则所列评分区间,就评价对象的行为表现给出某个分值,仍是用"定量"来指征对象的"性与质")。"定性考评,采取评分小组评分与学生自评相结合的办法。由不少于测评单元 30% 的学生组成评分小组……对本测评单元同学进行定性评分,再进行加权计算,评分小组评分与学生自评权重分别为:0.7、0.3……"假设某个测评单元(通常是指一个行政班)有 60 名学生(S 大学各专业行政班级人数平均约为 60 人),则组成"评分小组"的成员至少为 18 人,他们应对全班 60 名同学的上述多项行为表现逐一评定,然后再将 18 名评分成员的各项打分依次录入测评软件系统,计算出简单平均值作为"小组评分"后,再与被测评同学的"自评分"一道作加权计算得出该名同学的"定性考评分"。现实中,由于此环节工作量较大且易于错漏,评分小组实际上会提前"统一"给出某名同学的各项评分,直接将该分数按评分小组成员人数重复录入多遍。"有经验"的评分小组还会将全班同学本年测评所得

"定性考评分"作备份,用于此后其他年度的"定性考评分"(通常学生第一年的"定性考评分"会被重复用到毕业前一年,而很少会作修改)。

在此案例中,校规关于对学生综合素质中"定性考评"的规定在运行的现实过程中,由于与校规承受者的实际需要严重脱离,故而被有"经验"的学生简化成各种简单易行的操作版本,尽管原有规定未变,但实际上已被人为地简单化、省略掉大量控制评定过程的环节。

扩张 校规的扩张是指校规在运行现实中,被受其影响之人迁移、引用至原本规范未涉及的内容之上,从而使得校规的适用范围被人为地扩大。

案例1.11 自2013年9月起,S大学《德育学分体系》在全校本科新生中开始普遍适用,至2017年,全校在读四个年级本科学生均按规定采用该体系进行动态操行量化考评,"德育内容和环节学分化,德育过程和成果成绩化"。该体系最为突出的特点是每月由班级对每名学生"思想品德"依据《德育学分体系》文本进行相应加分或扣分。"加分"对应学校鼓励或倡导的行为,如"积极参加社会实践""参加各级学生社团""无偿献血"等十余种行为;"扣分"则对应学校禁止或不提倡的行为,如"违反宿舍管理规定""上课迟到早退""扰乱课堂秩序""外出未履行请、销假手续"等二十余种行为。该体系明确,"加分"或"扣分"的"未尽事宜"均由各学院"参照有关标准酌情加(扣)分"(详见该校规第十一、十二第),故在现实中,各学院均以"德育学分"为依据提倡或劝阻学生为或不为一定行为。例如,辅导员应管理部门要求,组织部分学生参加集体活动时(多为临时安排的各类讲座、会议等),常常以给参加学生"加德育学分"为"条件";又如,有学院在需要严查"晚点名"时,常常以给不及时报送本班"晚点名"情况的学生干部"扣德育学分"作"惩罚"。

在上述案例中,我们可以看到校规在运行过程中被人为地扩大了适用范围。社会学中的"交换理论"认为①,社会关系即是人们之间的"交换"关

---

① 饶旭鹏:《论布劳的社会交换理论——兼与霍曼斯比较》,《西部法学评论》2004年第1期,第128-130页。

系，人们总是为了自己的目的（获得报酬）而选择行为（付出代价），在与他人进行着某种"交换"的过程中组建起一定的社会关系。正是利用了校规承受者基于"交换"的"趋利避害"心理，可以用"德育学分"的"加"或"减"如而调节他们的行为——用"遵守校规"来交换"学分"。这种"扩大"的可能性与适当性则是在规范制定之初已纳入校规创立者的考虑范围的，通常校规文本中会预留下这样的规定——"未尽事宜由学院酌情处理"，因为行为的无限复杂性决定了扩大范围的不确定性，由此校规创立之时已经预见到校规在复杂的现实中可能需要被扩大适用，并将这种解释权预留给了具体操作者。

2. 引发变体的相关因素

任何规范在运行的现实之中均不可能纹丝不动地保持如其制定之初，即使指引行为的文本没有发生形态上的变更，但"经验"中的规范仍然在现实中被演绎成不同的"版本"。在上述案例所描述情形中，我们清楚地看到作为校内成员行为规范的校规在运行过程中发生着如此繁多的变化，结下来需要讨论是哪些因素可能引起校规发生诸多"变体"。

其一是适用者的身份。"身份"在此是指人们居于特定社会关系中的角色，在很大程度上限制着主体认知、分析事物的视角与逻辑。在社会关系中，任何的"角色"均附带相应的权力把控、权利享有、义务履行和责任承担等因素，这些因素的存在决定了不同"身份"的主体总有一套特有的、认知事物的视角与逻辑。

在案例1.7和1.8当中，校规作为一种学生日常行为的管理规范，其实际的执行主要是由各具体学院的少数教师来承担（在此特指辅导员）。此时，规范制定者与具体执行者存在"身份"上的分离：制定者往往是学校职能部门，他们更为关注的是从整体、长远角度对学生操行加以制度化的引导与管理，而执行者则是从局部、具体的角度对学生施行"考评"与"教导"。事实上，校规的制定者与具体执行者此两类主体又往往缺乏对话与交流[①]，正是这种"身份"的不同注定了二者的视角与逻辑的差异。

[①] 尽管近年来大部分校内规范在出台之前都会召开"论证会"，邀请一定数量教师代表、学生代表参加，以征求对规范合理性、合法性的意见，但在中国语境之下，这种论证会多流于形式——参会人员在范围上和"表态"上均会被"提前安排"，结果多是"经论证，一致通过"。

在案例1.7当中,执行者是在具体过程中亲历对每一名学生、每一周的"思想道德素质""法纪法规素质""身心健康素质""文明礼仪素质"和"实践能力素质"等各项操行进行逐一评定的基层辅导员,"德育学分体系"的实施无疑增加了他们的工作内容与难度(需要审核大量书面材料、填写大量表格)。

　　在案例1.8中,现实中具体负责学生日常管理的学院有意"扩大"学生与家长共同签署《管理协议书》的范围,其意在让全体学生家长均"知晓"学校将对学生采取"如下"管理举措,实为一种告知与提醒,是对未来可能与学生家长就"管理是否到位"发生纠纷时的一种"预备性自我保护"。就此而言,操作者对规范目的或具体条款的"曲解"实属有意为之,而且此种"曲解"也并未对原有规范造成结构或实效方面的侵扰。

　　基于对不同身份者可能会对校规适用有不同需求的认识,我们需要慎重思考校规的普遍适用性与权威性如何才能够在复杂的现实运行中得以维系,因而,促进不同身份者之间的有效沟通是一种必要且可行的思路。

　　其二是校内"立法"的技术局限。创立校规类似一种社区内部的"立法"行为,同样面临着类似于立法技术方面的难题。一方面,校规在制定之时,同样无法穷尽对未来适用时间、空间中所有情景的预测与设计,就此而言,制定者总是处于某种"未知"当中,成文规范在现实当中表现为"滞后"与"不周延"。正如案例1.9当中,校方在制定《研究生奖学金评定办法》时,并没有预测到将会有学生利用"假论文"①"骗取"科研成绩,更没有就这种"假"在何种程度上应视为"学术不端"行为当中的"弄虚作假"而设立相应的审核机制与程序,只能在事后"授权"学院(在此具体指各学院学术分委员会)来决断;另一方面,校规条款中同样存在语义不确定或模糊的情形,如案例1.11当中涉及的"未尽事宜"便是一个可作无限解释的词语,似乎可将所有规范制定之时未加说明的事物均涵盖其下。正是由于此项规范缺乏明确性,在现实当中便由校规操作者对这些模糊的情形作特定情景之下的解释——根据需要而"酌情处理"。此处,校规制定者这种

---

① 事后调查表明,有相当数量学生是受"发文黑中介"所骗,误以为刊登其论文的期刊是"合法有效"的,在我国当前学术环境之下,研究生为发表论文找中介、缴纳"版面费"是极为常见的现象,故S大学并未轻易地将所有"假论文"视为"弄虚作假"。

"授予"操作者"酌情处理"的现象，又引发本书极为关心的另一话题：规范操作者的权力约束与规范承受者的权利保障，尤其是如何约束操作者的"任意性"与"合目的性"①，如富勒所担心的那样"含糊和语无伦次的法律会使合法成为任何人都无法企及的目标"②，在规范操作者缺乏约束的"酌情处理"之下，规范承受者随时有可能担心"未达标"、被认定为"违规"并受到处罚。

其三，一些规范在设计之时缺乏对程序性规则的关注：一方面，操作程序是否简便易行、符合承受者的实际情况没有得到应有的重视与考量；另一方面，欠缺对如何以程序保证操作合目的性的思考。在案例1.10当中，由学生组成的评分小组，将对本班同学的"道德基础素质""心理品质""审美情趣"和"体育锻炼态度"等进行"定性考评"，也即"打分"，而此处的"打分者"，无论是其产生原则或是资质均没有程序性规范。与此同时，限于评价内容，学校所提供的"给分标准"实为词义模糊的价值判断而非明确标准，以其中的"心理品质"为例，该校规提供的打分区间为0-15分，标准是："具备良好的个性心理品质和自尊、自爱、自律、自强的优良品质，具备较强的心理调适能力。"试问作为一名普通学生，即使尽力"客观、公正""不存私心"，又如何能准确判断其他同学的此等"心理调适能力"？（其余各项评价"给分标准"类似，如"自觉创造美的生活""具备良好的个性"等）在无法准确判断又恐"得罪"他人的情况之下，最妥当的选择便是给所有同学都"打满分"（并且每年重复同样分数）！而评分小组的操作也更为"方便"（统一给全班学生的各项"定性考评"都打满分）——结果是本意在于引导学生"自律、自治"的规范，在此成为虚置的形式。可以说，由于规范创立与现实运行的脱离——其产生过程缺乏对规范承受者境遇的调查与体认，更无规范承受者作为主体的参与，故其未能设立必要的程序性规则以保证规则整体的有效性与合目的性。

正是如上所讨论的多重因素导致了校规在现实中生成有别于原有规范的各种"变体"。穿行于各种"变体"之间，有可能引起校规承受者对规范的认知偏差，而这种"变体"似乎又总是存在且难以避免，故笔者将其理解为

---

① 此话题将放入第三章进行讨论。
② ［美］富勒：《法律的道德性》，郑戈译，北京：商务印书馆2005年版，第76页。

校规在规范向度上的一种局限性。

三　执行变通

校规作为一种行为规范，其题中之义即是要求受其影响之人在规定情形下不得"任意为之"，否则将承受某种不良后果。然而，正如所有规范在运行过程之中均将面临的困境——既定规范是否在任何情况下都应当被毫无例外地严格遵守？对于受制于规范之人而言，是否应当如苏格拉底般毫无条件地严格遵守规范？对于执行规范之人而言，又是否应当严格依照规范来评判他人行为，对未按规定行事者①一律按既定之法给予某种形式的责罚？

此处的问题是：如何在现实中把握规范适用的普遍性与个殊性？尤其是在中国社会的语境之中，规范并不总是一律被要求严格遵守、执行的。在中国古代文化传统里，"教化"人民以维护"正统"乃是法律的首要用途，故在律法的实际操作过程中，判官们往往并非严格依据律令来进行案件的审理，而是对国家律令进行与案情相结合的"解释"：依"案情"篡改"法条"②。"因为只有在这种篡改中，法律才不至于成为实现人们理想中的实质合理的障碍，才不至于束缚判官们以所谓情理道德教化民众的手脚，从而更好地把法律纳入到道德教化体系中，以便成为德教的辅助工具。"③ 即便是在向往"法治"的现代中国社会当中，仍然不乏对规则变通的需要与主张。

较之于国家法而言，校规更加强调规范的"教育"功能，而非"处罚"功能，突出的是学校、教师对学生的引导与关照，这种附加上"师生情义""母校情结"等情感因素的规范在运行过程当中又该如何平衡其"普遍性"与"个殊性"——如何在"严格执行"与"灵活变通"之间找到适当位置？这是本书需要认真讨论的一项话题。

---

① 此处"未按规定行事"包括未达到学校规定相关要求，与"违规行为"略有差别，前者主要指未达到校规明示标准，而后者主要指违反学校"禁为"性规范。

② 在翻阅我国古人编撰的判例集时，我们随处可见这样的故事：为民作主的"清官"们在案件审理过程中依照自身对事实的理解，依据"情理"对法律进行变通适用，达到"令君委婉化导，使之自动天良"的道德宣讲。（例如，清代学者蓝鼎元在《鹿洲公案》中所描述自己审理陈姓两兄弟争抢亡父田产案的过程，便是通过对当时国家律令的"司法性解释"而促使当事人将国家倡导的道德内化为约束个人私欲的法则。详见［清］蓝鼎元：《鹿洲公案》，北京：群众出版社1985年版，第123至125页）

③ 谢晖：《中国古典法律解释的形上智慧——说明立法的合法性》，《法制与社会发展》2005年第4期，第11-22页。

1. 引起校规变通的外部因素

依照人类学文化整体观，校规无法脱离其所在社会文化环境而孤立存在，其他社会系统与校规实际上进行着密切关联，除却上一项话题中我们已经讨论过的来自校规内部因素外，还有来自外部的多重因素需要纳入校规适用的具体经验当中加以考量，以下将通过两个案例对这些外部原因进行描述：

案例1.12 2014年3月，S大学L学院应届毕业生W，被导师告知不接受其提交的毕业论文，并不同意对其论文进行批改和送交答辩。根据国家《学位条例》和S大学《硕士学位授予工作实施细则》规定，W将不能于当年参加毕业论文答辩、取得学位证。此时，W已与其家乡的一所农业银行签订就业协议，按双方约定如W不能按时取得学位证，双方签订的就业协议将自动解除。W及其家长遂向导师"求情"，但导师仍坚持此前意见。W父亲随即在互联网论坛上发表帖子[1]，怒斥导师"以权谋私用论文设卡让学生不能就业"。该帖子一经发布，引来诸多网民"围观"，但舆论却呈一边倒之势：大部分网民（经了解发表跟帖的网民多为L学院学生）认为系该生行为不当——在递交论文之前，W长期不在学校研习，且不与导师联系，而导师多次主动通过电话、邮件等方式均未联系上她。在临近学校规定的毕业论文递交截止日期前，W才要求导师在其论文上签字，让导师同意她参加论文答辩。除此之外，绝大多数围观网民还谴责W父亲纵容女儿、诋毁导师、混淆视听。网上贴子及"跟贴"流传开之后，S大学L学院及所涉导师很快给予强硬回应——取消该生参加当年毕业论文答辩资格、不授予其毕业证和硕士学位证。此后，学生W并没有回到学校，也再未主动与导师联系或征求导师培养意见、没有参加过学校组织的任何学术活动。次年5月，W又重新向导师递交毕业论文并申请论文答辩，导师未对其论文提出任何修改意见，同意该生参加当年论文答辩；答辩委员会未就其研习经过作任何质疑，并通过其毕业论文审议。目前学生W已获得硕士学位证。

---

[1] 该贴发表在互联网网站《金碧坊》之上，该网站自称为云南最有影响力、最具活力的互动生活社区，主要为网民提供云南当地旅游、生活资讯分享与互助平台。访问地址：http://www.jinbifun.com/thread-3003731-1-1.html，截至2019年7月，该帖子及相关的"跟贴"仍可检索得到。

案例 1.13 2015 年 6 月，S 大学 W 学院应届毕业生 V，按学校规定参加学位论文答辩。答辩委员会一致通过该生毕业论文，但对其论文提出一些修改意见。W 学院按照 S 大学规定，以书面通知的形式要求所有 2015 届毕业生严格按照论文评审意见和答辩委员会意见，在上报该校学位委员会审议之前，进一步认真修改本人学位论文。修改时间为 6 月 10 日－6 月 17 日。此间，V 未与导师联系便自行对论文进行修改，于 6 月 16 日 23：45 分通过电子邮件向该学院教学秘书递交其修改后的论文。6 月 19 日，该学院教学秘书对所有递交的定稿硕士学位论文进行重复率检测，检测结果显示 V 的论文重复率高达 28.5%，超过了 20% 的上限（在论文答辩之前，该生递交的论文也通过同样检测，但第一次检测结果其重复率为 11.4%），按规定该论文不符合硕士学位论文要求，故 W 学院学位评定分委员会不同意将该论文上报 S 大学学位评定委员会审议，并将该结果告知了 V 及其导师。V 知悉后情绪激动，不停恳求其导师和 S 大学相关领导让其通过，但均遭到拒绝。V 于 6 月 24 日、25 日两天，携其丈夫、母亲、夫姐及自己未满百天的双胞胎儿子到 S 大学行政楼前静坐，要求校方发放毕业证和学位证。其间，该校信访部门工作人员和 V 所在学院主要领导都与其进行口头交流，但均未达成一致。V 及其家属情绪越发激动，对学校工作人员采取言语侮辱，其本人甚至威胁导师"杀了你，然后我再自杀"，其夫姐与前来制止的学校保卫部门领导发生肢体冲突，并将对方衣服扯坏、腿部踢伤。冲突发生在办公时间，引来过往师生围观，直到 S 大学信访部门同意第二天安排一位校领导与 V 对话，她和家人才离开。6 月 26 日上午，S 大学校一位副校长接见 V 及其家人，并代表学校同意发放毕业证给 V，但要求其对论文进行修改，在获得导师认可、通过重新检测之后，于当年 11 月份可申请学校学位委员会对其论文进行审议，如达到学位授予条件，可授予其硕士学位。同时，该校领导要求 W 学院为 V 出具一份"延迟获得学位证"的"情况说明"（用于向 V 工作单位"交待"）。此外，S 大学"保留对其批评教育直至给予相应纪律处分的权利"，及暂不追究 V 及其家人侮辱、伤害学校工作人员的责任。

上述两个案例均涉及学生未达学位授予标准情况下校方如何处置的问题，

此处可见，尽管校规规范本身和争议事件本身都非常清晰明了，但校规是否应当被严格遵守与执行，却还是成为了需要权衡的话题。事实上，在校规承受者未按校规行事之后，校规操作者便陷入复杂的权衡困境之中——将诸多校规规范之外的因素纳入考量，再综合选择出妥当的执行"策略"，即校规操作者需要在具体的校规执行过程中反复思考、揣摩在多大程度上依照校规行事。

在案例1.12当中，学生W及其父亲的言行实际上"激怒"了校方和导师，而使此争议暴露在公众视野之下——"围观"及"舆论"在此成为鼓励并要求校方必须"严格"执行《研究生培养方案》《学位授予工作实施细则》的首要力量，校方所考虑的不仅是对学生W的"责罚"——取消其当年毕业资格，更是对所有可能有类似行为学生的警示——对未来类似的不遵守学业要求和管理规定之行为的预防。

而在案例1.13中，当事人学生V及其家人又将"同情""事出有因""就业"等因素抛入校规操作者考量范围之内，而这些因素让"明文规定"变得难以把握——假设校规操作者简单地直接严格适用相关规定，其后果极可能是当事人情绪失控、学校秩序受扰、诱发"安全隐患"。故校规操作者在案例1.13中选择了一种"折衷"策略——先授予学生V毕业证，并请学院为其出具"暂不获学位证"的"情况说明"（意在向用人单位解释学生V在此事件中属于"事出有因"，主观过错轻微）①，半年之后再为其提供第二次提交论文、获取学位证的机会。此处，校规中关于毕业资格和学位取得的相关规定被"减半"执行，校规规范"让位"于更重要的"规则"——保证"维稳"与"就业率"。

需要补充说明的是，在上述两个案例当中，校规操作者一直在完成一项重要任务——"做学生的思想工作"，即向未按规定行事的学生们作"解释""安抚"与"劝诫"，力求让其体会学校之所以作此处理的目的在于保证学术严肃性，保证他们将取得的毕业资格和学位的"含金量"，故而是以保护其权益为出发点。此时，校规操作者通过与学生面对面"做工作"的形式，又起

---

① 根据S大学《研究生培养方案》《学位授予工作实施细则》规定，完成学位论文并通过答辩才能取得毕业资格，现学生V学位论文不合格，按规定并不满足毕业条件，不应取得毕业证；而由学院为其提供所谓"情况说明"更非学校校规要求，而是学校管理中的科层制度产物。关于大学采取科层制管理而引发的相关权力、权利问题及其对学生品行塑造、学业修养产生的负面影响将在后文中再次展开讨论。

到了一种"以和解为导向的对话（settlement-directed talking）"① 的效果，学生通常都会接受校方的处理意见，上述两个案例中的学生均是按学校的意见，并最终取得了毕业证与学位证，而此结果均是双方的一致追求。

经验告诉我们，校规作为一种既定的行为规范，在应对万般复杂的现实生活之时，如果校规操作者不假思索地一律严格适用，那么校规适用将变得如"普罗克拉斯蒂铁床"般野蛮僵化②，偏离校规之根本功能——通过对学生的"教化"与"训导"，促其品行、学业增进。故影响校规操作者最主要的因素仍是其对校规功能的把握，在"严格"与"灵活"之间找到训导规范承受者的具体路径，其目标乃是促使学生达至既定培养目标。与此同时，理性的校规操作者又总能将校规的适用放入到整体的社会环境之下，同时衡量其他社会因素的影响，如舆论、情感、社会期待、行政考核③等。

2. 变通执行引起的后续问题

既然校规的灵活变通已然是一项无法回避的话题，我们就还需要对这种灵活变通所可能引起的结果进行体查。下文将例举一个现实中较为极端的个案就可能的后续结果展开描述：

案例 1.14 S 大学各校门均安设有门禁系统，学校《门禁管理制度》要求非机动车驾车人员进出校门需减速慢行，经刷卡、查验身份后方能进出。2016 年 9 月，三名学生分别驾乘两辆电动车，欲从 S 大学南门进入。驾乘第一辆电动车学生当时并没携带学生卡，遂与值班保安交涉，请求放行。值班保安简单对其进行"批评教育"后，通过手持遥控器抬

---

① Simon Roberts, *Order and Dispute: An Introduction to Legal Anthropology*, New York: St. Martin's Press, 1979, p.69. 作者西蒙·罗伯茨在该书中运用该概念的本义在于描述争议双方解释争议的一种方式，本书在此引用此概念，除表述其作为校-生双方就解决是否应授予学生毕业证和学位证争议的首先策略，同时也在于说明，对于校方而言，比解决此类纠纷更为重要的追求是对学生的训导，平息纠纷仅是其目的之一。

② 据古希腊历史学家狄奥多（Diodoros）所编《历史丛书》记述：一个外号叫普罗克拉斯蒂的强盗开设了一家黑店，拦截过路行人。他特意设置了 2 张铁床，一长一短，强迫旅客躺在铁床上，身矮者睡长床，强拉其躯体使与床齐；身高者睡短床，他用利斧把旅客伸出来的腿脚截短。此处用于比喻规范过于僵硬，不适用于复杂现实。

③ 当前，无论是社会公众还是政府都对大学"就业率"提出要求，并将大学"就业率"与其品质相联系；教育主管部门每年都对学校就业率进行考核、评比，相关数据均会向社会公布。本书的观点并不在于反对所有行政考核，而是认为不应当用片面的、个别的指标来作为评判一所大学的绝对标准。

79

起门禁标杆,准其进入校门。另两名学生共骑一辆电动车,紧随其后,欲借机一并进入校门,但此时门禁横杆已开始下落,坐在电动车后座的学生T未及避让,不巧被落下的横杆打中面部及口鼻部,当即出血。此后,T某自行到医院治疗,经诊断,其口腔受轻微外伤、两颗门牙被打断,需要分疗程治疗,预计医药费在两万元左右。T某在家属带领下向学校要求赔礼道歉并承担全部医疗费用。

上述案例涉及一起校园内突发性意外事件,比较极端地描述了校规"灵活变通"所引发的后果。案例事实部分较为简单清晰:学校门禁管理规定被变通执行的过程中有学生受伤(学校大门安装的监控录相记录了事件发生经过),事后受伤学生与学校就事故责任问题发生纠纷。学生T认为既然门禁规则(查验身份、"一车一杆")在现实中可以由执行保安灵活变通适用(事实上,很多学生未带相关身份证件都能经保安同意后进出校门),那么校方在规则被"灵活变通"执行时就应当预见将可能产生的所有后果,并应对其负责;校方则主张,所有学生都应当遵守门禁制度,保安当时出于"谅解"仅放行第一辆电动车上的那名学生,这种"谅解"并不涉及后一辆电动车上的两名学生,故她们应当遵守"一车一杆"的规定,并承担因不遵守规定所造成的所有后果。此处,正是校规执行的"灵活变通"引起了校生之间争议——"灵活变通"的效力范围及对可能后果的预见与处置:"变通"仅限于向具体规范操作者提出申请之人,还是与之同行、处于类似情形中的他人?"变通"是否应当附带预见所有可能后果(包括对他人权益的减损、不公平对待等)并进行妥当处置的义务?

由于上述案例较为极端,我们将当事双方的具体争议——学生T受伤的责任与赔偿问题稍作搁置,先从校规整体的层面就这种变通可能产生的负面效应和应对举措展开讨论:校规作为普遍适用于内部成员的行为规范,如果"变通"成为常态,它将沦为一种虚置条文。"虚置"的后果不仅仅在于某项具体规范的预设功能无法发挥,更在于规范权威受贬损——规范承受者不再将规范作为其行为的首选指引,而是习惯于凭借其他"经验法则"行事,校规逐渐成为一种"弱规则",一种可以任意选择遵守与否的条款。在S大学日常生活中更为普遍的例子是:如果任课教师长期不严格考勤,便可能有大量学生缺旷课,久而久之将可能导致学生旷课行为普遍化,甚至促成旷课学生的"非耻感"。

正视校规灵活变通潜在的负面效应，需要讨论其应对举措——应当就校规操作者的此等"灵活变通"设定限制框架，以确保执行的合目的性与必要性，否则规范的执行将成为少数人任意为之、滥用权力的手段。即"灵活变通"的目的应当仅限于促进规范目的的实现。就整体校规而言，其目的在于"育人"——保障必要的校内秩序，以促使规范承受者的受教育权与个人发展权得以实现，只有指向此目标的"灵活变通"才应被允许；与此同时，"灵活变通"只应针对个别特殊情况而适用。"特殊情况"在此仅指限于某种状况而无法严格按校规执行，或严格执行将带来明显不利于规范承受者的后果，即规范的灵活变通不能以经常、普遍的形式存在。例如，"每天晚上22：30关闭学校小南门"的校内规定，既不是一到规定时间就一律关闭该校门，更不是不问原因地任由学生在深夜随意进出校门，而是在诸如当学生突发疾病等危急情况之下，允许执行人灵活变通，让生病学生尽快出校就医（此门是S大学通往校外交通主干道的最近通道），以应对危机。

再回看案例1.14，因灵活变通执行"门禁管理规定"这一具体校规所引发的争议。在S大学日常生活经验中，保安通常都会对未带证件的学生给予"放行"，这让规范承受者普遍将这种"灵活变通"视为常态——既然多数人都不必遵守门禁制度，自己也可以要求操作者进行变通。在用电动车搭载学生T的那名学生看来，保安用遥控器打开门禁横杆的"灵活变通"行为当然应该覆盖到自己和T，当保安看到自己骑电动车搭载着T进入校门时，并没有阻止而是任由门禁横杆自动放下，未采取任何措施避免损害结果的发生，故保安所代表的校方应当承担侵权责任①；在T看来，即使自己和同学确实有"违规"行为，但也不应当承担如此之大的"惩罚"。在作者看来，校方设立

---

① 仅从民法原理出发、依公平原则，校方作为门禁系统的所有人和管理人负有保证该设施设备安全使用的义务。当预见他人的行为可能导致人身损害时，负有警示、提醒并采取必要举措阻止或减少损害的责任，而不能仅以"受害人或他人的过错导致损害发生"而使自己彻底免责（见《民法典》一千一百六十五条、一千一百六十六条规定）。更何况学校与学生之间的关系并非单纯的民事主体间关系，还附加有因学校对学生管理、教育而形成的其他关系（也并非单纯的行政关系），因此学校当然应当对门禁横杆致学生T受伤而承担一定比例的责任（学生T本人及搭载她的那名同学也应当承担一定比例责任）。实际上，T当时在家属鼓动下主张由校方赔偿医疗费用，但随后并没有提出具体的赔偿数额，截止2017年9月，学生T并未获得学校赔偿。2018年7月，学生T自S大学毕业，期间她再也没有向学校提出过任何赔偿主张。

门禁系统及管理规范的本意在于维护校内教学、生活秩序，保障师生的人身与财产安全，但当"进入校门查验身份"的规定被"灵活变通"成为常态，此项制度与规范的作用其实早已丧失。更为严重的是，它诱使学生习惯性地要求校规"灵活变通"——例如缺课被老师发现后以"补假"的方式请老师原谅、考试作弊被发现便向监考老师"求请"等已经成为学生的定势思维与行为习惯，而规范承受者的这种行为习惯和"直觉思维"与校规的根本功能——对学生进行道德教化与品格塑造明显背离。因而，我们讨论此案例的意义不在于辨明争议双方权责，而在于说明缺乏约束的校规"灵活变通"将产生诸多不良后果：规范空置、权威减损、公平缺失、诱发违规、权力滥用等。

3. 变通应当遵行的原则

上文已论及因为受校规影响之人并非总是完全严格地依照校规行事，校规在现实中存在某种不可避免的"灵活"与"权衡"，而校规的"灵活变通"又可能附带产生某些负面后果。为抑制这些负面后果，以下将从限制执行主体权力的视角讨论校规"灵活变通"的必要约束。

案例12、13、14的描述让我们看到，在校规"灵活变通"的过程中校规操作者实际上起着主导作用——"变通"是否发生、所针对的主体范围及程度如何等都与校规操作者的态度有着密切关联。校规操作者因此而获得了一种权力：以自己的意志对他人产生影响，拥有"不顾抵制而实现其个人意志的可能性"[①]。无论是历史经验还是理论学说，都反复论说着关于权力的"魔咒"——权力一旦被授予，掌权之人总是面临滥用权力的诱惑，"面临着逾越正义和道德界线的诱惑"[②]。那么，如何在校规适用过程中尽可能地防止这种权力滥用的发生？[③] 毕竟对校规操作者职业道德和理性的指望并不绝对可靠，因为"权力的拥有不可避免地会贬低理性的自由判断"[④]。

[①] 此处对"权力"的界定主要参照韦伯的权力观，详见［德］马克斯·韦伯：《论经济与社会中的法律》，张乃根译，中国大百科全书出版社1998年版，第326-327页。

[②] 参见博登海默对"法律与权力"的评述，载［美］E 博登海默：《法理学 法律哲学与法律方法》，邓正来译，中国政法大学出版社2004年版，第377页。阿克顿勋爵和孟德斯鸠关于人类滥用权力的偏好的讨论更为著名，参见［英］阿克顿：《自由与权力》，侯健、范亚峰译，商务印书馆2001年版，第342页；［法］孟德斯鸠：《论法的精神》（上），张雁深译，商务印书馆1982年版，第154页。

[③] 为防止与校规适用相关的权力滥用，需要的不仅仅是对校规形式上的完善，更需要从"分散权力""扩张承受者权利""培育参与管理能力"等多途径入手。

[④]［英］波普：《开放社会及其敌人》，杜汝楫、戴维民译，山西高校联合出版社1992年版，第160页。

>>> 第一章 校规的规范形态

在日常学生管理业务中,校规操作者随时有可能面临是否变通适用校规的选择。宥于成文规范的滞后性与有限性,难以在创立校规之时明确列举何种具体情形下方可进行变通适用,但却可以在规定中明确限定变通的原则——此种"变通"仅限于促进校规终极目标的实现,即促进规范承受者的品行与学业发展,达至无限接近"全人"的目标。除此,校规执行之人的"变通"适用均应归于无效,由无效变通而对校规承受者所产生的后果,不论有利或不利均可以被主张无效。

问题的关键在于如何判定何种变通才属于符合目的的变通?也即,凭借何种制度来约束掌握权力之人的任意性?此处讨论两条可行之路:将校规的执行置于公开状态和提供可及的申诉通道。

在大学日常生活中,受校规影响之人往往在时空编排下处于相互关注、参照仿效的状态,公众对校内事务往往保持较高敏感度,校规的具体操作具备置于公开状态的可能与必要,无论是对学生进行操行评定、学业评价或是奖惩认证等,都应当有公之于众的标准、程序、原则等,而校规操作者则需要谨慎对待公众监督。"同等条件同等对待"是公众衡量与评判是非的主要依据,如果与此违背,操作者将陷于公众置疑[1]之中难以自圆其说。

申诉是指当学生认为学校的某些行为不当时,学校及时为学生提供事后救济的机会与便利[2]。学生作为校规承受者,当其认为校规操作者针对其本人应当"变通"适用而没有"变通",或对他人的"变通"侵害自己利益时,应有机会和途径充分向校方表达异议,而校方应为此提供保障,以使校规操作者与承受者双方得以交流沟通。尽管申诉发生在校规执行之后,但其对校规操作者的影响与制约一直存在,包括校规执行之前的权衡、执行当中的方式考量等,操作者理应对此保持谨慎,否则将有可能受到规范承受者的"面

---

[1] 这种置疑包括在正式场合的会议讨论,也包括非正式场合的议论、传闻,目前最常见的形式是校园网上的各类论坛、QQ群、微信朋友圈等,即校方极为重视所谓的"校内舆情"和"思想动态"。

[2] 我国《普通高等学校学生管理规定》关于学生申诉权作如下规定:第六条第(六)项"对学校给予的处理或者处分有异议,向学校、教育行政部门提出申诉"(该部门规章已于2016年修订,于2017年9月1日执行)。可见,学生申诉的内容包括学校对其所进行的"处理"和"处分"两大类,但目前我国很多大学(包括S大学在内)内部学生申诉办法仅赋予学生就"处分"提出申诉的权利,实际上限制了学生就校方根据校纪校规针对自己所作"处理"的申诉权。事实上,学生在校期间受到"处分"的几率远远低于接受"处理"的几率,每位学生自入学至毕业经常接受着各类"处理",例如学校对其操行的评定、对其申请奖助学金资格的审核等,保障学生对各类"处理"的异议权与申诉权是对学生权利救济的必要制度安排。

质"和申诉委员会的审核。此外，作为学生的一项程序性权利，申诉的价值还在于能够提供申诉者"参与即是正义"的体验，让其有机会与校方进行对话，充分表达自己的观点与态度。

如果我们以在校规之中加入对校规执行变通的目的作出限制为起点，再凭借对校规执行状态的公开和校规承受者救济通道的通畅，那么就有可能使校规操作者谨慎地行使权力，恰当地把握灵活变通的尺度而不得任意为之。

4."平衡"与"公正"的冲突及调和

上述讨论尚留下一个话题待议：依权宜之计（expediency）而做出必要"平衡"变通是否存在对公正的挑战？毕竟作为整体的校规理应是稳定而普遍地适用于全体规范承受者，对个别之人的"权宜"是否会对他人构成不公？不断出现的个别处理是否会瓦解校规的"一般遵守"？这种针对个别之人区别对待的"平衡"变通与公众要求的"公正"之间又是否存在调和的可能？以下案例1.15将对这一困境展开描述：

> **案例1.15** 根据S大学《本科学生综合素质测评体系》，各学院均按学生当年综合测评成绩组织学生评选奖学金。该体系内《奖学金评选办法》第六条规定各类奖学金的评选条件，其中有四项单项奖学金均要求申请者"身心基础素质不低于测评单元前50%"（指申请者的"身心基础素质"得分应超过全班一半以上同学）。2015年9月，W学院四年级本科学生C某该项成绩排名为第18名，其所在班级共35名学生。按上述规定，C因该项成绩不达标（只差一名）而失去申请奖学金资格。学生C找到负责学院综合测评工作的辅导员老师，请其"通融"以"争取"奖学金。辅导员认为该名学生平时表现良好，且已是最后一次参加该校综合测评，如因一项成绩稍不达标而失去奖学金申请资格确实可惜，故向学校负责审核该项工作的职能部门工作人员请示，得到的答复是"如其他项成绩都满足条件，仅有'身心素质'一项稍差，学院可根据实际情况酌情考虑"，据此，辅导员同意该同学申报奖学金。在奖学金评选结果"公示"期间有同学提出异议，但W学院坚持保留学生C获得奖学金的资格，并报学校批准。在此期间，辅导员召集C学生所在班级班会，就此事作出说明，申明之所以"破格"给C奖学金是因为"不给太可惜了""不评给她其他人也得不到，反而浪费一个名额""考虑到此次评将

>>> 第一章 校规的规范形态

已是该班最后一次参评""她平时给班级做了不少贡献"等,此后要求大家投票表决是否同意给 C 该项奖学金,投票结果是该班大多数同学同意评给 C 奖学金。而 C 当年确实获得了该项奖学金。

上述案例所涉及的问题是,校规操作者该如何排列"个殊化"与"一致性"的选择顺序?当选择作"个殊化"处理之后,能否找到其与"公正"的衔接点,以使同样承受规范之人相信这种"个殊化"处理的正当性和公平性的实际存在?

就案例 1.15 而言,W 学院辅导员和学校职能部门的工作人员并不是根据校规的明确规定来判断学生 C 是否具备奖学金申请资格(尽管校规就此规定得相当清楚、无歧义),而是根据"情感"的直觉来认定应当对学生 C 资格作"变通"认定——"C 即将毕业,此次申请奖学金是其在校期间的最后一次机会;她平时表现良好;她的此项成绩仅与规定要求仅相差一名"……在他们的思维当中"同情"构成"应当变通"的理由。

当我们居于学生 C 的立场来看,辅导员的"权宜"确实是充满"人情"的"关爱"。面对诉求各异的现实,裁判者该如何决断?是简单机械地运用既有规则裁决了之或是充分调动自己的同理心,倾听诉求者的心声,"将心比心""设身处地"地去理解他们的行为?"同理心"(empathy),也被译为"共情""移情""神入""观点采择"等①,是认知心理学中的一个基本概念,指"把他人的体验当前化、对陌生主体及其体验行为的经验"②,包括情绪、认知、情感的认同和迁移等内容。在社会工作理论当中,"同理心"被论证为一项核心概念,也是开展具体工作的重要守则。

渴望获得他人的同情与理解是人的基本需求之一,故无论在东方或是西方文化中都存在"心同此心,心同此理"的共识。在中国传统法律文化中,裁判者的核心使命是"平息争端",所谓"平息"就是找到争端各方的利益

---

① 通说认为该词源于德语的 der Einfühlung,后译为英语 empathy,有情感上交互、共通之意。我国引介该术语用于精神病学、心理学及美学等领域,虽有不同中译形式,但内涵均包括"将心比心"的因素。赵旭东:《Empathy 的内涵与译名》,《中国心理卫生杂志》2010 年第 6 期,第 405–406、410 页。

② [德] 艾迪特·施泰因:《论移情问题》(Zum Problem der Einfühlung),张浩军译,华东师范大学出版社 2014 年版,第 21 页。

均衡点，需要将"情、理、法"三种法源进行融会贯通，而绝非简单地套用规则。同样地，西方对"公正"的理解也包括"情感"的因素——"司法公正某种程度上就是由正确的移情、适度、中立地关爱当事人的利益构造的"[1]。依"同理心"这一人类共识情感，校规操作者就此事所作的"变通"似乎是合理可欲的。

但问题的关键却在于，当我们转而站在那些针对辅导员"变通"行为而提出异议的其他同学立场上来看，辅导员在案例中的这种处理则是不公正的"差别对待"。"共情"决断的有限性就在于其威胁到规范的权威——规范的一致性、稳定性和普适性有可能在一次次变得中变得岌岌可危，而这些又是承受规范之人用以判断规范适用公正与否的重要标准。就该案例而言，与学生 C 处于相似情形之人是否也有权要求得到"变通"？（假设另有一名学生成绩与规定要求相差 2 名或 3 名呢？）毕竟从"形式合理"原则出发，无论是差 1 名或是差 10 名均与规范要求不相符，申请者均不具备获得奖学金的资格。

事实上，当一次"变通"发生后，校规操作者其实已将自己置于不断"权变"的漩涡之中——现实中总会涌现出需要顾及的不同情形、需要权衡的各种因素。这些特殊情形与因素的数量是无穷的，也即意味着校规操作者需要"个别处理"的事务数量也是无穷的，这也正是校规施行与其他社会规范适用的重要区别之一，因为在此过程当中，校规操作者与承受者往往是"面对面"的关系，而情感在其中是绝不可缺席的因素。

同时不可忽视的是，要求"同等条件同等对待"是人们最为朴素的正义观，在规范操作者针对某个具体承受者做出与规范相左的"变通"决定时，其余规范承受者往往可能会认为此"区别对待"对自己构成不公——为何此等"区别对待"未惠及自己（尤其是在此等"区别对待"与物质利益、精神价值相关时）？或认定此等"区别对待"是对自己此前和将来遵守规范的否定或贬低（因为他人"不守规"却也同样能得到因"守规"而给予的奖励），因为允许校规操作者不断地"个殊化处理"，将没有人可以准确预测"特殊情况"将在什么情况下出现。

当这种"变通"受到广泛存在的规范承受者的"公正"性质疑时，规范

---

[1] Lawrence B. Solum, *Virtue Jurisprudence: A Virtue-Centered Theory of Judging*, Metaphilosophy, vol. 34, nos. 196–197（2003）.

操作者如何对这种质疑给出回应？此时，操作者往往会采用这样的逻辑："同等条件同等对待"，但与其同时有效的原则还包括"不同条件区别对待"，并且已提供任何人主张自己具备"不同条件"的机会。此时规范操作者的依据似乎是"机会均等"——为所有规范承受者提供获得"区别对待"的机会。但规范操作的困境仍然存在：其一，事实上不可能穷尽规范承受者提出的所有对"不同条件"的主张（在"情理"的作用下，这些主张往往难以拒绝）；其二，并非所有人都仅仅出于为拥有实际上获得某种利益的"机会"而提出质疑，因为他们可能更在意形式上的平等，而非功利的需要。有关"机会均等"的论说可在罗尔斯对正义深刻思索中找到依据，但罗尔斯关于"正义"的理论（公平是其内涵之一）正是以人们对"善"的功利追求为起点，当"善的效用最大化时，便是正义到来之时"[①]。

在上述具体案例当中，辅导员行事的逻辑是："既使学生 C 未达奖学金申请资格，其他同学也不能因此而获得机会（根据校规，申请资格不顺延）；而给予 C 奖学金反而增加了一个获奖的名额。"对于那些不从功利出发（不指望将来自己得到类似"优待"）而发出置疑的学生而言，这种理由是根本不具说服力的——他们真正在意的是校规是否一直被"一视同仁"地遵守与执行，因为自己已经为严格遵守校规而付出了努力（例如，为获得奖学金而比其他同学更勤奋学习或参加更多公益活动等）或者畏惧自己在不确定的将来被任意地要求更加严格地遵守校规。换句话来说，作为整体的规范承受者更倾向于校规执行的形式公平——与学生访谈，当问及"奖学金评选是否应当严格依照规定"时，所有学生都认为"应当"，而个体对"实质公平"的要求，却又往往发生于具体、特定的校规适用情景之下，有如案例 1.15 中的 C，此时规范承受者诉求不再是"形式"上的公平，而是"利益"方面的增加。

不可否认，基于同理心的"变通"作为一种文化沉淀或多或少地影响着每一个人的认知与判断，但对规范普适性、一致性和稳定性的追求又是我们所在时代的呼唤，但这并不意味着规范操作者将陷于"两难"境遇无法自拔——"权衡"与"公正"之间尚存协调可能，那就是放弃所谓的绝对公正，而将具体"困境"交付与规范承受者的协商决定——以民主商谈确定具

[①] 任重道、徐小平：《作为公平的正义与作为自由的发展》，《社会科学》2008 年第 9 期，第 124－134 页。

体情形下选择"区别对待"还是"一视同仁",尽管此时仍然存在"对少数人不公"的可能,但较之于由规范操作者自行决定,更为接近"公平"一些。在案例1.15的现实中,辅导员"平息"公示评奖结果所引发争议的方式,便是组织C所在班级召开班会,先作一番"解释说明"(主要是从"情理"上表述变通的理由),再由全班不计名投票,决定是否同意针对学生C特别"放宽"评奖标准,最终多数同学同意"放宽",故C获得该项奖学金,并且得到了多数同学的认可。

说到底,"权衡"与"公正"都是人类社会必需且可欲的价值,但关键在于二者之间的调和。这种调和其实来自于规范承受者具体的内心感受,这种感受又起源于他们在协调过程中的参与——由规范承受者"亲身经历"决断的过程。但无论如何,校规的变通执行均不能以牺牲作为整体的校规的持续性与一致性为代价,因而在一定程度上,本书认同"有一个常常毫无例外地适用的规则,比这个规则的内容为何更为重要"[1]的观点,即校规的"灵活"变通只能限定在既定规则所界定的大致方向上,否则大学对学生规则意识的"训导"将陷于无序或专制当中。

本章小结

本书将大学理解为一类特殊文化社区,并将校规视为该社区内部法则的形式表达。作为全书的第一个层面,本章从校规的创立、特有性格和动态演变等较为直观的规范向度对其进行讨论。

校规生成于特定的校园文化社区。校园在相对闭合的物理区域内为相对稳定的人群提供栖息与互动的文化空间。校园文化社区为校规提供了存续的空间,也决定了校规"地方知识"的特性,即校规作为一种特有、强烈、默会的知识存在于校园社区当中,能够普遍地被社区成员所体会、理解,作为其行动策略的重要依据。校规生成的首属动因无疑是组织校园社区的日常秩序,校园秩序的维持,同时也增进了校内权力配置和人际关系的相对持续、稳定和可预测性,由此,有目的、有计划的教育得以顺利进行。校规在限定

---

[1] [英]哈耶克:《通往奴役之路》,王明毅、冯兴元等译,中国社会科学出版社1997年版,第80页。

承受者的行动范围、目标和步骤的过程中实现对其知识、态度和情感的多维塑造。内部成员之间的往来互动以及校园文化与整体文化的内外交互共同决定着校规的生成，无论是校规的内容形式、价值追求，还是语言风格都是对上述互动的映照。

校规作为一种"活"的存在，有着鲜明的"性格"。首先，作为社区内部法则，校规主要以明文的形式，公开、预示、指引着校内成员的行为，对承受者在校内生活的时空、内容和节律作出明确的规划与限定。其次，在校规为承受者设计的行为规则"轨道"之下，包涵着对其进行道德教化的价值追求。几乎所有的校规都以"立德树人"为己任，以或明显或隐含的语言形式为受教育标记出态度与行动的"应然"状况，并督促其接近这些"应然"状况。第三，校规得以执行的依据在于"隐喻"与"强制"的并行。较之于其他社会规范，校规更加注重对受教育者身份的强调，将"大学生"隐喻为"更高理想追求""更高道德素养"和"更严行为操守"之人，通过对隐喻的强调而促进受教育者自觉服从内部法则；然而，校规也似其他社会规范一般，以必要的"强制"作为执行保障，以一定的惩罚和制裁为警示，矫正、减少受教育者对规则的违抗。但这种"强制"总是克制在必要的范围与限度之内，而且总是与"隐喻"相伴而行。

校规在现实运行过程中，总是保持着不断发展、演化的动态。这种动态演变来源于多重动力——校规与其他社会规范的竞合、适用中的现实变体以及执行的灵活变通。大学校规的动态其实就是"法律多元"现象之下人们对多元规则进行"比较""挑选""改造"的结果。大学并非与世隔绝的"净土"，校规并非与其他社会规范"各行其道"，受校规影响之人的价值追求也并非协调一致。校规文本与诸多社会规范交织在一起，同时存在于校规操作者与校规承受者的视域之内。身份的不同导致其对校规理解的不同，也导致对多重规范的选择不同。在现实中，校规适用总是发生着与其他并行社会规范的"重合"或"竞争"，经过受其规制之人能动制造的"变体"或"变通""平衡"而被不断发展着。

综上，本章是全书的第一层面，侧重从规范分析的角度对校规进行讨论，把校规理解为一种校园社区内部法则的形式表达。作为对本章的延续与呼应，第二章将对校园社区内部法则运行中的"训导"机制展开分析，意在进一步描述校园社区内部法则的动态实践。

第二章　训导的日常实践

校规自创设之初到运行全程都深刻地影响着大学社区内部成员的观念与行为，其表层功能、意义在于通过控制受教育者的操行评定和学业标准来组建校园生活的秩序。但当我们深入校规运行现场，沿着教育具有社会性与可迁移性的思路出发，可以发现，校规存在的意义不仅是维持有序的社区日常生活，更在于对受教育者品行、人格的"内外交互"式塑造。如果将"规范"理解为校园社区内部法则的形式表达，那么，"训导"则是校园社区内部法则的日常实践。

第一节　体系化的训导机制

一　"奖－罚"二元机制

"奖－罚"二元机制是人们创设、执行社会规范并实现特定制度目标最为常用的策略。无论是如国家法这样的正式制度，或是伦理道德、民间习俗、村规民约等非正式制度，往往都采取预设判别"善－恶"、"优－劣"的标准，然后针对特定人的观念及行为施予"惩恶扬善"或"奖优罚劣"。通过对"善""优"（意图鼓励、倡导的言论、行为或观念等）进行公开褒奖；对"恶""劣"（意图消除、抑制的言论、行为或观念等）进行公开惩罚，以此向受到规范约束之人进行宣告及强化，刺激受众沿着既定规范及价值而行事的策略。

在社会规范之中，通常同时包括针对社会成员观念、行为、言论"奖"与"罚"的两极处理类型，即关于"奖"与"罚"的规定（或约定）并行共存。"奖"在此可表现为给予公开的肯定性评价、扩散正向舆论、给予额外的物质性资源、提供优于其他社会成员的某种机会或便利、晋升其在社会分层中的位阶等；"罚"则表现为给予公开的否定性评论、散布负面舆论、减损应得的物质性资源、剥夺原来享有的机会或便利、贬低其在社会分层中的位阶等。该机制的核心在于面向社会成员的"公开",使规范受众广为知晓"奖"或"罚"的原因与后果、过程与形式,进而起到激励或警示的效果。

"奖-罚"二元机制设计的逻辑起点在于人们对"善-恶""优-劣"价值所作的二元区分,以及人们天生具备明辨利弊的理性、能够在特定情景中根据自己获取的信息进行思考、预测自身行为的后果,从而采取"趋利避害"的条件反射的假设。该机制的工作原理是:参照规范中的"善-恶""优-劣"标准,对社会成员的观念、行为、言论进行量化、比对,公开给予相应的"奖-罚"处理。

"奖-罚"二元机制的实行包括两种相互"裹挟"的类型:一是相互参照的社会成员,彼此进行着不间断的、细致入微的观察与评判;二是社会中由专职人员,如警察、法官、首领、教师等权威人士针对社会成员特定观念、行为、言论所作的观察与评判。

当我们把目光聚焦到S大学学生管理规范之上,可以更具体地观察到"奖-罚"二元机制的工作原理(见图2.1):

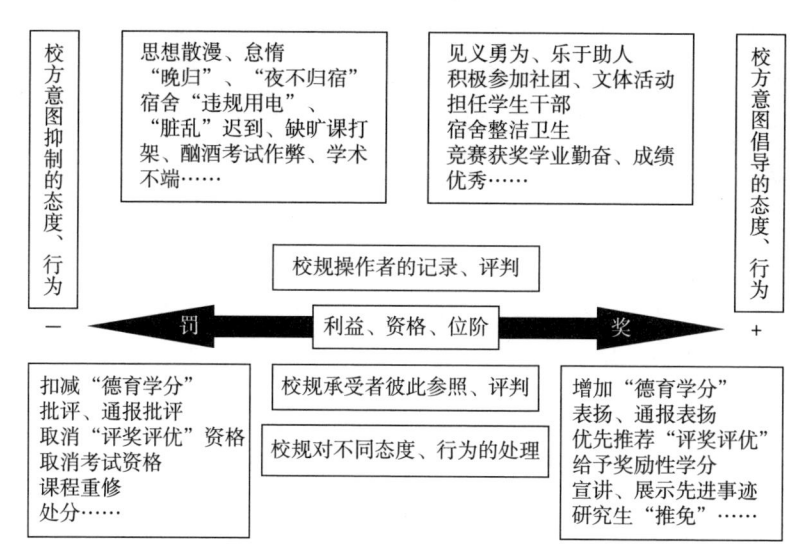

图2.1 校规的"奖-罚"二元机制

从上图中可以观察到,通过校规的界定与实施,校规承受者的观念及行为经定性、定量之后被置入一个中间连续、以"奖-罚"为两极的标尺之上,由校规操作者对其进行记录与评判,将校规承受者的"态度""行为"进行量化及排列出等级、位序。与此同时,校规承受者也会时刻对自身和身边他人的行为与观念进行着参照与评判。此种比照既定"奖－罚"标尺对校规承受者观念、行为给予评判的机制，普遍存在于大学日常生活当中，涉及学生日常行为、品行人格及学业标准诸多方面。

由于依照"奖－罚"二元机制所作出的评判结果往往涉及校规承受者的利益，以及承受者对校规合法性、合理性的感知与判断，故校规操作者和承受者双方都期待以慎重、公开、公平的方式来进行，尤其是涉及重大利益之时（例如"奖学金"等物质利益、"优秀学生干部"等精神嘉奖、"推免研究生"等资格增益、"违纪处分"公告等名誉贬损），校方往往采取"颁奖典礼""先进事迹报告会""经验分享会""处分公告、通报、申诉"等仪式，以增加对评判标准、过程与结果的曝光程度。即，通过在受众群体中对评判标准及评判结论的双重公开，使得蕴藏在校规规范条文当中的价值传输至校规承受者，并使其能够为校规承受者所把握、理解。

需要强调的是，对于受上述价值激励、感召并认同此等价值的校规承受者而言，摆脱、放弃该标尺负向所指的态度与行为，而沿着标尺的正向而努力，是一种理性而自然的选择；相反，对于那些并不认同校规蕴含价值或无法达至此等价值要求的校规承受者而言，即使其知晓"处罚"的存在，依然有可能采取、保持校规意图抑制的观念和行为[①]。

再进一步观察"奖－罚"二元机制，我们发现校规训导功能之所以可能凭借其生效——对受众进行观念导引与行为塑造——通常是校方利用社会成员普遍珍重的三种资源及其组合的结果，即充分利用"货币、权力和团结"三种手段。此三种手段曾被哈贝马斯归纳为人类社会借以实现社会整合的根本资源[②]，能将社会各方整合入一个规范体系之中，使得社会秩序在"非紧张""非暴力"的环境中实现。校方对校规承受者施行训导的关键一环也在于利用这三种手段将承受者整合纳入受校规影响的体系之中。

校方的"货币"手段主要表现为由校方组织评定、颁发不同金额的奖学

[①] 本书认为校规承受者是否遵守校规，不仅仅是基于对"奖－惩二元机制"的单纯考虑，而是有其多重原因。在第三章的第二项话题（承受者对校规的叛逆与抵抗）将从相反的角度就此作进一步描述与解释。

[②] ［德］哈贝马斯：《在事实与规范之间：关于法律和民主法治国的商谈理论》，童世骏译，生活·读书·新知三联书店出版社2003年版，第663页；另见肖小芳《道德与法律——哈特、德沃金与哈贝马斯对法律正当性的三种论证模式》，光明日报出版社2011年版，第124页。

金给特定校规承受者。在 S 大学学生奖助学金系列管理规定之中①，奖学金被分为不同档次，最高金额达 15000 元/年，最低为 400 元/年，对于校规承受者个体而言，这种分列不同档次、对应不同评审标准的"奖学金"，实质对应着不同数量的货币，即一定量的额外获取之物质利益②，因而，获取此种资源的潜在机会，持续地激励着校规承受者向校规指引的正向而努力。除对校规承受者的正向态度、行为给予"货币"激励之外，学校还从"反向"利用这一手段——根据国家法律规定，学校不能对违反校纪校规者采取人身、财产类型的处罚，但却能够**反向**地对学生进行经济利益减损——剥夺其获得奖学金的资格，使其失去获得一定数量货币的机会。在 S 大学所有奖学金评定规则当中，均要求学生"遵守学校规章制度"，规定如果学生违反校规的行为被发现、记录之后，将失去下一学年度申请奖学金的资格③，以此抑制学生的违规行为。

"权力"在此，表现为一方对另一方的控制关系，主要体现在校方对校规承受者观念与行为的操控。通常，校方有权力单方面设定（不排除有学生代表的参与，但已如前述这种"参与"尚且停留在表面）一系列要求学生达致的标准（如人才培养方案、教学计划等学业标准；又如"德育学分"测评等品行评判量化体系）④，并有权单方面判别某个学生是否满足预设标准——"符合评优条件"或"达到培养目标"并给予某种形式的认可等。该项"权力"直接来源于国家法对学校地位的认可——依据《教育法》《高等教育法》的规定，大学是评定学业标准、颁发高等学历资质的专门机构；同时，在社会期待与公众常识当中，校方也应享有"自主治学"权力。再有，对于绝大

---

① 截至 2020 年 12 月，S 大学本科学生奖、助学金评选管理规定共计 17 项；研究生奖、助学金评选管理规定共计 9 项。

② 除涉及物质利益之外，"奖学金"还附带着明显的精神利益——作为专业评定学业的权威机构，校方对获奖者学业、品格的肯定与嘉奖；同时，获得"奖学金"的身份还可以成为个体在未来获得其他奖励或机会（如升学、求职等）的筹码。

③ S 大学每年 9 月-10 月集中组织学生评选当年奖助学金，按程序要求首先由学生个人提出申请，对本人上一学年（即自去年 9 月至本年 9 月期间）的品德、学业和目前经济状况进行陈述，再由学院奖助学金评定小组进行论证后根据实际情况进行奖、助学金的初步认定，此后将初步评定结果在学院范围内进行公示。如果上一学年内有违纪违规行为的学生将会在资格审查或公示过程中受检举而被除名，因而丧失获得一定数量货币的资格。

④ 尽管在此过程中，校方通常会设计征求"广大师生意见"的程序，但往往是通过召开临时会议，向一定范围的人（一般是学院主要负责人、经学院推荐的学生干部等）通报已经拟定好的校规"草案"，现场或会后"提出修改意见"。实际上，限于对"草案"的熟悉程度或对校内层级制度的忌讳，此等"征求意见"往往都流于形式，与本书提倡的校园文化氛围有着明显差别。

多数学生而言，取得并保持高校学生身份、经历修业而获取毕业证与学位证，是进入大学的核心目标。基于与校方办学目标的同向性（不一定是一致性），对校规权力进行附和、顺从成为大部分校规承受者的内在需要。总之，凭借国家法的赋权、社会期待及校规承受者的需要，校方可以利用自身所拥有的"权力"推行校内管理规范、制度，进而导向校规所倡导的价值。

此处的"团结"则指校方对校规承受者成员身份的持续强化，个体承受者自入学之日起，便被纳入到一个"个人－集体"的关系网格之中，随时与其他成员进行着参照，在诸多方面与所归属的群体"荣辱与共"。群体压力针对成员观念、行为形成一种明显的约束——此时"奖－罚"不再仅仅指涉个体，而关乎其所归属的群体及群体中的其他成员——"珍惜集体荣誉""为学校、为班级争光"通常成为一种普遍期待和成员间相互参照、督促的依据，来自"团结体"内部的群体压力敦促个体的观念、行为与校规导引正向相符，进而保持个体在"团结体"内的身份和声誉。

在 S 大学校规的"奖－罚"二元机制中，上述"货币、权力、团结"三种手段通常是以组合体的形式发挥其作用——"货币"最直观地影响着校规承受者的观念和行为；"权力"维护着这种影响的合理性；而"团结"则强化了这种影响的心理层面效果。

笔者在 S 大学的田野调查中还发现"奖－罚"二元机制中的两极在适用频率上并不对称——"奖"较为普遍、常见，而"罚"则总是保守而谨慎。可以说这一现象是与教育的本质——"使受教育者的人性与自由得到解放"相符的。即学校坚持只有当校规承受者的观念、行为确实威胁到"学校－学生"之间既有权力关系的平衡之时，惩罚才实际上生效，而且惩罚并非孤立行走，而是与"教育"同行，即对学生进行某种惩罚，总会伴随教师的说理与劝诫；而且对违规者所进行惩罚之目的也仅被限定于以下两项：一是在校内规则失效而导致混乱的地方重建秩序；二是通过公布违规者的违规及学校对其进行的惩罚以"震慑"潜在违规，以此强化秩序。

二 "隐喻－濡化"机制

如前所述，依据校园社区内部预先公布的法则给予校规承受者"奖－罚"，是一种常见的训导机制，普遍存在于 S 大学的日常生活之中，但它却并非直接、生硬地"套用"于一切校规承受者的观念与行为。事实上，附着于校规之上的训导总是以多元、平滑的机制以隐喻（metaphora）[①]、濡化（enculturation）[②]的方式进行，而并非仅仅通过外在"刺激"来引起校规承受者的简单"条件反射"。在 S 大学的日常生活中，我们可以观察到由多种机制，以隐喻或侧翼的方式推动着校规的运作。

1. 仪式化交融

"仪式"是人类社会最为显著的特征之一，往往与特定象征符号体系相结合，在反复出现的特定程序、动作过程之中逐渐促成社会成员关于自身与世界的概念认知、情感体验和价值观念，是人类学研究的重要内容。

自十九世纪中期以来，人类学各流派都有针对"仪式"这一社会行为的丰富描述，形成了大量理论成果。在泰勒（Edward B. Tylor）、斯宾塞（Herbert Spencer）、弗雷泽（James G. Frazer）等人对"原始文化"所作研究中均涉及对原始"仪式"的分析。从中可见在人类学仪式研究的初期阶段，其作为古典进化论的重要组成部分，在研究内容和方法论上都主要集中于对古典神话蕴含的仪式所作诠释，也就是对仪式与各类创世神话之间"互文（context）、互疏（interpretation）、互动（interaction）"[③] 关系的描述与解释。

随着人类学研究范式的演进，对仪式的研究转向对其宗教渊源和社会意义的分析——"一方面审视神话－仪式与宗教之间的历史纽带关系，另一方面探索作为宗教化的仪式在社会总体和社会组织中的指示性功能"[④]，从涂尔干、莫斯、马林诺夫斯基及其后来者列维－施特劳斯、利奇、特纳、道格拉斯等人类学家都将"仪式"与特定社会进行关联，对其在整体社会中的结构、功能、意义等进行多向度讨论。

特纳（Victor Turner）被誉为当代仪式研究最具影响力的人类学家，他沿袭法国民俗学者范·杰内普（Van Gennep）关于人类转变仪式具有"通过凭照"

[①] 隐喻在此意指在相关的暗示之下来感知、体验、想象、理解、谈论某类事物的心理行为、语言行为和文化行为，通过隐喻使未知事物和已知事物进行关联，从而获得理解，并附带上某种道德性。参见 [美] 劳伦斯·罗森《法律与文化：一位法律人类学家的邀请》，彭艳崇译，法律出版社 2011 年版，第 102 页。

[②] 濡化对于生活于特定文化之中的人而言是指通过长期、持续地学习而获得所在文化中的适应能力的过程；而对于社会整体而言，则是使特定社会准则和价值观念得以不断传承的过程。其实质是特定文化对生活于其中之人的潜移默化式塑造。参见朱炳祥《社会人类学》，武汉大学出版社 2006 年版，第 40 页。

[③] 彭兆荣：《人类学仪式研究评述》，《民族研究》2002 年第 2 期，第 88－96 页。

[④] 同上注，第 88－96 页。

(Charter) 的性质这一学术思路,对"阈限"(Liminality) 和"通过"(Passage) 等工具性概念进行重新演绎,将仪式与社会中的结构张力与冲突调和进行关联,并提出交融(Communitas) 这一概念。在特纳看来,任何形态的社会都普遍存在"结构－反结构"之间的紧张关系,即既定的社会关系总是存在"维系－颠覆"之间的对立,故而需要由仪式所产生的以"自发性"和"即时性"为特征的"交融"来使结构得以净化,从而重新激活社会结构。就此意义上来说,"所有类型的仪式都是对结构的加强"[①] "社会就是差异性的结构和统一性的交融不断转换的过程"[②],正是各类仪式提供的"交融"使得社会生活内部在所难免的对立化解为社会持续发展的动力。

诸多形式的仪式充斥于校园日常生活当中。这些仪式均是由校方精心策划,有计划、有目的地运用象征符号体系而对特定行动实施的过程控制。在这些过程当中,不断用沉浸式"经验"来塑造校规承受者对其作为学校成员的身份和附带其上的主体地位的认知,并在不断反复中逐渐确信、认同这种成员身份,明确与其他校内成员之间的关系,最终能够从"维护身份尊严"和"继承历史使命"的高度自尊、自觉来遵循校园社区的内部法则。

S 大学对成员"身份意识"的启迪、唤醒仪式在时间上已向前延伸至招生宣传阶段——每年临近高考时,S 大学会应用"融媒体"形式,向社会宣讲该校的光荣历史文化及各学科新近发展。高考结束之后,校方会组织"线上线下"的招生宣讲(包括网络平台宣传和派遣宣传队到各地开展实地招生宣传),有意地引起公众对 S 大学"成员"身份的关注。这些仪式化的宣讲,其内容除对 S 大学办学条件、专业特点的简介之外,格外突出表现 S 大学在中华民族抗日救亡时期作出的重大贡献,以及近年来师生为边疆民族地区脱贫攻坚乡村振兴所作出的努力,生动地刻画出该校"尊师崇真、敦品好学、励志博识"的成员形象。

每年 9 月的开学典礼和入学教育是最为集中地赋予新成员"身份意识"的仪式形态。自 2005 年起,S 大学形成制度化的入学教育。以下是对 S 大学 2016 年新生入学教育的几个片断的深描:

---

① [英] 维克多·特纳:《仪式过程:结构与反结构》,黄剑波、柳博赟译,中国人民大学出版社 2006 年版,第 187 页、204 页。

② 张帆:《特纳与仪式理论》,《西北民族研究》2007 年第 3 期,第 108－112 页。

首先，用表2.1呈现紧凑的入学教育日程。

表2.1　S大学2016年新生入学教育日程

日　期	专题名称	内　　容
9月7日 （上午）	校史篇	守望我的西南联大
	安全篇	守法知法 铭记安全
	法治篇	抵御宗教渗透 防范校园传教
	服务篇	大学生看病就诊医保问题指南
	心理篇	大学生活 从心开始
9月7日 （下午）	制度篇	各学院组织学习《学生学习指导读本》《学生手册》
	实践篇	各学院组织新生学唱校歌、参观校园（含校史馆）

其次，对开学典礼现场进行描述。开学典礼是这组仪式中最为醒目的"重头戏"，固定环节包括：校长致辞、校友代表致欢迎辞、给典礼当天过生日的新生赠礼（典礼之前已由各学院上报统计当天过生日新生的名单）、与新生家长通过视频电话连线进行现场互动、新生宣誓等，环环相扣，顺序进行。在光、声、影的渲染之下现场极具仪式化与剧情化，密集地唤起新生对S大学学生身份的情感认同，进而转化对该校园社会内部法则的认同。现身于开学典礼的优秀校友、学长都有着"模范"遵守校园社区内部法则的形象。这组精心安排的仪式所预设的逻辑是——"优良校风强化成员身份意识—成员基于对身份意识的认同而自觉遵守校规—遵守校规促进个人成长成才—社区成员学有所成服务社会增添学校荣耀"，即"学校有着优良的传统与校风，作为其成员应以此为荣，自觉维护学校声誉、遵守校规，而这是个人成才与学校荣誉的前提"。此处将详细呈现校长致辞和另外两个小片断。

2016年S大学开学典礼校长致辞（节选）

亲爱的同学们：

　　经过十年寒窗苦读，你们来到S大学，这对于你们，是非同寻常的时刻，其实对于学校更是如此。从今以后，我们就是相亲相爱的一家人，借用当下流行的一句话，那就是：we are 伐木累（family）！……在报到的第一天，我到接待点和宿舍与部分同学进行交流，感受到你们充满朝气与希望的澎湃力量。我要为你们点赞！重要的事情说三遍：你们都是好样的、好样的、好样的！……大学有两样东西是不可或缺的，一是她的历史感、二是她的生命感。我相信，进入S大学是你们深思熟虑的自主选择，而不是父母之命、媒妁之言。现在，S大学已经是"你们家的"大学。你们应该知道，S大学是历史上著名的西南联合大学的传承者，经过七十八年的发展，现为云南省人民政府和教育部共建高校、国家中西部基础能力提升工程重点建设的100所高校之一。当你走进S大学这一刻，你面对的不仅是四年或紧张而富有挑战的学习生活、或潇洒浪漫的青春时光，更是一种历练与蜕变。开学典礼就是新征程的启动仪式，你们将通过亲历这个仪式而去思考：大学的初心是什么？你们的初心是什么？我所理解的大学初心，可以概括为"培育英才、崇真致善、创新发展、引领示范"四个方面，因此，大学是有温度、有风度、有胸襟、有情怀的文化高地和精神乐园。事实上，大学能够给予你们的，是以她独特的文化、传统、精神，内化成你们的秉性、涵养、人格，外显为你们的言语、行为、习惯，并以此定位你的人生标尺、完善你的价值建构、促成你的卓尔不凡。……"还记得年少时的梦吗？像朵永远不凋零的花。"回首过往，考上大学，回报社会，实现个人价值成为大家挑灯夜战、寒窗苦读的不竭动力。而如今，说大学，大学已经在眼前，大学生活已来，你们准备好了吗？我给大家分享两位学长的成绩：男生×××，2014级中国古代文学专业研究生，宿舍藏书5千册，诗文、书法、绘画、篆刻、摄影都非常棒，多首诗歌作品获全国唯一的中央级诗歌刊物《诗刊》刊登；女生×××，2011级社会学专业本科生，中国青少年科技创新类最高荣誉"中国青少年科技创新奖"和"挑战杯"全国大学生课外学术科技作品竞赛特等奖获得者，这是云南省目前的最好成绩……你的能量超乎你想象，大家通过努力可能会比他们更优秀。我想，大多数同学上大学的初心也就是为了学会分辨和体察，探索事物的本源，在更高层面上追求自我价值的实现……

5分钟的校长致辞是一种庄重的校方叙事，反复强调的是S大学的成员身份，以及这种身份之后的荣耀，通过树立成员中的"榜样"力量来塑造一种由成员间共享的逻辑：取得成员身份—遵循群体习性—保持成员身份—维护团体形象。

通过技术手段实现与新生及其家长的现场互动，能够引发刚刚离家到校求学的新生们情感上的共鸣——从高中生到S大学成员身份的转换、从家庭到学校的空间切换，个体情感上需要融入到一个新的群体当中——认同因此而初步确立。此外，远在千里的家长通过视频而"在场"支持，表现出"学校—学生—家庭"共同对此种成员身份的确认，从而强化新生对身份转换的感受，经历入学"阈限"而从人生的前一阶段进入下一个阶段。

开学典礼的最后一个环节，则是新成员对成员身份认同的公开表白——入学宣誓。认同再一次被仪式所强化——借助宣誓者的内心确认转化为行为约束力。其实，这种约束既来自宣誓者的自我约束，也来自个体所归属群体的共同期待——要求成员彼此信守承诺。由此可见，"赋予认同"并不是学校单方施授的过程，而是经由调动学生感官与情绪、夹杂学生个体主动、自觉的内心确认和庄严肃穆氛围下的自我暗示和群体压力所共同塑造而成的。

此处借用特纳的"交融"理论对这一系列过程中的仪式进行分析。可以发现，在整个开学典礼仪式过程之中，"校长—教师—老生—新生"的角色均被暂时模糊化——学校领导、学科带头人、教师代表、优秀学生代表和全体新生同聚一堂。以校长为首的教师从"高高在上"的学术权威或管理领导的高位上暂时降格为S大学的普通一员，用亲切平和的语气与新生对话、为当天过生日的同学庆祝；而刚进入S大学的新生代表则站在舞台中央，成为整个典礼仪式的主角。双方在仪式中融合为一个地位平等的群体，各自就自身在S大学的"任务、使命"形成一致认识和情感认同。由此，校规操作者与校规承受者二者之间的身份地位得到暂时平衡——"身居高位的人必须顺服而降卑，而身居低位的人通过直率发言的特权而被高举"[1]。当然，此处这种身份地位的"逆转"并不如特纳笔下阿桑蒂人的Apo仪式或其引证的多个民族志中的仪式那般极端、彻底，但同样是对传统观念中"师—生"关系的暂时颠覆，是"历时短暂的、昙花一现的"[2]。在典礼结束之后，各方又会回归到其所"应当"的位置之上，并且能够更加清楚地认识到校园社区法则就各自所在"位置"进行的安排，从而能够"各守本份、各行其事"。

---

[1] [英]维克多·特纳：《仪式过程：结构与反结构》，黄剑波、柳博赟译，中国人民大学出版社2006年版，第181页。

[2] 同上注，第187页。

在 S 大学当中，仪式化的交融并没有随着开学典礼而结束，而是反复存在于大学日常生活当中，比较典型的是选拔学生精英担任校规操作者的"助理"这一制度及附带仪式（包括学生精英的遴选过程、工作内容的公开报道等），例如"两委一助"制度[1]，由部分校规承受者协助开展各项校内法则的执行任务，甚至是"监督"校规操作者的执业行为，这又是"交融"的另一种表现形式。当然，这种"交融"仍然是存在时间性的，并且参与"交融"的各方都能够"准确"地把握这种"时间性"——"师—生"之间关系的"平等"总是限于一定范围、一定事项之内。正是仪式提供的"交融"，使得受校规影响的群体之间的结构得以平衡、加固，而这种平衡的表现就是校规承受者就其身份被持续化地"赋予认同"。

总之，仪式在大学日常生活中持续存在——定期召开的主题班会（根据 S 大学管理规定，每班每个月至少由班主任组织开展一次主题班会）、知名校友专题宣讲会（即定期举办内容多样的论坛）、重要考试前"考风考纪"教育、校园文体活动、校方组织的社会实践等。这些多样形式的仪式既是对校规承受者具体行动的指南，也为他们提供交流、表达、自我呈现的机会，使得群体成员身份被不断重申、突显，使校规承受者清楚认识到作为团体成员"应当"引以为荣的身份与资格、"应当"遵守校园社区内部法则。就此可以说，通过仪式化交融的训导机制经验，再次应验了涂尔干的论断——"仪式是社会意识得到强化的场合"[2]。

2. 网格化

网格化是指通过对受教育者的身份编码，将其置于多层重叠的制度网格之上，使其成为网格的一部分，进而自发推动制度运转。该机制充分利用了"身份"所具有的文化意义，因为"身份是对个人进行社会定义的一个方面，它界定了一种社会关系并赋予其对他人的某种权利和义务……每一个身份都对应着某些社会期待，这些社会期待经由时间而对维持身份做出贡献。"[3]

---

[1] 公开选拔学生代表在一定期限内（通常是一学年）分别担任"中共 S 大学委员会特别委员""S 大学学术委员会特邀委员"和"学生校长助理"。

[2] 转引自［挪威］弗雷德里克·巴特等人：《人类学的四大传统——英国、德国、法国和美国的人类学》，高丙中等译，商务印书馆 2008 年版，第 204 页。该引文是对涂尔干在《宗教生活的基本形式》一书中人类学理论的评述。

[3] ［挪威］托马斯·许兰德·埃里克森：《小地方，大论题——社会文化人类学导论》，董薇译，商务印书馆 2008 年版，第 68 页。

网格化的第一步，是对校规承受者的**身份编码**。S大学中的每一个学生自入学起，便被按其学籍归属学院、专业、年级赋予一个数字化的学号，学号与学生个体间呈一一对应关系，学校因此实现对个人身份的编码。这一编码作为记录、识别学生在校期间日常行为、学业成绩、所受奖惩（资助）、参与活动的关键符号，在大学期间始终与学生个体相伴。校规操作者通过检索学号便可以快速查找到学生本人基本信息和其在校期间的动态发展情况。

在进行身份编码的同时，网格化还需要相对稳定的**身份固着**，即将每一个学生放置在一个充斥"竞争—合作"关系的集体网络当中——每一个学生在入学之时便被编入一个相对固定的行政班级[①]之内。一个行政班级一般由20－70人组成，是网格化中的基本单元，在校期间的三年或四年中，这一基本单元通常是相对稳定的（除少数成员因转专业、休学、退学等原因而离开或新加入该单元之外，成员结构自入学至毕业不会发生变化）。在现实中，S大学通常是将行政班级作为一个基本单元来评定其内部成员的奖助学金或个人"先进"；同时，行政班级也作为一个整体参加课外活动、参与集体奖励的申报。因此，成员之间的关系形成"竞争—合作"的格局——在一个班级之内，成员之间为争得有限资源（最为突出的是评奖评优、助学金评定等）往往是在自身"努力"的同时，密切关注其余成员的行为是否达到校园社区法则的要求和标准；为赢得"集体荣誉"也会更加关注班级成员是否"违规"或"受处分"，对那些"拖后腿"的成员往往会给予否定性评价[②]。实际上，单元内部成员之间便形成了彼此"注视—监督"的机制，在这一单元之内，每个个体是否遵守校纪校规、学业表现如何都成为不仅关乎个人，也关联他人和集体的重要事件。

此外，在校期间的三至四年之中，成员们会在彼此互动过程中逐渐产生自己的"精英"——学生干部，这些"精英"在学生与教师之间实际上主要起着"桥梁"作用——将学校或教师对学生的"要求"传递给同学，再将同学完成这些"要求"的情况反馈给学校或教师，同时组织、监督同学们完成

[①] "行政班级"是相对于"教学班级"而言的概念。自2005年S大学陆续实施学分制管理以来，学生修业实行选课制，同一个行政班级的同学可能会因选课的内容、时间或任课教师的不同而在不同时间、场地分开学习，但课余时间仍然是作为一个集体而存在。

[②] 依照S大学《优秀班级评选规定》，凡是有班级成员在上一学年中因违纪违规而受到留校察看以上处分的，该班级将失去本年度申请优秀班级的资格；在日常生活中，学生对"拖后腿"者的否定性评价通常表现为排挤、背后议论、当面指责、嘲笑等。

学校或老师提出的"要求",如课堂上或宿舍里的"点名"、协助班主任完成奖助学金评定、组织集体活动等。

网格化的第三项举措是借助集体住宿制实现**半公共区域内的敞视参照**①。S大学要求全日制学生按学院、年级集中住宿在学生公寓(除已申请办理"外住"手续的少数学生之外)。全校19栋学生公寓分别位于学校东、西两区,所有公寓统一设计为五层、四方围园式建筑(见图2.4),每一层有55-64间宿舍,分布在公寓楼的四围。每条走道夹在两排大门相对的宿舍之间,四条走道联通所有宿舍,每间宿舍住宿4或6名学生。公寓闭合成半公共区域,住在同一楼层的学生因空间上的相邻而能够大概了解彼此的言行举止及作息节律,而住在同一间宿舍内的学生们则能直接地观察到宿舍内成员的上述信息。由于集体宿舍的"敞景式"布局,本来属于"个人"的行为(休息、娱乐、衣着、饮食等)在公寓这一半公共区域内进入他人视线当中,成员之间在参照别人行为的同时,也会不自觉地思考、选择自身行为,而且这种"参照—选择"存在于所有成员之间,自觉强制,不断往复。

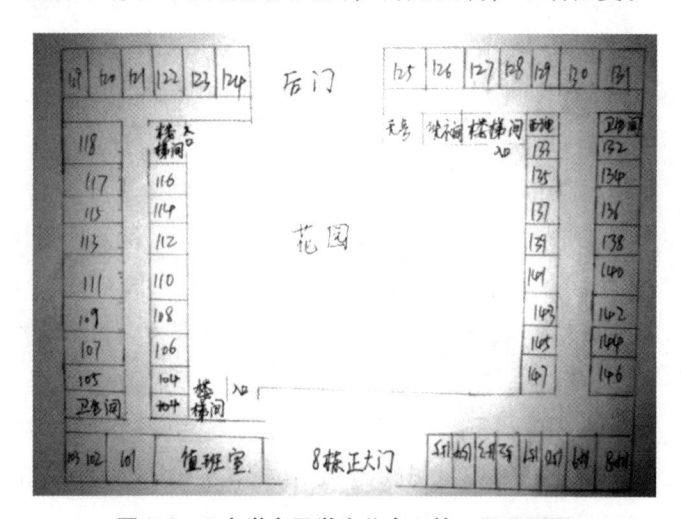

图 2.2　S 大学东区学生公寓 8 栋一层平面图

网格化的另一关键举措是借助"选课"制度而固定化为学生《课表》的**时空编排**。根据S大学《学分制学籍管理规定》,每个学生在上一学期末要根

---

① 此概念类似于福柯的"全景敞视主义"(panopticism),见[法]米歇尔·福柯《规训与惩罚》(修订译本). 刘北成,杨远婴译,生活·读书·新知三联书店出版社2012年版,第217-233页。在大学公寓成员间实际上存在着彼此间的"监视",进而生成一定规律的、连续的秩序。

据所学专业《人才培养方案》确定的教学计划来完成下一学期的选课（每年新生第一学期的选课安排在入学后第二周），"选课"一经确定不得随意更改，这就意味着每一名学生的每个学期在校时间、空间和内容的预设与固定——根据学生选课情况，他们被要求在确定的时间、教室（场地）内接受确定的教师所组织的学习，无论是时间、空间或内容上与《课表》发生不一致，则可能会被视为缺（旷）课或迟到（早退）。事实上，校规通过《课表》对承受者时间－空间－内容的限定，实现了教学内容的标准化、制度化和固着化。

可见，经由对个体身份的数字化与身份定格，学生们被安置在校规"制度之网"上，在"竞争—合作"、"参照—选择"的经纬线上成为训导机制的一部分，促成外部训导与自我训导的统合。

3. 分类评价

从涂尔干和莫斯对"原始"社会分类的评析[1]，到列维－施特劳斯对亲属制度中"内—外"二元结构的探索[2]，再到道格拉斯对"肮脏—洁净"区分象征意义[3]的讨论，在人类学的理解之中，"分类"既是人们认知世界的前提，更是人们建立秩序的基本方式。

正如涂尔干所发现的那样，"分类绝不是人类由于自然的必然性而自发形成的"，分类的目的也不仅仅是归类，而且还意味着对"类别之间的安排"[4]。正是通过有目的的分类，与人们生活相关的诸多事物、现象、人物、关系等均被模式化地加以区别，使得"各就其位"或"各行其道"能够在一定程度上持续稳定地被保持，即促成社会生活中的特定秩序。简言之，人们所进行的"分类"其实与社会中的结构与秩序有着密切关联。

"分类评价"在此是指校内成员依据以校规为基础的标准体系而将校规承受者进行分类，并对各类承受者给予相应的模式化评价。这种分类评价的意义并不在于"区分"本身，而是在于证成、推行以校规为基础性标准所构建的校园内部特定学习、生活秩序。

---

[1] ［法］爱弥尔·涂尔干、马塞尔·莫斯：《原始分类》，汲喆译，渠敬东校，商务印书馆2012年版。

[2] 参见王铭铭主编《西方人类学名著提要》关于列维－施特劳斯《亲属制度的基本结构》的评介，江西人民出版社2006年版，第339－347页。

[3] ［英］玛丽·道格拉斯：《洁净与危险：对污染和禁忌观念的分析》，黄剑波等译，民族出版社2008年版。

[4] ［法］爱弥尔·涂尔干、马塞尔·莫斯：《原始分类》，汲喆译，商务印书馆2012年版，第7页。

在校园生活当中"好学生"和"差学生"之间的划分标准能够被普遍、清晰地识别；同时，给予不同类型者相应评价也存在着内部成员的共识——"好学生"往往是那些遵守学校各项学生管理制度之人，而"差学生"常是那些破坏学校学生管理制度之人。对前一类校规承受者给予表彰宣扬，而对后一类校规承受者则给予批评贬抑，已然是被S大学校内大多数成员视为"理所当然"的现象。同时，校方也通过特定仪式强化着这种分类评价——对于前一类校规承受者的肯定性评价往往通过表彰会、光荣榜、成果展示等形式来公开呈现；对于后一类校规承受者的否定性评价则往往通过公开化的批评和处分通报来进行，通常表现为被校规操作者当众点名批评、在不同场合反复作为"反例"来告诫其他校规承受者、公告处分决定等，使得分类评价体系总是以"鲜活例子"的形式存在于S大学日常生活当中，从而使这种分类评价的影响处于持续、扩散的状态，引起大部分校规承受者依照该体系对自身和周围同学归属于不同"类别"进行着评判。

以下一则访谈记录了一位班主任对"问题学生"P的"点评"，以此揭示S大学中分类评价体系的现实状况：

访谈2.1　访谈对象：教师C，H学院副教授，连续十三年担任本科学生班主任，多次被评为S大学优秀班主任。

访谈时间及地点：2016年11月，H学院三楼会议室。

C：你也听说过学生P的大名吧？（第一次与C老师谈及学生P时，笔者在H学院开展调查不到两个月）他可是"大名鼎鼎"，H学院老师个个都认识他，几乎不来上课，连实验课都不上……平时成绩差得很，考试肯定就考不出来，已经留级过一次了，可到目前为止还有二十多门课不及格……我跟他谈过多次，几次去宿舍找过他……可能就是他本人的原因吧，根本学不进去……天天晚上出去打游戏，人不常在宿舍，和同学们也不来往，宿舍同学都不知道他的行踪，班委也联系不上他……说话细声细气，穿着邋遢得很，身上的衣服鞋袜都穿得发臭了也不换洗……这种学生，别说毕不了业，以后怕是连找媳妇都困难。

这个学生太差了，目前缺了二十多门课，肯定是毕业不了嘛，关键是他那个学习态度，正常生活都保证不了，课也不上，宿舍也不回，根本不像个学生。说了他多少次，一点效果都没有，反正我已经对他丧失信心了。(我)跟班委交待过,打着他的考勤,反正任课老师都知道他旷课,差不多了就让他父母把他带回去算了……和他住同一个宿舍的(学生)都是他原来在的那个班的同学,人家都快要毕业了,那几个(学生)都学习好,早就已经找到工作,和他根本说不到一起去,也帮不了他……

从教师C的"点评"中,可以看出关于"好学生"和"差学生"的评价标准在S大学当中很明确——那些不按课表的时空编排和宿舍管理要求来安排自己作息的学生被区分出来,列入"差学生"的范畴。随着任课教师课堂上的点名、班主任的介入、学生干部的考勤记录和同学间的议论,这种区分被不断强化,"差学生"的"不良形象"变得具体:频繁缺课、学业困难、无节制打游戏、外形邋遢、缺乏自尊,而这些特征也明确地成为"差学生"的象征,可见,"差学生"不再是某一方面的"低水平",而是对校规所期望状况的某种反叛。

这种关于"差学生"的评价在大部分学生当中又往往被当作一种警示,由教师们在课堂或班会上当作"反面教材"而被反复提及,用以告诫其他学生自觉遵守S大学的学业管理标准及日常管理规定,以免成为如同"反例"的"差学生"。

在"分类评价"的反复经验当中,校规承受者"好—坏"差距被不断强化,由此"分类评价"使关于某个学生应当归属于"好学生"或是"差学生"的集体共识在S大学中逐渐形成,而校规所倡导的教学、生活"秩序"从而得以整合。与此同时,由于校内成员普遍认为"差学生"可能危害到学校教学、生活秩序或是集体荣誉,他们会被视为一种公认的"污染"——其行为表现与校规要求和公众期待极不相符、影响宿舍和班级的"集体形象",而被师生普遍视为应当避免的"危险"。在校园生活的现实之中,类似于学生P这样的"差学生",通常成为被"双重谴责的邪恶对象"①,表现为大多数师生对他们的"另眼相看",甚至是公开的嘲讽或是主动回避。对其进行"双重谴责"的原因在于他们"跨越了界限"(违反了依照校规所塑造的"好"学生标准),并给他人带来了"危险"(影响集体荣誉、甚至将违规的"恶

---

① [英]玛丽·道格拉斯:《洁净与危险》,黄剑波等译,民族出版社2008年版,第171页。此处"双重谴责"指不仅对其违反校纪校规的不良行为进行谴责,还对其本人进行全面、整体的否定,将其视为对整体秩序的一种威胁。

习""传染"给他人)。此处的"差",类似于"肮脏",不再是仅仅关乎个人的事情,也不再是一个孤立的事件,而是相对于其他事物的有序状态而言的一种"混乱"、一种"危险"。

对于大部分校规承受者而言,关于避免"危险"的举措也存在着集体共识,那就是通过自身努力、争取跻身"好学生"行列,"远离""差学生"的队伍。在这种集体共识之下,大部分学生可以表现出"遵循校规"的行为倾向(尤其是在低年级学生中),即"自愿"地接受学校各项管理制度,避免跨越校规构筑的界限,在行为层面上符合校规的"期待"——遵守课表的时空编排、正常作息、爱护公共设施设备等等。也正因为此,校规通常得以"自觉"运转、训导功效得以发挥。

4. 布景烘托

欧文·戈夫曼(Erving Goffman)的拟剧理论认为,人们总是与所处环境进行着互动——对身处的特定时空、情景、面对的观众进行判断①,依照"情景定义"(situational properties)而设计、展开"角色表演",期间进行着"印象管理"(impression management)。"角色"在此,为归属特定身份的人限定了行为方式,依照这些行为方式而展开的"表演"又将融为环境的一部分,成为他人进行"表演"和"印象管理"所需要考虑的因素。故而"布景"成为影响人们行为极为重要的一种手段。

在 S 大学日常生活当中,"布景"(settings)一直深受校方重视,通常以"校园文化建设"的形式出现——校方通过大量的"文化制成品"有意营造其所倡导价值的氛围,突出"遵守校纪校规"的应然性,即强化"情景定义",将"文明""秩序""礼仪""求知"等命名为大学的天然属性(通常凝练出"校风""校训"等),正如上文所描述的那样,一方面通过作为社区内部法则的校规,对校规承受者的日常生活中进行"时间—空间—内容"的规划与安排,持续性地对承受者"赋予认同""网格化"和"分类评价";另一方面,也利用"实景"——肃穆庄重的图书馆、精密高端的实验室等建筑物、设施设备营造出"勤学""敦品"的校园氛围,使校规承受者"沉浸"于其中,加以熏陶、滋养,也即同时从隐形—直观两个层面烘托出承受者所

---

① [美]欧文·戈夫曼:《日常生活中的自我呈现》,冯钢译,北京大学出版社 2008 年出版,第 1 页,第 15 页。

进行"表演"的舞台布景，随时提示、激励承受者"入戏"。

案例2.1 自2017年6月起，S大学在图书馆入口处设立电子显示屏，滚动展示进入图书馆累计人数、当天入馆人数、各学院当月入馆人次排名、学生个人入馆频率排名等信息（参见图2.3）。学生刷卡通过入口闸机时，可以清楚地看到这些信息。

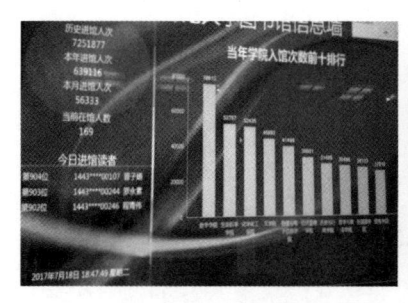

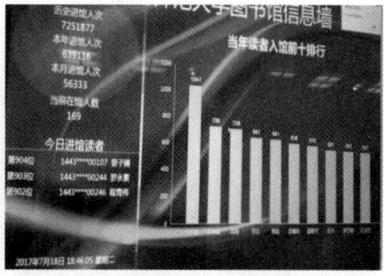

图2.3 S大学图书馆门前以电子屏显示入馆情况统计信息

S大学图书馆位于该校中轴线的中央位置，是全校最为醒目的标志性建筑，是学生步行穿梭于校园东西区的必经之地。图书馆以庄严肃穆的空间外形、丰富海量的藏书资料和先进高端的设施设备为布景象征，在对这些布景象征进行有意渲染的过程中，这个建筑被赋予了"知识""文明"的意义，而学生进入图书馆的频次也被视为评判其"勤学""上进"的一种指标。

学校通过对布景进行系统地精心安排，时刻提醒校规承受者注意他们的"角色"、他们的"表演"将暴露于"观众"的目光之下，以此不断强化"学生"这一角色所依附的行为规范、行事程序、社会期待等。对于那些在确定"布景"之中渴望贴合角色并能够领悟角色含义的承受者而言，身处大学所营造布景之中，便可能沿着既定的"情景定义"和观众所期待的特质来"演出"，自觉地以自身所追求的"理想角色"为偶像来展开行动，而这也成为了校规承受者依照校规所蕴含的价值而进行自我规训的过程。

5. 有意搁置

校规作为一种成文规范，同样存在"不周延""内容滞后"等不可避免的局限性。故而，校规并非对校规承受者在校园内的一切观念、行为都设计明确指引，而是将某些观念、行为有意地"搁置"在校规管控的范围之外，对其采取一定程度的"故意漠视"姿态。例如，学生参加社团活动的频率、社团成员间的合作方式、宿舍内部规约等，均没有纳入校规直接管辖范围，而将其留给社团、宿舍等学生自发性组织。

此处，以笔者跟随 H 学院辅导员对学生宿舍进行卫生检查时拍摄的两张图片展示学生宿舍内部自行制订的"公约"（见图 2.4、2.5）：

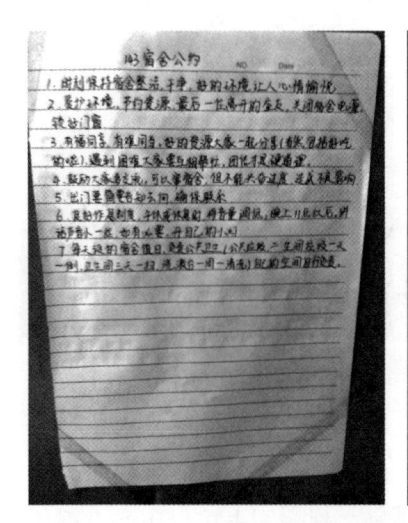

图 2.4　一间学生宿舍内关于成员间关系、责任、行为规范的约定

图 2.5　一间学生宿舍内对成员作息和值日的约定

从这两张图片内容可以看出，在"没有"校规直接规定之处，S大学学生宿舍内部会自觉地形成内部规约，对成员之间人际关系、权利责任和行为规范进行具体而有"特色"的安排，以全体成员共同协商并一致接受的内容、语言风格和表现形式而存在于相对"隐秘"的场所，组织起一种内部自发秩序。尽管校规在此没有直接对宿舍内部秩序进行详细、具体的规定，但明显可以感觉到这种"宿舍公约"仍然是以校规为背景的，例如对作息节律的安排、对良好人际关系的鼓励等。

正是由于校规在内容上的此等"自我克制"，为学生个体之间交往、协商、沟通预留出空间，使得本书所倡导的个体自我控制、个体间沟通协商、民主参与等精神有了生长机会。

此处需要补充的是，尽管由于学生社团活动或是宿舍内部关系通常"公开化"的程度相对较低，学校没有直接对其"干涉"，但并不代表学校对其"不闻不问"，因为正是这些"非正式"机构对学生行为与思想的影响更为直接、深刻，故学校需要以营造正向"文化氛围"的形式去间接地调控上述自发性组织，例如对社团成立审批权的把控、对社团公开举行大型活动的内容与形式进行监管；对宿舍卫生的定期检查、作息时间的规定等。

6. 迂回疏导

西敏司（Sidney W. Mintz）在《甜与权力》一书中已然揭示：基于特定的社会背景，哪怕是"糖"这样的最为稀松平常的物质，其生产与消费均存在被各种"学说"与"日常习惯"极尽鼓励而不断扩展的情况，使得"糖"不再仅仅被当作一种食物来使用，而是具有"药品、香料、装饰品、甜味剂和防腐剂"[1] 等多重用途，并让这些使用行为及相关社会观念在社会各阶层中被不断模仿、强化。由此，相关产业的资本家得以发家致富，资本主义社会结构得以形成并平稳发展。在此分析基础之上，西敏司提出了他的核心观点——"附加了特定'内在意义'的事物和行为，帮助确立了社会常规"[2]，也就是说，某些以实现社会"常规"为目标的社会控制制度，是可以以"间接"的形式来实施的。

---

[1] ［美］西敏司：《甜与权力——糖在近代历史上的地位》，王超、朱健刚译，商务印书馆2017年版，第84页。

[2] 同上注，第152页。

从规范到训导：大学校规的法律人类学研究 >>>

此处，如果我们将训导也视作一种针对特定人行为与观念的"控制"，那么当在指向承受者较为潜在、隐秘而固执的行为及观念时，校规难以通过直接的"奖—罚"进行导引，便需要以一种"间接"的作用机制，即采用迂回、潜隐的方式来影响、塑造承受者。

在下面案例中，可以看到 S 大学通过赋予某些教学过程特定的"内在意义"，从而"迂回"地实现了训导的预定目标：

> **案例 2.2** 20 世纪末期，包括 S 大学在内的大多数中国高校，都曾将在校学生婚前性行为列为严重违反校纪校规的"不正当""不道德"行为，对当事人给予"留校察看"或者"开除学籍"等严厉处分。直至 2005 年，教育部《普通高等学校学生管理规定》中明确学生享有"法律、法规规定的其他权利"，而对于达到法定结婚年龄、无《婚姻法》禁止结婚或不宜结婚情形的在校大学生，当然应当享有结婚的自由与权利，故各高校校规方开始对学生婚恋行为"解禁"，默许在校学生根据国家《婚姻法》规定办理结婚手续。依照常识，"恋爱、婚姻、性"三者高度关联，校规对"结婚"的"解禁"，固然附带着对"恋爱""性"的"失声"。事实上，在校大学生处于性生理活跃期，且成长于信息多元的社会背景，容易接收"性开放""性自由"的信息刺激，恋爱或婚前性行为已无法通过校规的"禁止"和"惩罚"来遏制。尽管为了与教育部《普通高等学校学生管理规定》保持协调，S 大学于 2005 年 9 月对该校校规相关条款进行修订，删除"禁止男女生未婚同居""未婚同居者一经查实，开除学籍"等条款，但倡导"审慎""忠贞"的婚恋观仍然是 S 大学校方所坚持的态度。为实现对学生"婚恋"观念与行为的引导，S 大学在全校范围内进行以"强调权利"①为主题的性健康教育，并以预防艾滋病等性传播疾病为突破口，对学生婚恋观进行引导。这些引导包括开设校级公选课、专题讲座等教学活动；成立学生社团开展"同伴教育"；设立学生科研课题，对校园周边出租房、酒吧、宾馆的顾客身份、行为进

---

① 经向负责开展"性健康教育"课程的老师了解，此处"权利"，是参照联合国教科文组织（UNESCO）的定义，即特指当事人享有的对性健康知识的知情权、受教育权；性行为的选择权；拒绝伤害、保持个人身心健康等自然权利。

行社会调研等。这些引导均刻意避免直接给予说教,而是强调通过学生的"参与体会"来认同"审慎""忠贞"的婚恋观,以减少婚前性行为。

从这个案例中可见,S大学为实现对承受者深入内心的训导,有时需要避开直接的"奖—罚",而是通过迂回的方式——通过赋予"性健康教育"具有"增进受教育者权利"的意义来强调校规承受者遵守宿舍管理规定、恪守"审慎""忠贞"婚恋观的正向作用,即引导承受者出于对自我权益的考虑,从而自觉地遵循学校所倡导的价值,进而完成自我训导——在行为层面上,部分校规承受者通过实际参与到上述案例所提及的社会调研,收集、分析校园周边出租房、酒吧、宾馆常客的身份及行为信息。由此,他们可以结合学校给予的性健康知识教育,在观念层面上意识到"夜不归宿""无保护性行为"潜在的危险,进而更为审慎地选择自身行为。与此同时,这些直接参与上述社会调研的学生往往会将自己的经验、感受分享给身边的同学,实现校规所倡导的婚恋观在广大受教育者中的扩散。也就是说,S大学其实是通过"突出承受者权利的关切与保护"来间接迂回地实现校规所欲达到的对承受者行为、观念的管控效果。

综上所述,S大学内部法则有着繁复多元的"隐喻—濡化"式运作机制——通过贯穿于校园日常生活的多种仪式和交融来推行"身份认同",向个体承受者输送对于作为S大学一员身份归属的自觉与自豪感;通过网格化将承受者的具体身份进行编码与固着,使之在"个体—集体"的关系之网中参照、检视他人与自我的行为与观点;通过分类评价,使受校规影响之人可以容易、便捷地识别出某些行为、观念是受到鼓励或是贬抑,从而强化校规对承受者行为、观念进行分类的标准体系;通过烘托布景、突显"情景定义",强化、突出校规承受者所扮演的角色;通过有意搁置对某些事项及关系的直接调控,而将其让渡给校规承受者及其群体,从而调动校规承受者从单一的规范接受者转向规范制定与执行的参与者;通过减少直接限制性规定而以增进承受者权益为主张,调动承受者主动体会、参与、思考规范所在社会文化背景,从而迂回实现管控目标。

可见,通过上述列举的多种持续性、过程化的"隐喻—濡化"式机制,校园社区内部法则能够将其所追求的价值潜移默化地传递至承受者,而承受者们又逐渐将这种价值内化为其自身的"需求",从而自觉地实施自我训导。

当然，尽管在此我们对训导机制进行分类、逐一讨论，但现实之中，这些机制总是相伴相随、重叠适用的。校规运行过程中几乎不存在单一适用某一种训导机制的情况，尤其是"奖—罚"二元机制几乎渗透在其他每一种机制之中，而校规承受者也对其保持着更高的敏感性，故而笔者将其列在本项话题的首要位置进行讨论，但这并不意味着忽视其他运作机制的重要性，相反，就教育"以文化人""潜移默化"的特殊性而言，"奖—罚"二元机制之外的其他机制同样有着无可替代的意义。

第二节 训导的预期目标

作为内部法则的校规，其存在的价值及合法性依据在于通过对学生的训导，即长期、系统地管控与熏陶来优化其关于社会规范的认知与态度，引导其养成增进社会发展的能力。具体而言，校规运行的预期训导目标包括促进校园秩序良性发展、校内人际关系健康和睦、培养社会治理的适格主体等三项。

一 校园日常生活秩序井然

"秩序"一直是法律人类学的核心话题，大量的研究表明"秩序"是任何社会普遍崇尚的一种价值，它意味着人们日常生活的连续性和可预测性。但关于究竟是哪些力量才是维持社会"秩序"的根基，以及这些根基如何维系社会"秩序"则是倍受争议的话题。[1] 一些学者认为秩序的根基在于社会成员对规则的共同理解与广泛认同，而另一些学者则认为秩序是强力实施与控制后的平衡结果[2]。尽管如此，法律人类学家们仍然一致认为，"秩序"并非特定社会中"毫无争议"的状态，而是指在特定社会中尽管争议与冲突不可避免且随时可能以各种形式出现，但仍然存在一定程度的规律性以使社会成员的生活得以延续。

事实上，不同规模与结构的社会各有其关于如何安排日常生活、如何为人行事、如何评判他人行为的不同理解，即不同地方可能有着完全不同的"秩序"观念及维持"秩序"的方式。同样地，大学作为现代社会的一个特定子系统，

---

[1] Simon Roberts, *Order and Dispute：An Introduction to Legal Anthropology*, New York：St. Martin's Press, 1979, p.30.

[2] Ibid., 11.

在与外部环境交流互动的过程中，也形成有自己对于"秩序"的地方性理解。

案例 2.3　2016 年 7 月，H 学院两名同住一间宿舍的男生（学生 L 与学生 B）因争抢使用宿舍卫生间而发生口角，随着争吵的持续两人间冲突进一步发展为武力对抗。学生 B 被学生 L 打倒在地，随后学生 B 向学生 L 挥动自己平时用于健身的铁质握力器，并打中学生 L 的面部和右臂。还欲继续厮打的两人被同宿舍其他同学拉开。宿舍管理员听到打斗声后赶到现场，将此两名学生移送到 H 学院，交由学院分管学生工作的 M 老师进行处理。M 老师向宿舍管理员简要了解事情经过后，开始与学生 L、学生 B 进行如下对话：

M：两位自己说说，究竟什么情况？

学生 L：中午我正要去卫生间冲凉，他就骂我"婆婆妈妈，一天洗几次澡，像个娘们儿"……

学生 B：我正好要去上厕所，他却要抢先洗澡，我问"你不是早上才洗过吗？为什么现在又要洗了？"他就说："你是哪个？你管不着老子"，我才说他呢……平时就是他最不讲理，宿舍里（大家）都要让着他……

学生 L：哪个不讲理呀，哪个先骂人呢？

M：（摆摆手以制止两人继续争吵）再吵嘛，你两个现在就在我这里再打一架嘛！这里是学校，不是大街、不是菜市场！也不嫌丢人！多大点事，一人退一步会怎样？你们两个都是大二的了，还都是学生干部，这个道理都不懂？一个宿舍呢，就不能相互谦让、相互理解？同住一个宿舍，就是一种缘分，大家好不容易才聚在一块儿……年青人火气大发生矛盾也正常，但也要学会克制，多换位思考，多想想后果。要打架也可以，打架斗殴就按校规来处理，一人一个记过处分嘛，哪个也占不了便宜，多划不着……像 B 这样还持械打人的，你把 L 打伤、打死怎么办？后果就是负刑事责任、开除学籍！你们当时想过这些没有？……

在对学生 L、B 进行批评教育之后，M 老师督促二人互相道歉、责令学生 B 陪学生 L 到校医院检查、承担相关诊疗费用，并根据《S 大学学生违纪处分规定》第六条分别给予二人警告处分，宣布取消二人当年评奖评优资格。

M：好了，从你们二位目前的表现看，两个人现在都已以知道错了，但是你们的行为确实违反了校规,很多同学都目睹了二位打架的过程,还是要对你们进行违纪处分的。根据你们二人的行为情节、认错态度,可以按"警告"来处理。我会将此事汇报学院学生工作领导小组,建议按《S大学学生违纪处分规定》第六条,给予最轻一级的处分。此后二位将收到正式的处分决定书。如果有异议,可以按(处分决定书)上面的提示提出申诉……

事后,学生 L 与学生 B 握手言和,学生 L 承认是自己"先动手",并自行承担了大部分诊疗费用。

一年之后,两名学生分别向 M 老师提出"解除处分"的书面申请[①],再次检讨自己"违返校纪校规,打架斗殴的错误行为"、对"由此产生的后果(个人被取消当年评奖评优资格而错失奖学金、所在班级被取消当年参与评选'优秀班集体'的机会等)"的"懊悔与惭愧",并"郑重保证今后做事不再冲动、严格遵守校纪校规、维护个人和班级荣誉"。(本案例根据对 M 老师处理该事件经过的观察和学生 L、B 二人提交的"解除处分申请书"整理而成。)

上述案例帮助我们从一个切面直观地看到,训导最表层的功能、意义就是通过对成员行为、态度的塑造与熏陶,确保大学日常生活的井然有序——所有成员明知自己行为行事的标准与规则,并能预测自己和他人行为行事的后果;当自己与群体或其他个体发生冲突时,能够知晓该如何看待并妥善解决冲突。也就是说,关于"秩序",校规是将其预设为一种受教育之人应有的"天然癖好",并通过校规操作者对承受者所施加的影响、教导而对其加以强化,促使其内化为校规承受者的行为习惯,正如西敏司所验证的那样,秩序这一"人的天然癖好被文化性的实践所强化"[②]。

本书已在之前讨论过多元的训导机制,既有明示的"奖—罚"二元机制,又有潜在、间接的熏陶形式来引导校规承受者沿着既定方向或标准而行为行

---

① 根据《S大学学生违纪处分规定》,学生受到除开除学籍以外的处分满一年,应当向所在学院提出书面申请以解除处分,所在学院将对学生受处分期间的表现给予评定,如果学生确实有"改过表现"且无其他违纪违规行为发生的,可以解除处分,学生方于次年恢复参与评奖评优的资格。

② [美]西敏司:《甜与权力——糖在近代历史上的地位》,王超、朱健刚译,商务印书馆2017年版,第27页。

事，使其明确知晓并尽可能地去理解、依照校园社区内部法则的要求，从而使得大部分成员的行为和态度都纳入到个体可预测的范围；当部分成员的行为和态度超越或违背校规规定时，大部分成员也能够对其形成大致一致的评判。换句话来说，就"秩序"而言，训导预期的第一层含义是培养校规承受者对日常生活规律性、连续性和一致性的偏好，使他们知道在自己"为人行事"前需要思索再三，超越或违反校规将可能扰乱大学的日常生活，并可能受到来自自己所置身于其中的群体的否定性评价或惩罚，也就是使校规承受者自觉地完成参照校规而"自我约束"①的过程。

此外，通过训导还欲达到这样的功效，即个体清楚明了大学日常生活中与他人、群体的冲突与纠纷在所难免，但可以通过恰当的方式进行消除或化解。在田野调查中，笔者发现大学中最为典型的冲突与纠纷往往是由依照校规对稀缺资源进行分配、确定所引发的，例如根据《奖学金评选办法》进行选拔评定而引起的纠纷（通常表现为学生对哪些行为可以"加分""加多少分"存在不一致看法）、根据《宿舍管理规定》而同住一室的"舍友"之间关于空间、采光的争夺等②。在 S 大学的日常生活实践中，校规所提倡的主导途径是"以和解为导向的对话"（settlement-directed talking）③，即处于冲突与纠纷中的校规承受者在第三方（同学或校规操作者）的介入下，尽可能设身处地、心置互换地（即心理学所提倡的"共情""同理""心理位置互换"等）进行磋商、辩理、妥协，最终产生争议双方均认同的"细化规则"（例如班级内部关于"奖学金评选"的细则；宿舍内部达成的何时作息、开关电灯的规约等），即以"平和的""低调退让"而非"攻击性""咄咄逼人"的形式来消除、化解冲突与纠纷，杜绝人际间暴力的发生。

二 校内人际关系稳定融洽

"秩序"并非社会当中自然形成的一种状态，而是社会成员之间人际互动的结果。故而成员之间人际关系的良性程度决定着特定社会中规律性、持续

---

① 此处"自我约束"概念参考了内德尔关于 Self-Regulation 的界定，see Nadel S F. *Social Control and Self-Regulation*, 31 (3) Social Forces, 265 (1953).

② 对此类冲突与纠纷的详细描述可参见本书第三章中针对"校规对人际关系的影响"的讨论。

③ Simon Roberts, *Order and Dispute: An Introduction to Legal Anthropology*, New York: St. Martin's Press, 1979, p. 69.

性的程度，以及人们如何看待、处理冲突与纠纷。正因为此，训导预设的第二层功能、意义便是促进校内人际关系的稳定与融洽。

本书所讨论的"人际关系"是指校内成员因行为、观念的互动而形成的人与人之间基于认知、情感、行为构成的动态关系结构，是成员彼此之间社会关系的心理侧面。

"稳定融洽"的校内人际关系立基于三个支点：其一是成员之间对"互惠原则"的共识；其二是成员对"共同愿景"的认同；其三是成员对"公平竞争"的理解。

"互惠原则"（norm of reciprocity）一直是人类学家所关注的话题，例如，马林诺夫斯基透过对美拉尼西亚特罗布里恩群岛居民中分享独木舟与鱼肉、交换鱼肉和山药的现象分析，论证"互惠"对于人们共同生活、实现社会整合与控制的重要意义[1]；莫斯依据几份著名的民族志对多个不同社会中"礼物"交换及其附随的"互惠"现象进行过生动描述[2]。

与上述人类学家的观点相呼应，本书所讨论的大学内部成员之间的"互惠"同样超越了经济学意义上的成员间互帮互助和物质利益共享，涵盖因相互信任、团结协作而实现结构整合与稳定的社会关系。在校规文本创立和运行过程中，随处可以观察到对"互惠原则"的倡导，例如对"爱护公共财物、保护花草树木""无偿献血""助人为乐"的肯定与鼓励（多表现为给予这些行为一定的奖励性"积分"、对事件进行宣传报道等），又如对"集体荣誉"观念的塑造与强调（表现为多重形式的先进集体评选、表彰规则）。需要说明的是，校规所应当倡导的并非"即时"（immediacy）、"利益"（interest）的互惠，而是更为"长远"（extended）、"广泛"（generalized）的互惠，亦即推己及人的"仁爱"（benevolence）。

大学在依据校规向承受者推行、教化"互惠原则"的过程中，意图使承受者认知、觉悟"相互创造并相互满足对方的利益，并且最终领悟到利益不是靠武器来维护的"[3]，使个体得以在充满团结与凝聚力的团体氛围下形成友

---

[1] See Malinowski, B. *Crime and Custom in Savage Society*, London, 1953, p. 22 – 32.
[2] 参见［法］马塞尔·莫斯：《礼物——古式社会中交换的形式与理由》，汲喆译，商务印书馆2016年版，第13 – 82页。
[3] 参见［法］马塞尔·莫斯：《礼物——古式社会中交换的形式与理由》，汲喆译，商务印书馆2016年版，第132页。

爱、平和的良性人际关系。

共同愿景（shared visions）是指一个组织内部的成员拥有共同的目标、价值观和使命感，从而保持理想、信念的相似或一致。在组织行为学家看来，共同愿景能使组织中成员感受到相同的"意象或景象"，创造出"众人一体"的感觉，并"遍布组织的全面活动"，而"将各种不同的活动融汇起来"①，从而使组织中的成员因受到"我们将一起创造"的感召而达成相互协作的"心理契约"，并据此持续、协同地向愿景迈进。

现代心理学研究表明，个体的心理感受能够深刻影响到其行为，故而通过前文已讨论过的多重训导机制，促使个体间彼此接近、趋同，逐渐达到心理相容的目标，并在"目标共识"之下凝聚成群体合力，再进一步强化个体的认识与感悟。现实中，校规往往通过向承受者明示统一的学业标准、操行评定规则，引导"立志成才，历练本领，立业为民"②这一共同目标的确立。

建立"共同愿景"的关键在于"过程管理"，即要使组织内成员保持对经集体统合的理想目标的确认与追寻，故而校规的运行过程就是一直在大学日常生活当中通过各类常见、醒目的文化制造物（校史纪念馆、建筑物上的口号、标语等，见图 2.6）、象征性符号（如表彰决定、奖杯、荣誉证书等）、制度化仪式（开学典礼、宣誓、颁奖会等）等细致地维护着共同愿景的实在性。

公平竞争（fair competition）是指各个地位平等的成员在建立于统一、开放、有序规则之上的竞争，其竞争的目的在于取得某种相同的"奖赏"。"公平"意味着参与竞争者享有平等机会、知晓并能够把握竞争规则，而且这些规则是公开且非歧视性的。更为关键的是，参与的成员普遍承认"竞争"总是以实际占有某种稀缺资源或赢取某种优势机会为目的，其结果可能包括目的实现、未实现或部分实现多种情况。

在"竞争"已然成为常态或是"关键概念"的社会文化背景之下，大学就更加需要引导学生对"竞争"形成恰当理解：其一，个体为获得受到普遍珍视的稀缺资源，"竞争"通常是必然且不可避免的；其二，有利于社会整合

---

① ［美］彼德·圣吉：《第五项修炼——学习型组织的艺术与实务》，郭进隆译，生活·读书·新知三联书店出版社 2003 年版，第 238 页。

② 该引文出自云南省大学生核心价值观部分条文，被吸纳入 S 大学《学生手册》当中，成为 S 大学校规的组成部分。

图 2.6　S 大学随处可见校训、校规的标语

的"竞争"是在公平规则之下的有序竞争；其三，在公平规则之下的竞争结果是可以接受的。基于此，承受者在进入竞争状况之时可以保持平和心理，协调与其他竞争参与者的关系，避免暴力冲突。

校规所倡导的"公平竞争"实质是对承受者规则意识的养成——如何在遵守规则的前提下，通过自己适当①努力拼搏而取得荣誉与资源，而非无视规矩、不择手段的巧取豪夺；坦然接受公平规则之下"竞争"的各种可能结果。大学日常生活中最为典型的规则意识养成途径是"考风考纪"教育——每次期末考试之前要求所有班级召开主题班会，由班主任和学生干部作"诚信备考"教育、要求所有任课老师不得泄露考试内容、不得勾画"重点"（否则将对相关教学人员作"教学事故"处理）、两人（或以上）同场监考、对违纪学生进行严肃处分等。通过上述"教育"，使校规承受者直观地体认到规则的实在，以及"违规受罚"的必定性。通过公平有序的考试，对每个参与考试者的学业成绩进行评定及选拔排序。

基于对教育"可迁移"特性的假设，校规期望承受者在校内竞争中形成

---

① 指采用不侵害他人利益和公共利益的方式。

的规则意识能够在其毕业离校、进一步融入社会生活之后持续影响着其观念、行为,从而成为诚信、守法之人。

总之,良好的校内人际关系不仅可以建立校规承受者之间平和、友善、互惠的"秩序感",更是基于"心置互换"而对彼此权利的认可与尊重,还可以在竞争的实践中教导校规承受者遵守规则,公平相待,故而是塑造承受者恰当权利意识的重要通道。

三 校规承受者主体意识觉醒

在"组织校内秩序"与"优化人际关系"的外层功能、意义支撑之下,是预设训导目标的核心层面,即对作为社会成员的校规承受者实施主体意识唤醒与能力养成。

在中外先哲看来,个体主体意识觉醒是"人之为人"的前提,从"认识你自己"的警句到以"人文主义"开启的现代社会,再到"天人合一"的处世理想和"以人为本"的社会治理理念无不意味着对个体主体性的自觉与珍重。但那种片面地、仅以个体权利为出发点的"主体性"并非本书所欲求的"个体作为社会成员的主体性"。本书所倡导的"主体性"是以校规承受者体认个体是社会整体系统中积极一员为前提,在此基础上理解自身行为、态度的由来及结果,并能动地承担或改变相应后果的一种状态。换句话来说,这种作为社会成员的主体意识立足于个体自身与社会环境间的开放互动——社会生活(包括社会规范在内)的全部既是社会成员行为、态度的前提,也是社会成员所创造的结果。就处理个体与社会规范的关系而言,本书所言的"主体性"表示个体不仅能够认知、理解社会规范,更能不断反思、改善这些社会规范。

如前所述,校规通过对承受者秩序偏好、规则意识的培养,促使其体认个体权益与所在环境间的密切相关,从而在行为行事之前"审慎再三"。更为重要的是,启迪承受者对既存规则的反思——学校规则是否能够合理、恰当地增进社会、学校及个人的发展。也就是在理想状态之下,经过校规训导而成的社会成员能够将"为我"与"为他"统合起来,基于增进社会正义、人性发展的责任与使命去慎思遵循或是超越、依从或是抵抗既有社会规范,而非俯首帖耳、逆来顺受、麻木不仁的"规范卫道士",亦非桀骜不驯、暴戾顽劣、违法乱纪的"规范颠覆者"。

需要强调的是，无论是作为社会成员的个体"主体性"所指陈的"意识"，还是"能力"，都绝非凭空而来，它们需要日常生活中的教育（尤其是学校教育）来养成。前文所提及的S大学"两委一助"制度，即选拔优秀学生代表常规性地参与学校管理高层会议，并主动征集广大学生对学校发展建议、意见的制度设计，正是一种培养"主体性"的可能途径。

个体"主体性"的意识和能力并非天然而成，而需要刻意引导与培植——只有当"征求意见被落实""共同管理看得见"长期、反复地存在于校规承受者的日常生活之中（也即"制度化""经验化"），校规承受者方能有认知"个体成长与学校发展之间相关性"的途径，并能在亲身体会此制度实施的过程中训练"拟定议案""反馈测评""效能监控"等素质技能，而这也正是个体在未来更广泛、深入地参与社会治理的必要素养。

综上所述，校内法则运行所承载的训导，预设环环相扣的三个层面目标——从构造良好校内秩序（第一层）、营造融洽人际关系（第二层）出发，最终完成对未来社会适格主体的"经验教育"（核心层），其逻辑起点在于对教育具有社会性和可迁移性的假设——主体能将此前在某种场景中习得的经验用于之后类似情景当中。所幸，这种假设能够在社会经验中以"看得见"的形式被反复验证。

第三节 训导功效的常态

出于道德默认、对校规布景的觉察、对成员身份的认同和所处社群压力等多重因素的考虑，在S大学的日常生活中，我们可以观察到绝大部分的校规承受者在通常情况下表现出对学校管理规范的遵循，自觉地按照校规的要求来预设、发生自身行为，并依据校规来预测、调整与其他成员的人际关系。由此，校园社区内部秩序"井井有条"、成员之间"融洽和谐"、日常生活"按部就班"成为一种"应当如是"的理想状况。

一 训导常态的表现

如下是校园社区内部法则训导功效正常发挥的实例，表现为校规承受者认同、依从校规行为行事：

案例 2.4 S 大学校占地面积宽阔，东、西区之间直线距离约为 2000 米，主要教学楼离学生公寓步行大约需要 15–20 分钟。自 2013 年 1 月起，校方引入一家企业营运"校园小巴"，此种"小巴"是一种小型半封闭式客车，每辆小巴满员可载乘 14 人，围绕校园设立多个站点，以便师生校内出行。运行初期，由于"小巴"运力有限，上下课时段出现"客流"高峰，常常发生学生争抢上车、争抢座位的情况，一见"小巴"进站，大量学生便会蜂拥而上，存在明显安全隐患。

为此，校方通过值班保安、学生"督察员"、开主题班会等对学生进行管理和教育，将"乘车规约"（文明礼让、顺序候车、自觉排队）以告示牌的形式树立在各站点旁（见图 2.7），起点站和终点站配备专人维持乘车秩序。

近一个学期之后，乘车学生之间开始相互礼让，很少发生争抢座位的情况。自 2014 年 9 月（新一届学生入学）起，在各站点可以看见学生们自觉排队候车，不再需要保安维持秩序（见图 2.7）。

2016 年 11 月起，学校与此前经营"校园小巴"的企业发生合同纠纷，终止该企业在校内运营，改由公交公司经营校园巴士业务，并将站点延伸至校外地铁出站口。有意思的是，"小巴"在校外地铁出站口的起点站，却不见学生们依次排队，而是和普通公交车站情况一样，当车辆靠站时，等待乘车的学生们会迅速拥挤到车门前，再逐次上车，但笔者从未观察到因抢先上车而发生争执的现象。

图 2.7 学生在校园内排队等候"小巴"，旁边立有 S 大学"乘车规约"告示牌

针对"为何在校内乘车点候车会选择排队"这一问题，笔者随机访问多

名学生，受访学生的回复主要包括以下四种："这样最快""比较安全""别人都在排队，自己不好意思插队""一直以来好像大家都会排队，习惯了"，而且受访者似乎对于笔者的问题感到"奇怪"——对于他们而言，在校内乘车排队是一件"非常正常"的事，并不值得"大惊小怪"。

针对"在校外地铁站旁乘车点候车不排队"的原因，笔者也随机访问了多名学生，受访学生回复主要有以下三种："（乘车）人不多，没必要排队""其他人也没排队""校外乘公交车从来都不兴排队"。而且对于受访者而言，也未将此问题与前一问题（校内乘车自觉排队的原因）进行联系，在他们看来，"校外不排队"和"校内排队"一样都是极为正常、合理的行为选择，二者之间并没有任何关联。

自校园小巴运营多年以来，从最初"乘车无序"到校方"塑造秩序"再到学生"自觉维序"的过程中，S大学"乘车规约"从无到有，又从有形转向隐形来规制着学生的行为——现在学生们遵守"乘车规约"并非出于校园规则的具体要求，更非受到立于乘车点告示牌的提示，而是受制于在校园这一特定环境之下、在同学这一特定群体之中存在的"有序、礼让"隐形规约体系，受制于自觉自愿的行为习惯。这种隐形规约无需（也难以）加以言说，便能够令在"此情此景"中的人们"心领神会"，因为参与其中的人们对"有序、礼让"存在相互期待的态度，并用自身行为传递着此种信息。

上述内部规约产生及运转的流程经过可以说明规范从形成到持续有效，通常是人们在特定情景下有意识的选择：共享资源的有限或稀缺，需要依照某种原则来对其进行分配，尤其是在大学这种以宣扬"文明、礼仪"为荣耀的场域之中，依照武力或对抗的原则明显是不合适宜的（小巴运营初期"抢座"已被实践证明是不"理智"的），而基于"先到先得"原则所确定的"排队候车"这一规则却是合适的、经济的（用学生的话来说是"最省时""更安全"），是"为理性所发展的经验和被经验所考验过的理性"[1]。

在同一场域中持续保持按同一原则来分配资源是大多数人的共同意愿，毕竟很少有人会希望随时随刻地去应对不同的规则，以节省神经系统因处于

---

[1] ［美］罗斯科·庞德：《通过法律的社会控制》，沈宗灵译，商务印书馆1984年版，第24–25页。

紧张状态下而消耗的能量，故而呈现出"愿意无怨言地或毫无质疑地承受现状"①，也就是如此处我们所看到的那般，学生在校内乘车、打饭、校园卡充值时总能够自觉有序排队的主要原因。当然，如果场域发生变更，则分配原则及依其确定的规则就可能发生变更，正如上述事件所描述那样，在校外乘车点并不见学生们排队候车，而是如普通民众那样"拥向车门"，由此可以说，人们相互的态度和行为所传递的信息导致了行为规则的自动切换。

除此之外，还有一个重要的原因，那就是在校内搭乘"小巴"时，学生们往往是几人结伴同行，即乘车遇到"熟人"的机会远远高于在校外站点上车的情景。这就让我们又联想到"熟人社会\陌生人社会"的界分②，以及由此产生的人们选择行为的不同模式——在熟人社会当中，人们相互礼让是事关"人情"与"面子"的重要原则；而在陌生人社会当中，人们之间的关系更多地依赖外在的（例如国家法）、偶然的规则（例如契约）来进行约束。这就意味着我们在分析校规承受者行为之时，应当将其纳入具体的场景空间内讨论，任何"去场景"式的分析都将陷入空洞与片面。于是，学生在不同站点候车的不同行为模式也就完全可以理解了。

以下一个案例还可以再次看到"场景"及"技术"因素对主体行为的影响：

案例 2.5　S 大学图书馆位于学校中轴、东－西区交汇处，是 S 大学地标性建筑，目前拥有纸质文献资源约 330 余万册（件），占地面积约 5.7 万平方米，能为读者提供阅览座位 6000 余个。自 2013 年起图书馆引进无线射频识别系统（RFID）技术，实现借书、还书，借阅查询、续借一站式自助服务。该技术使用以来，图书馆不再设管理人员对归还图书是否超期、破损进行检查，但借阅书籍的绝大多数学生们都能按时归还，自觉爱护借阅书籍，极少会出现图书污损、破坏的情况。

引进自助服务技术的另一效果是图书馆开放时间延长，除周四下午

---

① 博登海默在论证人们对秩序需求的心理根源时引用弗洛伊德对有序生活方式的先见取向观点，参见［美］E·博登海默《法理学：法律哲学与法理方法》，邓正来译，中国政法大学出版社 2004 年版，第 238 - 239 页。

② 参见费孝通《乡土中国 生育制度》，北京大学出版社 1998 年版，49 - 51 页；陈柏峰《熟人社会：村庄秩序机制的理想型探究》，《社会》2011 年第 1 期，223 - 241 页。

半天闭馆之外，其他时段（周五至周三，每天7：00至23：00）均开放，故在S大学学生看来，图书馆是他们最为主要的自主学习场所。虽然图书馆内部没有负责维护秩序的人员并没有设置任何"禁止大声喧哗"的标语，但学生进入图书馆之后都会轻言轻语，并将手机调至静音，接听电话时会主动起身到楼梯间、走道，尽量避免打扰临座同学。进入图书馆内的人员总是呈献出一致默契：安静、学习。

爱惜图书、在图书馆中保持安静是学生在图书馆"场景"下的自觉选择，除基于特定场域下的"理性抉择"原因之外，更重要的是学生到图书馆的目的与动机——自主学习（用学生的话来说是"只有想学习才会到图书馆"），一种不受外力迫使而自主获取知识、提升能力的自我需求，与此匹配的必然是一种高度自律。而这种自律又和学校《图书馆管理规则》《图书馆用户手册》等校规形成了契合，自然不再需要校方的专人监管甚至是标语提醒，在现实中便表现出一种基于到图书馆自学的学生们的共同信念而进行的"非正式规范性实践"（informal normative practices），从而形成了图书馆内安静、宁和的"非正式规范性秩序"（informal normative order）[①]。

当校规承受者内心认同于校规的目的、要求时，这种对校规的"服从"即可以表现为普遍存在的常态。当然，校规承受者行为上的"服从"通常又与校规操作者的"传授""说明"密切关联，此种情况可借案例2.6加以说明：

案例2.6 依照S大学《本科生选课制实施细则》《选课流程》及《学分制收费管理实施办法》，学生在每学期的第15周需要自行上校园网查看下学期待选课目录、任课教师及时间表，第16周自行在网上选课，第17周可进行改选或调整，以确定下一学期本人的修业课表。在下一学期的第1-2周，学生本人还可以课程时间冲突或漏选课程等原因向教学管理部门提出申请，补选或改选课程，超过此期限将不能进行课表的调整。学生按照所选课程学分，按学年结算应缴学费，如所修课程考核不

[①] 此处"非正式规范性实践"和"非正式规范性程序"的概念借鉴自李锦辉先生的论著，参见李锦辉《规范与认同》，山东人民出版社2011年版，第33页。

合格的，可补考一次，补考仍不合格的，需要在次年进行重修，并根据重修课程的学分再缴纳相应学费（每一个学分约为 80 元）。据此，如学生不按规定选课或无正当理由不缴纳学费将不能正常完成学业，故在 S 大学内，绝大部分学生都会在教学秘书组织下按时选课，并于指定时间内缴纳学费（缴纳学费的形式包括以助学贷款、学费减免等形式抵扣），基本上能够在四年内完成本科学业。

在此，学生对"学分制选课"规定的遵循是出于对学校作为确认修业水准专业机构权威的服从与认同。就学生修业进程、内容与标准而言，大学享有绝对的自主权和话语权，这种"绝对"表现为不容质疑或协商，现实中也从未观察到学生对此方面规定提出过质疑。如果学生不服从学校此类有严格时限的规定，便意味着不能正常完成学业，无法取得相应资质。故在规定时间段"上网选课"成为学生学习过程中非常重要的事件，每届此时段，学院教学秘书往往会通过学生干部告知全体需要选课的学生，而学生之间也会习惯性地相互提醒（往往高年级的学生还会将自己的"选课经验"分享给低年级学生），结果是绝大部分学生都能按时选课，以确保按学业计划正常修业。

在此过程中，学校与学生之间可以表述为"权威—服从"的单向关系，学校是修业规则与标准的单方制定者，而学生方面则需要严格遵循，否则将承受"重大损失"。但需要说明的是，在此过程中，学校也会尽可能地帮助学生遵循这些规则——为每名新入学的学生发放学业指导读本（其中有明确的文本规定）并组织学习（在新生入学教育阶段）、由专人（包括教学秘书、班主任、高年级学生等）在特定时间节点告知、提醒学生，表现出规则的"教"与"用"，以使学生不断熟练，逐渐形成行为习惯。也就是说，校规承受者对于校规的"认同"和"服从"离不开学校对校规的说明、传授，而且这种"认同"与"服从"又可以在反复的经验中内化为自身的行为习惯。

二 训导常态的机理

在简要分析上述校规承受者遵循内部法则的表现之后，需要透过这些具体事件，进一步概括现象之后校规承受者"如此行事"的深层原因：

1. 道德勾连

在对 S 大学校规进行观察与分析的过程中，我们发现除却学业应达到的学术或技术标准之外，绝大部分校规（尤其是日常行为管理规范）均与道德息息相关，正如案例2.4所描述的"顺序排队乘车"及案例2.5展现的对书籍、环境的爱护及对他人安宁需求的关照，再如学生管理规范中"禁止考试作弊""对学术不端行为的认定及处理""节水宿舍评比规则""德育学分"等条款均与道德要求高度契合。

进一步对这些与道德"挂钩"的校规进行思考，可以发现其所挂钩的道德指向三个层面的需求：其一是对生活、学习环境有序化的追求与维护，避免嘈杂混乱或武力争夺的需求；其二是内部成员生活、学习资源使用效率的保障与提高，减少资源人为浪费或效用减损的需求；其三则是内部成员之间、成员与学校之间情感关系上的紧密与依附，以形成团体、博爱、互助意识的需求。

校规在上述三个层面的道德追求对于大多数成员而言都将是有利的，因而大部分成员也将自发自愿且自觉地遵循它们。通常，校规的存在是对这些道德追求的正式确认与反复强调，校规作为对学生施予"教"和"养"从而实现其训导与控制目标的规范制度，从来不避讳其对学生品行、道德塑造的目标与过程。除此之外，作为一种技术手段，S大学校规还创设了所谓的"德育量化考评"体系[①]，通过给学生进行"思想道德素质""法纪法规素质""身心健康素质""文明礼仪素质"和"实践能力素质"五个方面的基础评分与加、扣分来评判、引导学生品行道德。其考评结果作为学生申请奖助学金的依据之一，也是学生是否具备毕业条件的重要依据。此时，校规就不再仅是对道德要求的重申与附和，还辅助通过"奖助学金"所附带的经济利益、"毕业资质"来刺激学生遵守这些与道德追求密切相关的规范。

2. 场景常识

在社会生活中，人们普遍认为大学是文化与文明的高地，仅有经过层层筛选的人们才有机会在大学内生活学习，之后从事专业化、精密化的工作。大学自是标榜内部成员的"学高身正"，身处其中的人们往往能够在这种带有"神圣"色彩的场景中自我约束，将遵纪守法与文明礼让当作共享常识。因而通常情况之下，校规作为"引起人性中某些方面共鸣、并导致积极反应的行为规则"[②]，能被成员认同并遵守。如果有个别成员不遵循这种常识，则会被

[①] 即S大学自2013年9月起实行的"德育学分"管理体系。

[②] John Dewey, *Human Nature and Conduct*, New York: The Modern Library, 1950, p2.

场景中的其他成员视为"异类",遭到非议或排斥,甚至失去成员身份。

这种常识是与场景紧紧相依的,场景的转变,将带来常识的切换,正如在上述案例2.4所描述的那样,搭乘运营于S大学至校外地铁站区间的小巴,学生们在不同乘车点的行为表现就有明显差异——在校内候车点自觉排队,在校外候车点则不排队。即在校园场景之内,遵守"文明礼让,顺序上车"的乘车规约,表现得"举止文明"是常识,而在校外场景中,遵守"先占先得"(小巴座位)仍是常识;进入图书馆便将电话调至静音,走路轻声、交谈轻语同样是一种特定场景中的常识。可见,这种常识能为人们提供确定场景中适宜的处事智慧,而且人们总是对场景有着高度的敏感性,以保持自身在特定场景中能够及时意识、识别其中行事的常识,从而与场景中的其他成员保持行为的一致与协调。

在美国社会学家阿尔弗雷德·舒茨(Alfred Schuetz)看来,人们此种能迅速识别场景及其中规则的常识能力,可称之为"背景性预期",是人出生开始习得的一种能力,由同一社会文化环境下的成员共享,是一套"互为主体性的规范",群体成员资格是这种"背景性预期"得以共享的前提[1]。那些珍视成员资格的人们,不但会无意识地用这些常识来引导自己言行,还会有意识地以"主体"身份来遵循由群体在特定场景中共享的规范,并以此作为表明、宣扬自身归属于该群体的象征,这与接下来要讨论的"群体意识"也有着密切关联。

3. 群体意识

正如前文所述,经过校规对其承受者的网格化,学生个体自入学之日起已被嵌入一张由众多个体组成的群体关系网之中,他们是S大学的一员、是某个班级的一员、是某个宿舍的一员、是某个社团的一员……他们的言行不仅是他们个人的言行,而是在很大程度上决定着所归属群体的形象与品质。

个体与其所归属的群体在利益上往往是趋于一致的。此处的"利益"包括精神荣耀及物质收益两个层面,故在日常生活中"校(班、宿舍……)荣我荣;校(班、宿舍……)耻我耻"不仅仅是一句口号,更是一种对个体与群体间共同利益纠合的表述。在S大学每年就评选推荐"省级优秀班级"的

---

[1] 参见〔英〕奈杰尔·拉波特、乔安娜·奥弗林《社会文化人类学的关键概念》,鲍雯妍、张亚辉译,华夏出版社2005年版,第48页。

规则与过程中,我们可以更清晰地看到这一景象:

案例 2.7 根据省教育厅设立的"省级优秀班级"评审规定,S 大学每年均会组织该校各学院分别推荐一个班级作为参评单位。参评班级需要提前准备展演材料,通过现场汇报展演而争取入选。

参评班级的展演材料通常包括:成员结构、班级管理、班风建设、班级成绩等情况的多媒体材料。为获得评委的关注和好评,各班现场展演往往通过宣讲、舞台剧、朗诵、歌曲等多样形式来呈献该班级自成立以来,每个成员个体不断融入集体、完成学业及成长成材的"故事"。有的班级还会在展演中突显专业特色,如物理专业班级现场以"向心力""作用力与反作用力""摩擦力"等物理学概念串演舞台剧,而化学专业则采用有趣的化学实验来表现成员日常学习氛围,以此突出班级成员对集体的归属感与荣耀感。

评审由学校多个职能部门现场进行,依据包括两项:一是班级现场表现力;二是班级成员日常遵规守纪和获奖评优等情况(如果本年度该班级有学生违反学校规定,则扣减相应分值),两项综合评分后按分数高低进行排序,选出前十名由学校推荐评为省级"优秀班级"。荣获省级"优秀班级"称号的班级将受到学校表彰与奖励(颁发奖状和奖金);班级成员则可在当年"综合测评"中获得相应加分,从而提高第二年获奖学金的机率。

可以看出,经过校规网格化技术处理的个体,随时都被编排到确定的群体当中,并与所归属群体的荣誉和利益息息相关,往往能够对群体产生一种自觉的责任压力——对群体规则的认同、遵守与维护,正如昂格尔所认为的那样,人们遵纪守法的主要原因往往在于"集体的成员在信念上接受了这些(规则),并且能够在行为中体现这些规则所表述的价值观念。一个人对规则的忠诚来自于这些规则有能力表达他参与其中的共同目标,而不是来自于担心规则的实施所伴随的伤害威胁……"[①],校规承受者认同并遵循校规,在很

---

① [美] R. M. 昂格尔:《现代社会中的法律》,吴玉璋、周汉华译,译林出版社 2001 年版,第 29 页。

大程度上并非出于对"因违规而受处分"的畏惧，而是出于对他（她）所归属群体的责任感和归属感，群体能够"率领"包括他（她）在内的成员取得大多数成员预定、共享的目标——学有所长、取得荣耀，遵守内部规则成为对自我成员身份的肯定与强调。

4. 仿效习得

如前文所述，校规承受者在校期间一直处于"半公共区域内敞视参照"模式之下，个体之间时刻不自觉地将自身言行与他人言行进行相互比对，故校规承受者的言行普遍处于"参照－评判－反思－调整"的动态模型之中。现代社会心理学研究表明[①]，暗示与仿效是人与生俱来的先天倾向，并以此作为个体思维与行为的源泉和动力。如果个体言行与群体典型言行之间出现偏差，个体往往会出现紧张的心理状态，故仿照身边他人言行成为较适宜、安全的方式。

在仿效的过程中，"符号"起着重要的作用——"优秀学生"头衔、获奖证书、"光荣榜"等无不表达、传递着校方的"态度"，这种"态度"是校规承受者个体内部意识与外界环境之间的中介与桥梁，刺激承受者对"符号"所表达的"态度"进行感知与把握，构成"自我"与"外部环境"的互动，进而形成特定思维与行为实践。现实中，"符号"大多由校方所把控、传达，在校规"打造"之下以统一的形态，频繁出现于S大学的日常生活之中，而且同在一所大学就读的学生，大多有着相似的目标预期和社会经验，故而极有可能使不同校规承受者对这些"符号"产生类似的感知与把握，即固定模式化——大部分承受者竞相"遵守各项校纪校规"、力争"名列前茅"成为他们存在于大学日常生活之中的"理智""恰当"选择。此处需要强调的是，本书所倡导的"仿效"是校规承受者在接受"符号"刺激之下，审慎反思后的模仿，即在理解、认同"符号"创制者或传递者的"态度"后而进行的仿效。

上述讨论表明：校规承受者在"奖－罚"二元机制设定的"条件反射"式刺激之外，还可能基于多重原因而在行为上表现出对校规的依从。尽管基

[①] 如英国学者威廉·麦孤独的暗示理论、德国学者勒温的"心理动力场"理论、美国学者米德及其学生布鲁默的符号互动论等。参见刘宏宇《勒温的社会心理学理论评述》，《社会心理科学》1998年第1期，第57－61页；高宣扬《当代社会理论》，中国人民大学出版社2005年版，第411－435页。

于对内部规则的"认同"仅是他们顺应学校管理规定的诸多缘由之一，但却是本书所倡导的最为重要、关键的行动策略。对于受教育者而言，其对校园社区内部法则的经验，将在很大程度上塑造着他们对更为普遍的社会规则的体认与态度，因为以"内在观点"或是"外在观点"来看待规则，是一种可以塑造的习性和能力。故而，本书认为，校园社区内部法则应当是"校—生"互动、同构的内生性规则，其运行过程应当是对受教育者"内在观点"的启发与强化。如果以"内在观点"对待规则成为主体的一种积习性偏好，那么，规则承受者就能够以主体的身份去审慎对待更为普遍的社会规则，推动社会规则"内生化"，而主体自身又能基于内心的认同与理解去服从规则，并保持对规则的信仰与共识。而对社会规则的信仰与共识又将统合、引领主体，形成社会整合力量，促进社会结构不断优化。

本章小结

本章充分展现校园社区内部法则的训导实践，依次分析了其机制体系、预设三层目标和训导功效正常状况的具体表现及机理，侧重从"现实功效"的向度对学生管理规范运行的实践展开描述。

校规作为校园社区内部法则的一种表达，通过界定大学之内何为"当为"，何为"禁为"以及"如何而为"来厘定大学成员的行为界线与标准，但社区内部法则的深层意义或"实质"则在于借助"地方性的"校园秩序来实现受教育者品行、人格塑造，以求对其进行社会化的启蒙与训练。也就是说，校园社区内部法则训导的终极追求不仅在于校规承受者行为的规范化和规范观念的树立，更在于基于"内部观点"的守规习性内化。今天经历校规训导之人，明天将成为推动社会规范之人。未来他们能否通过妥当方式与既有社会规范（包括国家法、单位组织内部法等）进行对话、能否准确判断在何等情形下遵循还是改变规范、能否通过有效的商谈沟通以求得兼顾个人、他人、公众利益的发展途径，在很大程度上有赖于当下的校园规范教育和他们对这种教育的经验体认及内心感受。

校园社区内部法则训导功效得以正常化的机理在于一套相伴而行、互为补充，协同作用于校规承受者情感、态度及行为的机制，凭借该机制大学得以实现"立德树人"的抱负。这些机制包括直接的"奖—罚"二元体制，将承受者的态度与行为进行定性、定量后放置入预设的"奖罚标尺"体系，从而实现对承受者态度、行为的筛选、排序和导向；也包括"隐喻—濡化"机制，如"赋予认同""网格化""分类评价""布景烘托""有意搁置"和"迂回疏导"等，间接地以潜移默化的形式引导承受者遵从内部规则。在正常状态下，整套机制以不同组合的形式综合作用于校规承受者的观念与行为，持续、潜在地进行"外在"与"自我"的双向训导。

训导的预期目标是依托校内学生管理规范体系，在校园日常生活中持续、渐进地完成学生观念导引和行为塑造。这种目标可以分解为培养校规承受者的秩序偏好、优化个体间人际关系的能力和唤醒、强化受教育者社会主体意识，从而领悟应当具备的主体（间）意识和社会责任感，保持批判与反思的精神而遵循社会规范，妥当调适与其他社会成员及所属社会群体的关系，养成优化社会结构的能力。

本章列举大学日常生活中校规承受者依从、遵守校规的事例，意在说明在"奖—罚"的直接刺激之外，基于大部分校规与社会公德的高度相关性、人们在大学"文化高地"内生成的"场景意识"和"群体意识"，以及受校园文化中特定符号的刺激与暗示而竞相"仿效良习"，校规承受者们同样可以表现出遵循、依从校规的行动策略。而这种行动策略正是本书所希望的社会主体基于内在观点对内生性规则的服从。

"常态"与"非常"总是相伴而生，在乐观地看到正常状态下校内法则训导实践产生的"秩序"与"融洽"、发挥"育人"良性功效之余，我们还需要冷静地直面校园社区内部法则运行的非正常情况，就此，本书将在第三章《影响校规运行的复杂现实》中对其进行描述与分析。

第三章 影响校规运行的复杂现实

大学社区的生活经验告诉我们，校园绝非如预期那般，纯粹是秩序井然、关系和睦、朗朗书声的景象，也存在着科层压制、权力失控、利益冲突等诸多复杂现实，它们在一定程度上阻碍了校规的正常运行，使训导的正面效用受到抑制，由此校规运行呈现出偏离预设目标的另类结果。本章将结合校规主体的具体行动及后果分析，对校规运行的复杂现实进行描述，揭示校园文化社区内部法则正常、有效运行的非必定性。

第一节 行动中的校规操作者

在 S 大学中有这样一个群体，他们因为工作性质相同（负责学生思想教育与日常管理）、业务往来交错，组成一个层级分明的职业共同体——校规操作者。校规操作者们依靠校规来组织、开展各项日常工作业务，依照校规来建立和调整自身与学生、学生与学生之间以及自身与其他校规操作者之间的权利、义务、责任关系。

一　校规操作者的组织结构

在 S 大学校规操作者群体关系垂直面上，处于组织结构最高层级的是三名校级领导（副厅级），他们各自所分管的业务均涉及学生日常管理和学业发展[①]；处于第二层级的是学校众多职能部门的工作人员，例如负责学业计划、学业标准、学业评定的教务处工作人员；负责日常活动、品德鉴定、个性发展的学生处和学校团委工作人员；负责校内治安、安全维稳的保卫处工作人

[①] S 大学是一所典型的中国大学，尽管其章程规定实行"党委领导下的校长负责制"，即学校最高权力机构为学校党委，在党委领导下设立有"学生工作领导小组"，其组长由学校党委书记和校长担任，但实际上直接分管学生工作的是三位副校级领导。

员等等，这些部门有各自职责业务，彼此之间是分工明确的平级关系；处于第三层级的是各个学院以党委书记和副书记为主要成员的学生工作小组成员，负责承接、落实来自第二层级的各部门具体任务；处于第四层级的则是各个学院的辅导员和班主任，他们在第三层级校规操作者的领导与支配下，负责学生日常管理的常规工作、完成各项临时安排与交办的具体事务。通常他们会依托学生干部的辅助来完成这些工作，与学生群体保持着紧密的联系。

在校规操作者群体关系的水平层面上，处于同一层级的各个成员之间分工负责各自业务，但有时也会发生业务的交叠与重合，尤其是在处于第三层级的学院学生工作小组成员，由于工作性质和内容的高度类似，经常存在相互参照、互助、合作的情况，故而在他们当中自发地形成了关系紧密的一个亚群体。校规操作者之间的组织结构关系可用图3.1来表示：

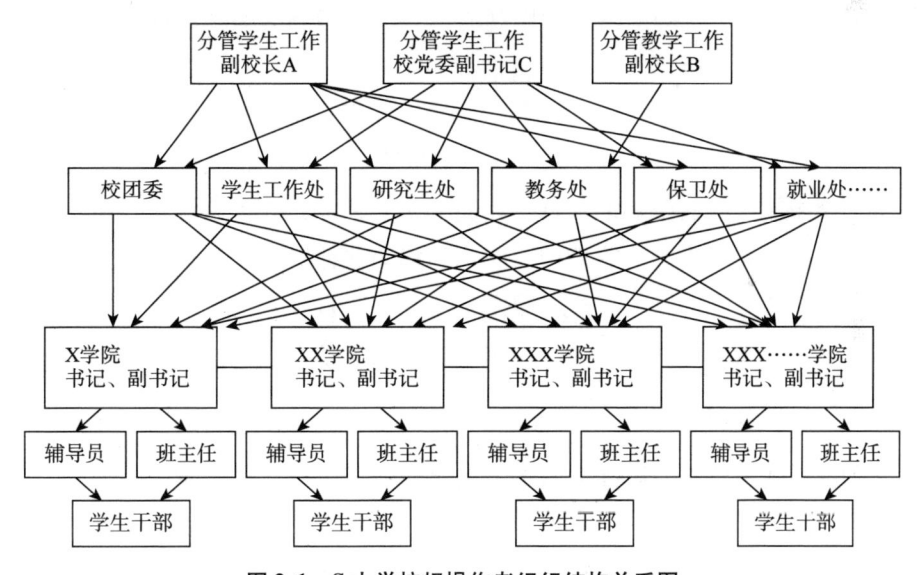

图3.1　S大学校规操作者组织结构关系图

从图3.1中我们可以看出，处于不同层级的校规操作者存在上下级"领导-服从"关系：处于较高层级的操作者提出的"要求""方案"是次级操作者施行校规的重要依据，当对校规文本理解存在争议或具体操作过程中出现"疑难案件"时，处于次级位阶的校规操作者会向高层级操作者"请示"，而高层级操作者往往被"默认"为有权就校规作出"解释"从而化解争议、提出处理疑难案件的"意见"。此外，次级操作者还需要接受高级操作者就其

"业绩"的监督与评价，而形式主要集中为各种"年度考核"和"工作汇报"等。

处于第三层级的学院学生工作小组承接来自不同职能部门的工作安排（用一位学院副书记的话来说就是"要应对27个部门""上面千条线，下面一根针""婆婆太多"），再将这些任务分解到具体工作人员（通常是指学院辅导员和班主任）。与此同时，学院层面还要组织实施院内学生日常管理各项具体工作。自2005年起，S大学实行"校院二级管理"，明确学校职能部门不直接面对学生，而学院作为主体单位，承担着学生管理教育的主要职责。由此，校规大多数情况下由学院层级的操作者们来进行把握与具体运用。

由校规操作者组成的层级结构嵌套在更为广阔的学校内部层级、校外行政层级之中。因此可以说，图3.1不仅描绘出了S大学校规操作者间层级与职能的组织结构，也刻画出一个微观的"科层组织"关系图：他们内部有着具体的职责规章，以确定每一成员的权力和责任、职位存在级别的分等，并要求下级接受上级的领导。在S大学的校规操作者科层组织结构中，处于高层级的校规操作者通过业绩评价、考核任免等，可以在很大程度上决定着次层级校规操作者的薪酬和职业前景。更为关键的是，在此科层组织中，普遍存在趋于向更高层级移动的心理，而这种移动往往取决于高层级校规操作者所给予的正向评价，故次级校规操作者往往是"自愿"地服从并维护该科层内部的这种"统治"关系，使得组织结构趋于稳定。

二 校规操作者的自由裁量权

如前所述，校规的运行也如国家法律的适用一般，绝非简单的"三段式推论"可以维系，而是一个由校规操作者与承受者在特定情景下进行的互动过程。为应对复杂多变的现实，校规往往会给操作者们预留下一定的自由裁量权，而校规操作者们又往往会充分发挥自己的想象，将这种"自由裁量权"极尽可能地运用于实践当中。接下来的两则访谈记录用于呈现校规操作者运用自由裁量权的情况：

访谈3.1　访谈对象：S大学学生处副处长Z，男，担任该职务两年，历史学硕士。

访谈地点：S大学学生处办公室　**访谈时间**：2017年3月7日

涉及话题:"校院二级管理"模式下,不同学院运用校纪校规存在差别的现象及原因

Z:这种差别是肯定存在的。不同管理者对任何一项校纪校规的把握都可能有所不同,但总体上还是能统一到一点上,那就是要保障校园秩序、促进学生成长、解决实际问题。比如说,贫困生认定、资助这一项,不同学院由于生源不同、班级结构和规模不同、班主任工作细致程度不同,对于学生家庭经济实际情况调查的方法也各不相同。我们作为主管部门,也不好做过细要求,只能是提供一些文字上的规范(指学校制定的贫困生认定办法及相关报表),再通过每年的案例分享工作会,为各学院搭建分享经验的平台,各家相互学习。(学生处)每年按学生人数比例将国家、省政府及各基金会提供的奖助学金统筹后分到各个学院,有的学院可能贫困生面广一些,就会觉得"名额"不够分,而有的学院贫困生相对少一些,又会觉得"名额"用不完。实行下来就有这样的可能——家庭经济情况相似的两个学生,一个在A学院可能得不到助学金,而在B学院却能得到,也就造成了"不公平"。但作为主管部门我们很难去平衡,而且各个学院每年的生源结构也在变动,所以我们也只能假设各个学院贫困学生比例及贫困程度相似,按完成贫困生认定的学生人数多少来分配全校"名额",也就是只能做到"相对公平"。

再比如说,"综合测评"的加分项,具体到学生的某项获奖证书、资格证书,该不该加分、按哪个级别加分都由学院自己把握,制定学院内部的测评细则,方便学生了解、完成测评工作,也就是将测评办法的"解释权"大部分留给学院。这几年各家(学院)都比较统一,考虑尽量扩大奖励面,在评审几个"单项奖"时都不严卡学生的"身心素质排名",避免很多学生因受限而评不上这些奖,这样实行起来学院、学生都比较满意。

由学院来灵活把握"综合测评"细则,也说明这个"测评体系"还是有一些不够清楚明确之处,还存在与现实需要不相符的地方。这套测评体系从2005年以来一直在用,实际上有一些内容已显得"过时"了,但总体来说也还是有效地促进学生德、智、体、美、实践能力的多元发展,"瑕不掩瑜"嘛,而且再怎么修订仍然还是避免不了运用过程中的新问题,学院之间的习惯做法差异太大,测评是学生在所在行政班级内的

评比，只要学院内部做到统一，做好做细学生的教育、解释工作就可以减少学生的误解……当然，如果有一天，学院普遍反映原来的测评体系与实际情况出入太大，那么我们还是要对它进行修订、完善的。

此段访谈展现出"职能部门－学院"两个层级校规操作者间的共识与合作——尽可能地实现资源分配"相对公平"，以使学生最大可能地受益，最大可能地提示他们体认来自学校的"关爱"，以引导校规承受者建构对社会公平与个人权益间关系的恰当认知。不同层级校规操作之间的这种"共识与合作"表现为由院级层面的校规操作者拥有富有弹性的自由裁量权，直接对校规承受者某项能力、资质进行认定，其原因既包括校规所设计的"学院具体负责各项学生工作"的原则，也包括一些"不得以"的社会原因，这些原因可以从以下访谈记录中观察得到：

访谈3.2　访谈对象： S大学L学院副书记B，男，担任该职务六年，管理学硕士。

访谈地点： B书记办公室　**访谈时间：** 2017年3月11日

涉及话题： 第三层级校规操作者对校规操作的感受

B：在与学生打交道的过程中，我们常常会用到学校的各项学生管理规范，总体上来说，学校的管理规定是有的，可以说是很全的，但实际上是不能完全按照校规的要求来落实。例如，上次那个学生在校园内发生意外（指一名学生与同学在校内球场打篮球后突发疾病而猝死），按照国家法律和学校内部管理办法，如果学院第一时间报警、送医抢救，并及时通知家属，是不需要承担法律责任的，但是家属一来（指家属到学校处理后事），你还得陪着、劝着，完了还要给家属一笔数额不小的钱。作为学院层面，确实没有能力应对这些来"校闹"的家属，而学校怕把事情闹大也没有给出强硬态度。我们的社会大环境默许、甚至还倡导"大闹大解决、小闹小解决、不闹不解决"的风气，搞得"有法难依、有规不从"。

面对这种社会环境，学院层面很难做，无能为力呀！针对这种突发事件，我觉得就应当由学校成立"专案组"，抽调一些有特长的专家来统一应对，比如懂心理学的、研究法律的、擅长谈判的……专门应对那些上门来闹事的人；学校统一调配专人，给出态度，就可以很高效地解决；而社会层面呢，我们就无能为力了，还是要靠国家来治理，那些来闹事的人也多是没有其他解决途径了，打官司他们不占理，这种"校闹"对他们来说是最"实惠"的选择。

从根本上来讲，学院层面有很多实际情况，是不能严格按照校规校纪来处理的，主要原因还是在"人"。我们每家学院只有一个副书记，几个辅导员，应对上千名学生；学校职能部门那么多，今天一个部门下指令，明天另一个部门下任务，完了校领导还要提要求，真是可以用"应接不暇"来形容，每天忙得团团转，根本做不到什么事都严格按校规来操作，我们做学生工作就是做"人"的工作，还得依靠"人"来开展。目前一是人手不足，二是人员业务技能不熟练、对校纪校规的理解和运用技巧还不够。（本次访谈持续了约一个半小时，在此期间 B 老师的办公室先后有三人来访，但看到我在与其谈话，便预约稍后来访后离开；B 老师接听了两次办公室电话和三次个人电话，可以真实地感受到 B 老师工作的繁忙程度。）针对人员技能的问题，我是根据自己十多年学生工作的经验，带着两个辅导员制订了一套《工作应急方案》，针对常见的几类突发事件，分别列出处理的各个步骤，把这个本子发给所有班主任、辅导员，如果发生这些事了，就按照上面的步骤和方法，一步一步地来（处理），免得临时抓瞎……总之，我们只能是尽可能地按照学校规定来要求学生，但真的无法保证原原本本地依照校规来管理、教育学生，现实情况比想象复杂很多。

在与 B 老师交谈的过程中，我们可以清楚地看到位于中间层级的院级校规操作者对校规文本与现实运行之间的分离有着自己的理解——社会环境导向、学校利益平衡、人力资源短缺等诸多因素决定此种分离存在的不可避免性。诸多因素都决定了校规在现实中没有按预设"轨迹"来运行，而是由校规操作者凭着自身"经验"和价值判断来把控、妥协。

然而，面对现实操作与校规文本之间的经常性分离，校规操作者往往产生这样的困惑：既然"自由裁量"，乃至"变通适用"在所难免，那么怎样的"裁量"或"变通"方为恰当？校规的预设训导功能在这些"裁量"或"变通"之后是否还能如期而至？对于位于中间层级、直接负责学生品行培养、人格塑造的院级校规操作者而言,这是需要经常面对并加以克服的困难,在田野调查当中,笔者时常能够感受到他们的无奈,但也同时被他们的智慧与耐心所打动。

三 校规操作者与承受者之间的"交融"

在特纳的象征理论中,仪式中的"交融"通过使处于不同社会结构层级中的人们在"时间之内或时间之外的片刻"① 混合而"反向"强化对彼此之间的层级关系、行为准则的理解,从而使社会结构保持稳固。在对校规操作者工作实况进行观察的过程中,同样也可以发现他们会有意地运用一些"仪式",进行与校规承受者之间身份、行为方面的"交融",从而使对方更加理解彼此之间的关系。如下两项访谈记录将对这种"交融"进行呈现:

访谈3.3 访谈对象:S大学Y学院副书记P,女,担任该职务五年,文学博士。

访谈地点:学生工作处会议室 **访谈时间**:2017年4月12日。

涉及话题:P老师对两名考试违纪学生的处理过程(指案例1.4中涉及的两名学生)

P:(她俩)自从受处分后,明显乖(懂事)多了。一开始她们以为学校只是想"吓唬"她们,等到真的收到书面处分决定书了,才意识到问题严重,又才让家长来和学校闹(指学生家长指使学生就处分决定提出申诉的事件),最后从"开除"闹成"留校察看"。

可以说她们俩现在对学校给予的"留校察看"处分是"心服口服"呢。她俩自己不得不承认违纪行为,确实是请他人冒名替考,现场有好多同学可以证明的,这是不容否认的事实……只是她们想方设法抓着学校管理规定和处分程序上的瑕疵才提出申诉。

确实,学校此前的"开除"处分对于学生和家长来说真的太"残酷"了,改成"留校察看"就可以保留学生身份,这对于她们来说真的很重要、很珍贵,从那时起她们俩就像变了个人似的,积极得很,再也

---

① [英]维克多·特纳:《仪式过程:结构与反结构》,黄剑波、柳博赟译,中国人民大学出版社2006年版,第96页。

没有迟到、旷课过，也不跑到学校外面去乱了。刚开始我还要求她们每隔一个星期来我办公室一次，后来看到她们能够正常上课、作息，不再贪玩，我就没有强行要求了，其中有一个还主动申请来我办公室做学生助理，还坚持了一个多学期，大三去实习才没再来的……今年大四了，她俩目前就差毕业论文答辩，其他学分都修完（作弊的那门也已重修合格），可以顺利毕业。

从这个角度来看，我们还可以认为那次处分对她俩而言也不完全是坏事。现在这些孩子从小家庭条件好，任性、贪玩，平时不好好学，等到考试就想歪主意，根本没有意识到自己行为的后果，当发现承受不起了，才又后悔……好在学校能提供申诉途径，也给予她们改过自新的机会，让她们知道学校有学校的规章制度，违反了是要承受处罚的。如果再不改掉之前任性、侥幸、弄虚作假的毛病，走上社会还要闯更大的祸……及时纠正也是一种收获嘛。

在与 P 老师的对话中，我们可以发现在部分校规操作者眼中校规所预设的"违纪处分"是实现学校秩序控制、塑造学生法纪意识的必要条件，但并非督促学生遵守纪律、修养品德的充分条件。校规对承受者的有效引导离不开对其利益得失的设计与安排，也离不开校规操作者的介入与干预，即，校规从文本到现实中的有效运行，既需要制度层面的精良设计，更离不开操作者与承受者的能动性互动。P 老师让受到校规处分的学生定期"访问"她的工作现场，并请其中一位担任"学生助理"，协助她完成一些具体的学生管理事务，使得双方有机会在特定的场景中，暂时地"同质化混合"，从而更加深入地了解对方在校规所构架的关系结构之中的"位置"与"规则"，进而更深刻地体会校规对自身行为的要求。

现实中，校规操作者与承受者之间的"交融"会呈现较为极端的情形，在下一则访谈记录中可以看到这种情况：

访谈 3.4 访谈对象：S 大学 T 学院副书记 G，男，担任该职务二年，教育学硕士。

访谈地点：T 学院教学楼会议室　**访谈时间**：2017 年 4 月 15 日

涉及话题：T 学院对酗酒闹事学生的处理方式。（T 学院学生男生比例超过七成，大多是因特长加分而特招入 S 大学，根据 S 大学学生处提供的数据，该院学生违纪违规现象较其他学院明显突出）

G：T 学院最近两年学生酗酒、酒后闹事的情况大有好转，尽管这类违纪现象还有，但比之前好很多了，至少没有哪个小子再敢明目张胆地在宿舍喝酒了。

以前光（仅）靠学院、学校批评处分，这些家伙不太在意，反而还觉得自己是"英雄好汉"，甚至会出现互相攀比受到批评的次数……他们有自己的"群体文化"。我们实在没办法了，就想到利用他们的"群体文化"来"反制"。我找出那几个最爱喝的，好好地跟他们谈，还到宿舍里请他们喝，我们约定喝完一瓶砸烂一个空酒瓶，哪个最先喝翻（醉），哪个负责把碎瓶子都打扫干净……结果么，肯定是我把他们个个都喝翻了嘛，这些小子"愿赌服输"，等酒醒了只好乖乖地打扫碎瓶子，我把整栋宿舍的学生都喊出来看他们打扫，他们几个真是觉得太没面子了，从此就"收敛"好多（指能够遵守校纪校规），我们学院也就有了这个"喝醉罚扫碎酒瓶"的规矩。你想呀，打扫碎瓶子得有多大动静呀，周围宿舍的人都知道了，很丢人的，所以喝酒闹事的也就少了。但是也没有彻底杜绝，毕竟都是些血气方刚的年青伙子，偶尔喝点，也可以理解，只要别让我知道、别出事就行……

关键还是管住"晚归"，学生晚上不到外面去，就不会出乱子。还有就是经常讲（道理）、大会小会（指召集学生开会）讲，强调学校纪律要求和处分办法，让他们知道，一旦着了（受到）处分，一年内的奖助学金就没有了，也没有资格争取"保送"研究生。对付我们学院的学生，只有靠"严打"才能起作用。

我们学院除了严管喝酒闹事之外，还常常要处理打架斗殴，这在我们学院简直太频繁了，但凡被我抓到打架的，一般就是批评教育，但如果双方还要争执，我就提议他们用"打擂台赛"的方法来解决——打开专用的散打擂台，双方自行决定选用哪种赛制，签好"搏击承诺"后再一决高下（约定双方均遵守比赛规则，各自承担因比赛受伤的全部损失）。当然，到目前为止也没有哪个学生敢主动选择这种方式，我这也只是吓吓他们而已。现在的环境不允许我们像当年那样"收拾"这些爱打架的学生，我们刚工作那会儿（指 20 世纪 90 年代末），发现哪个学生想打架，直接上前"拎翻"（指用武力制服），不服么先跟我干一架，打得赢我再来理论。现在就不能这样了，"依法治校"是应该的，但完完全全按着校规来，只给打架的学生批评、处分不能起到实际效果，没过几天（他们）又会犯老毛病了。只能通过他们推崇的方式来教育他们，让其认识到自己并不是最"厉害"的，不能随便"充老大"。

透过笔者与 G 老师的对话，很容易发现校规操作者在适用校规时常常会创造出富于"弹性"和"个性"的"交融"形式，其所刻意追求的是承受者的内心服从，而这种内心服从往往是建立在交融过程中所形成的承受者对操作者个人权威的认可与敬重之上。笔者在田野中观察到，校规操作者在"交融"的过程中扮演着多重角色：时而是威严的执法者，时而是耐心的说理者，时而是慈爱的长辈，甚至可以是如 G 老师这样的"江湖大哥"。隐藏在这一普遍现象之后的是校规操作者与承受者双方对某种价值的共同偏好，但这种价值又总是"因人而宜"，缺乏必要的制度约束。

然而，在一些情况下校规操作者与承受者之间的"交融"并不总是能够产生令当事各方均满意的效果。在下一则访谈中，可以进一步看到并非所有校规承受者都会自愿地与操作者进行一定形式的"交融"，无论校规操作者的本意如何。

访谈 3.5　访谈对象：S 大学 F 学院 2013 级班主任 Y，女，担任该职务近四年，法学博士。

访谈地点：F 学院教师休息区　**访谈时间**：2017 年 3 月 11 日

涉及话题：具体操作者的职业感受

Y：人家都说我管理自己带的班级很有方法和经验，其实呀别提什么经验了，我很有挫败感……学生其实并不喜欢我的管理方式。当年他们大一时，我就抓得很严，所有事我都要求他们严格按学校规定来办，比如学校规定的作息时间，早睡早起嘛。我天天早上 7 点让他们来学院门前集合，我先点名，完了带领他们上早自习，然后再看着他们到教室上课去，晚上还会到宿舍清点人数，直到熄灯以后我才回自己宿舍。他们一开始还很听话，让我没想到的是，还没坚持完一个学期，就有人早上不来上自习，找各种理由请假，还听说他们在私底下报怨我太"严苛"，说别的班级老师根本不这样要求学生。大学又不是高中，搞得一点自由都没有……当时我听到这些，很生气，召开班会让他们投票表决，要不要坚持这样管，虽然投票结果是有一半多的学生愿意按我的要求来做，但我还是宣布放弃按此前的方式来要求他们，因为还是有为数不少的一部分人不愿意这样，我花那么多时间精力来带他们，他们却不领情，那就没意思了，就随他们去吧。

当我告诉他们这个决定后，他们居然很开心（摇头，表示无奈）！不过我也发现，有一些学生还是自己坚持早自习，而且一直坚持到大四，所以这个班的成绩在全年级一直保持第一名，每年获得奖学金的人数也是最多的（表情显示出自豪）。

在与 Y 老师交谈过程中，笔者明显感受到她因不被学生认同、理解而表现出的无奈。Y 老师严格要求学生"勤学苦练"的依据来自校规对学生作息时空的约束和她本人成功的求学经验与体会。然而，她却在很大程度上忽略了校规承受者的主体性——并非所有个体都能够被动地按统一、绝对标准来行动，对于那些不能建立与 Y 老师"大学必须勤学苦练"相似认知的学生而言，这种"严苛班规"的合理性是不能成立的，老师与学生一起"早自习""晚点名"的形式"交融"是难以理解的。因此，仅仅凭借班主任个人权威来介入、控制学生的日常生活和具体行为并不总是行之有效的。Y 老师不惜个人时间、精力的"倾情投入"，并没有能够得到普遍地、持续地认可，尽管她的本意在于引导学生们获取"更优化""更理智"的个体利益（学业优异）。

四 校规操作者的困惑

透过上述多名校规操作者的"倾诉"，我们可以大概了解居于不同层级的校规操作者在运用校规时的情景——他们的主要工作任务从直观上来看是维持学校秩序，校规则是他们履行工作职责的直接依据与准则。事实上，限于诸多因素，在操作者们的工作现场之中，校规并非总是被完全地、严格地执行，而是经由操作者们的经验被人为地变通或规避。为更进一步观察校规在现实中的运行状况，有必要对那些限制、影响校规操作者的因素进行追寻与思索：

1. "理性"与"感性"之际的徘徊

在遥远的古希腊智者学说中，"逻各斯"（logos）作为对无序社会的反向

>>> 第三章　影响校规运行的复杂现实

想象，早已绽放光芒，在历经西方文艺复兴后，以"理性"之名成为现代制度的自我标榜，也成为现代性的一项显要指针，受到西方理论学界极力推崇。"理性"被假设为自由而理智之人的应有品质——能够在既定情景中准确判断、权衡得失，并作出最优选择的意识与能力。"理性"之光如此绚丽，以致被资产阶级革命先驱举为证成现代国家合法与正当的重要武器①，也成为论证具体社会规范合法性的主要依据。

在日常生活中，"理性"往往被视为人们能够正确、妥当处理事务及人际关系的准则。在向往"依法治校"的大学教育中，校规操作者们被要求遵循"理性"原则，客观公正地援引、依照既定校规来引导校规承受者行为、行事。从规范的角度而言，校规作为一种校园社区内部法则应当具有"法"的品质，得以普遍遵守和严格执行。这要求校规操作者客观、公正、审慎、排除个人情感因素地运转校规，使其平等地、普遍地适用于校规承受者，而依照校规行事的操作者自然获得"法理性"权威，理应得到承受者的服从。

然而，在人们理想憧憬之中，教育的本质却被期待为"人的灵魂的教育，而非理智知识和认识的堆积"②，是一种作用于人内心的柔性塑造。这又决定了在大多数人（包括校规操作者、承受者）眼中，校规不应当如铁板一块坚硬不阿，而应当是具有高度弹性、伸缩自如的"金箍棒"，校规操作者需要不自觉地挥舞它，为校规承受者斩除求学历程中的重重阻碍。而此种"柔性塑造"的言下之意通常是背离校规文本而对承受者"通融"或"轻缓化处罚"，例如，透过访谈3.4我们可以看到，校规操作者直接变更了校规对"酗酒""打架"等违规行为的处罚方式与程序。操作者即使是依照校规对违规者进行处罚，为达至"说服感化"的教育性功效，仍然还会再主动增添上"个性化帮扶"，如访谈3.3中，P老师要求受处分学生定期到其办公室报到，与她进行交谈对话（超越了校规对受处分学生的明文规定）；又如，在S大学有着为考生"补开"进入考场的身份证明、由班主任"及时安抚"因考试作弊被查处学生的惯例。在S大学每次举行全国大学英语四六级考试当天，都要求

---

① 近代助力西方完成资产阶级革命的诸多理论观念，如"社会契约""三权分立""宪政国家"等都以人具有"理性天赋"为立论前提。
② ［德］雅斯贝尔斯：《什么是教育》，邹进译，生活·读书·新知三联书店1991年出版，第4页；据称雅斯贝尔斯在此基础上提出关于教育本质最著名的比喻："一棵树摇动另一棵树，一朵云推动另一朵云，一个灵魂唤醒另一个灵魂。"

从规范到训导：大学校规的法律人类学研究 >>>

"各学院分管学生工作副书记在办公室值班，为未带学生证的考生补开学籍证明""若监考老师发现学生作弊，副书记或辅导员第一时间到现场处理有关事宜，配合监考老师做好违纪取证及学生教育安抚工作"（引自 S 大学校规中关于大学四六级考试必须携带"三证"①方得入场考试和作弊处理程序的明文规定）。

勤于思考的校规操作者往往会困惑于是否应当严格依照校规文本来操作、运行校规。在"理性"的严格与"感性"的变通之间摆动，因为他们已经意识到"感性操作"可能会诱使更多的人企图"超越"校规——事实上，当校规承受者未遵循校规行事之际，他们往往习惯于向直接负责的校规操作者"求情"，要求"理解、通融"——几乎在每一次四、六级考试现场都可以观察到未按规定携带"三证"的考生，向监考老师求情，允许其进入考场参加考试；几乎每一名"晚归"学生都会向宿舍管理员"说明"自己"不得已晚归"的理由，以求免于处罚；几乎每一个离"评奖评优"仅差一步之遥的学生都会向评审者证明自己平时多么用功，以求获得该项嘉奖。他们通常所用的措辞包括："规纪是人定的，可以灵活处理""一时疏忽，保证下次一定不再犯（错）""距离规定条件仅有丝毫差别"等。"感性操作"的问题还不仅限于此，因为"超越校规"的后续可能是对所有规范的习惯性"超越"，促生"有法不依"的思维定势。故而，校规操作者的命题应当是如何在具体操作过程中将教育所要求的"感性"与"理性"恰当地衔接起来，灵活自如地打开对校规承受者施行训导的通道。

2."固守"或"突破"之间的挣扎

在上文及图 3.1 中，我们已对 S 大学校规操作者群体层级结构关系进行过描述，基于校规所界定的学生管理工作内容及职责，校规操作者实际上又是具体校规文本生成、运行、变更的推动者，同时也正因为校规的存在及运转，促成了校规操作者群体及其层级结构关系的存在。校规操作者内部的社群关系让我们很容易地联想到伴随社会分工深化而逐渐生成的"职业群体"②，以

---

① 根据《全国大学英语四六级考试考生守则》规定，S 大学制定英语四、六级考场规则，要求参加考试的考生应当带齐学生证、身份证和准考证三个证件，缺少其中之一，均不得进入考场参加考试。

② 涂尔干在出版《社会分工论》之前已对职业群体在国家–个体之间衔接功能进行过讨论，参见［英］安东尼·吉登斯：《资本主义与现代社会理论：对马克思、涂尔干和韦伯著作的分析》，郭忠华、潘华凌译，上海译文出版社 2013 年版，第 132 页。

144

及人们基于"理性",追求效率而形成的"科层制度"。

换句话来说,校规操作者基于学生管理这一"业缘"形成了结构稳定、层级分明的科层式社群组织,而校规既是这一社群存在的依据[①],也随社群的行为而得以运行、发展;随着校规体系的不断扩张(包括对学生管理内容的繁复化和管理方式的标准化两个方面),校规操作者被更加明确地分层、封闭在相对稳定的位阶之上,各行其是,各司其职。

在S大学当中,每一个校规操作者在社群内的位置清晰、明确:在垂直面上基于权力的存在而呈现出"下级服从上级""层层传导压力";在水平面上追求行为方式的模式化,呈现出"分工合作""各负其责"。

如果仅从"管理效率"角度来看,校规操作职业群体内部层级分工机制似乎并不缺失合理性,它要求校规操作者"安守本分",以校规文本为依据,精密严格地履行自己职务,将自身封闭在科层式社群当中。然而,在公众常识与社会期待之中,大学教师又应当是具有锋利思维、善于反思的精英,对既有结构时刻保持谨慎与忧虑是他们的应有品质。事实上,校规操作者作为大学教师的一部分,确实会在校规的实际操作过程中时常产生"新想法"——突破经由校规而构成的层级封闭,表现为对既有校规的反抗,如访谈3.2中的B老师、3.5中的Y老师,他们对校规进行变通的"想法"与"做法"并不单纯为了追求"任务完成"或"工作业绩",以求得"上级"的肯定,更是出于对现有校规运行环境的自觉反思——一方面,他们渴望自己在社群结构中得到"位阶上移",即个人得到"提拔""升迁";另一方面,他们也企望通过优化校规而使自己所归属的"职业群体"与校规承受者形成良性互动,突显本"职业群体"在大学教育功能发挥中的不可或缺性,进而提升整个职业群体的威望。

在S大学学生管理现实之中,有时校规操作者出于工作"便捷高效"的考虑,会选择遵循既定校规"照章办事";而有时出于个体"位阶上移"和社群发展的考虑,则会思索、尝试通过突破既定校规来满足对校规承受者实施训导的现实需要(见访谈3.4),尽管他们的这种"突破"并不一定能够如愿以偿(见访谈3.5)。但是,校规操作者并非只知"闭守"既定规范的僵硬操作者,而是具有灵变意识的"突破者"。校规操作者对既定校规的"闭

---

① 比较直观的例子如《S大学关于加强学生工作队伍建设的意见》《S大学班主任工作条例》等。

守",不仅是对自己职业操作规范的"闭守",也是对自己在所归属职业群体内部结构位阶的"闭守"。与此同时,他们对校规的"突破",也即意图对自身所处位阶的"突破"以及所归属职业群体在更大的结构体系(大学,乃至社会)中地位与威望的"突破"。

透过校规操作者的行动,我们可以发现,尽管校规作为大学学生管理的内部规范,在很大程度上杜绝了校规操作者的任意而为,但操作者们却有可能迫于职业层级结构的压力和对自身归属职业群体性质、职业生涯的思虑而通过个人意志、智识和资源来影响校规的施行,导致校规的运行在一定程度上表现得"因人而异"。而且这种"因人而异"的操作有可能在不经意间促成校规运行效果与预设训导之间的某种偏离——正因为校规操作者在"理性"与"感性"、"闭守"与"突破"之间的摆动犹豫,使得校规时而严格,时而灵变地存在和运行着,在一定程度上使校规施行的结果因缺失确定性而难以把握,进而可能对校规承受者产生直接或潜在的负面影响,例如对规则产生"任意性""非公平"的理解,以及本章第三项话题将讨论的校规运行所产生的其他另类结果。

第二节 承受者对校规的叛逆与抵抗

在第二章描述过大学日常生活"秩序井然"的一面,但在长期田野调查中,笔者也观察到多种多样的学生"违规"现象,即并非全体校规承受者都能一律遵循校规,也并非所有校规都能得到如前文所描述的那般"普遍遵守"。事实上,在校园社区中,经常可以观察到校规承受者的叛逆与抵抗。

一 "违规学生"的形态

此处将列举一些学生违反校纪校规的典型事件,用以描述校规承受者违背校规行事的现象,并附带就其缘由进行简要分析:

案例3.1 H学院大二学生N,女,来自云南省内农村,入学成绩中等。进入S大学后学业成绩一般,截止2017年末无补考记录,所在学院也未收到其与班级、宿舍同学发生冲突的报告。

2017年4月,H学院组织学生参加与专业学习相关的技能竞赛。按竞赛赛程要求，竞赛以笔试形式进行，对成绩分数前20%学生给予表彰。赛程要求该院甲专业全体学生必须参赛，而乙专业学生可自愿参加。学生N就读于乙专业，并没有在竞赛报名截止时间前报名参赛，但在竞赛当天代替一名甲专业男生参赛。学生N的班主任当天恰巧负责竞赛活动现场组织，发现N坐在其他班级学生当中参加笔试，随即上前对其进行询问，学生N当即承认自己是为他人替考，并很快离开竞赛考场。

回到宿舍后，学生N给其班主任写了整整4页纸的"检讨书"，并将这份"检讨书"用手机拍照后发给班主任（据事后了解，她之所以用"传照片"的方式"交检讨书"是"不好意思面对"班主任）。

笔者从学生N班主任处获得这份"检讨书"的照片，经仔细阅读后发现，在整整四页纸当中，学生N仅在开头部分提到自己有"错误"，并称"根本没有想到答应替朋友去比赛有如此严重的后果"，紧接着写到"不想为这个错误做过多解释"，其余内容则是要向班主任述说"上大学以来的一些想法"。

在学生N的这些"想法"当中，首先可以看到她并非自愿就读于目前专业，其高考志愿选择S大学H学院完全是受父母逼迫"一气之下填了'一本'的S大学"，到了大学后发现"不喜欢自己的专业，常和舍友闹矛盾""想过不读书了，但又怕对不起父母"。其大一下学期外出做兼职后"发现外面的人不读书也没有损失"，故而向家长说"自己不想读书了"，但遭到父母的强烈反对。

学生N的这些"想法"还包括她对与宿舍同学关系的认知："虽然表面上舍友之间关系融洽……但我讨厌这种相处模式，讨厌彼此的虚伪，讨厌人与人之间的算计……已经不对大学同学间的友谊报有幻想，有利益的时候只想到自己……"。

学生N"想法"的第三层内容是对"身边现象"的抱怨："越来越发现好多事情没那么公平，自己明明比别人努力，可别人的成绩还是比自己好……他们讨好老师、考试作弊、代考和违反校纪校规的事也随处可见，只是别人运气好……其他同学心知肚明，不想惹事便把它（指其他同学违规的事）藏在心里罢了……"。在整个"检讨书"中，学生N多次写到"社会体制就是这样"。

经向学生N的班主任了解，该生来自云南省就业竞争最为激烈的Q

市。近年来在S大学新招录的本科学生中，Q市生源约占20%，而每年学生到Q市就业的却仅占就业总人数的4%左右（也即仅有大约不到1/5的Q市生源可以回到家乡就业，而云南学生又普遍具有"家乡宝"情结，即"回家乡就业"的显著偏好），故Q市生源的学生在S大学往往会感受到明显的学业焦虑和就业压力，对未来"充满迷茫"。学生N来自农村家庭，家中共有5个子女，父母均为当地农民，家庭经济条件不佳。学生N高中阶段一直努力学习，成绩优秀，本想通过高考改变自己命运，打算报考省外医学院，但父母出于经济方面原因未同意，只能报考本省学费较低的S大学。

在此案例中，我们可以看到学生N对自己作为S大学学生的身份存在明显的认同缺失，而且其本人与宿舍、班级同学并未形成真正的整合关系，故而S大学校规从技术层面对其进行的"网格化"仅仅停留在表层，学生N难以发自内心地服从S大学的管理规范，前期保持S大学学生身份且没有发生违纪违规行为更多地是迫于对家庭压力的无奈，认为"不读书就对不起父母"。与此同时，她还发现身边同学在违反校纪校规之后并未被揭发和处罚，而且在她看来这种现象"随处可见"，对比自己"第一次代他人参加比赛就被老师发现"，则构建出她认定S大学管理规范"不公平"的认知。

仅从"检讨书"的内容来看，她并未意识到自己替代他人参加比赛的行为已达到"违纪违规"的程度，并且认为自己的行为并不存在道德上的非难性，而仅是"一时糊涂"的"小错误"；反而，来自家庭的压力和"不公平"的社会制度、学校管理体制更应当受到"质疑"。

此后，学生N的班主任就此事又与她进行过两次谈话，班主任反复强调的是学生N行为的不当及危害性，而在两次谈话期间，学生N几乎一直保持沉默，只是几次说明自己平时"表现还不错"。事后了解到，H学院就此事件给予学生N"警告处分"，而学生N也未就此提出异议。

案例3.2 W学院研究生Z，女，研二学生，违反学校宿舍管理规定，经常在宿舍内私自使用大功率电器做饭，多次受同宿舍同学举报。S大学宿舍管理员多次对其进行批评教育，并将其违规行为通报至W学院。学院随后给予学生Z"严重警告"处分。

经 W 学院辅导员引介，笔者先后与 Z 本人及其宿舍同学进行了访谈。据了解，学生 Z 在读研究生之前已工作多年，已婚，之所以在公寓内做饭是因为"已经不再习惯集体生活""学生食堂排队打饭太麻烦""食堂饭菜品种少，且不合口味"，而且"比较欣赏自己的厨艺""自己做喜欢的饭菜才有生活品质"，认为学校"无权干涉自己的人身自由"。但在 Z 的同宿舍同学看来，她"有些古怪""很高傲、不爱搭理别人""超级自私""居然在共用卫生间里宰鸡杀鱼，弄脏卫生间后不打扫干净，最过分的是，她在宿舍做的食物从来不与同宿舍同学分享"。

尽管 W 学院给予学生 Z 批评及"严重警告"处分，其导师也与她进行多次谈话，可她仍然坚持自己"在公寓内煮饭没有错"的观点。此后，因课程基本修完，她就不常住公寓，与同宿舍同学之间矛盾没有进一步升级。

在此案例中，我们可以发现，学生 Z 并没有将自己此前已有身份（职业人、已婚女性）与 S 大学学生身份进行顺利整合，身份之间的冲突表现在行为方面即是违反学校宿舍管理规定、不能与同宿舍同学融洽相处。当她"不在意"现有的学生身份及忽视所归属群体共同利益之时，校规对其行为进行引导与规范的效果就极为有限。

有意思的是，同学们之所以举报 Z 在宿舍煮饭的原因之一是"弄脏卫生间后不打扫干净"，而且"她做的食物不与同宿舍同学分享"，可见学生 Z 与同宿舍同学保持着情感关系上的距离，而并没有实际融入宿舍网格之中。在学校公寓这样的"半公共区域"内，其行为却又随时"敞视"在网格中其他成员的目光之下，并引起他们的反感，因为此时 Z 的行为已构成对网格内其他成员利益的明显侵扰。与此形成鲜明对比的是，通常在其他学生宿舍也偶尔会发生学生违反宿舍管理规定在宿舍内"煮饭"的现象，但都是在宿舍管理员抽查宿舍、卫生检查时"被发现"的，而非由宿舍同学举报，因为同一宿舍内成员之间一般均存在"利益共同体"关系，一旦有成员违反宿舍管理规定，则该宿舍将失去当年"文明宿舍"评选资格；通常学生之所以在宿舍违规用电"煮饭"的原因主要是为"表达集体感情""好玩"，与学生 Z 违规行为背后的原因有着明显差异。

访谈 3.6 **访谈对象**：H 学院学生 P，男，原就读于本科 2013 级，2015 年 9 月起降级至 2014 级。**访谈时间**：2017 年 3－4 月，共计三次；**访谈地点**：第一次在其宿舍，第二次在 H 学院走廊，第三次在 H 学院学生工作办公室。

第一次访谈涉及话题：学生 P 家庭结构及个人学业情况

P：我老家在 D 州，我们家是 X 族，爸爸妈妈都在家干农活。他们不识字，不太听得懂普通话，可以进行简单的汉语（指云南方言）交流。

我之前是 2013 级的，现在留级到了 2014 级，主要是因为学不走，跟不上。（笔者从 H 学院教学秘书处了解到，P 自大一下学期起经常缺旷课，多门课程被任课教师取消考试资格，故大量科目需要重修。根据 S 大学学分制学籍管理规定，H 学院于 2015 年 9 月对该生作出"学业预警"，并通知其家长。在接到学校"学业预警"通知后，其父母赶到学校，请求学院领导、老师想想办法 帮助 P 完成学业。经报学校批准，学生 P 降级至 2014 级，重新补修之前落下的部分课程。）

现在跟着 2014 级，还是有困难，听不懂……目前还有几门课需要补考或重修（稍作沉默），大概十几门吧，我也不知道，记不清了。（经向教学秘书了解，其需要补考、重修科门已累计达 22 门，相当于自大一以来几乎所有课程都未通过考试。）

我学这个专业，谈不上喜不喜欢，因为我喜欢也没有什么用呀，反正听不懂……

我和宿舍同学关系很一般（笔者向 P 所在宿舍同学了解，其经常夜不归宿，在校外网吧通宵玩游戏，白天偶尔回宿舍睡觉，几乎不与宿舍同学交流）。

（此次访谈明显感受到 P 的阻抗）

第二次访谈涉及话题：学生 P 面对自己学业困难的态度

P：教学秘书说了，我这个学期又缺了很多课……（沉默），不是因为生病或有什么事，而是听不懂，去上课也是白去。

之前想过一些办法，请同学帮指点下，也请老师帮着补补课，但没用的，跟不上。从大一一开始我就觉得（学习）很无聊，不想念了，念不走。跟家长交流过在学校遇到的这些困难，说过好几次，他们都让我好好地念，考上大学不容易呢（据此后笔者与 P 父母交流得知，P 是该村目前为止唯一考上"一本"的大学生），但是我真的念不来……回家去也不行。

自己的打算呢（沉默）真的不知道了。现在这个情况已经达到"开除学籍"了，也很担心。那也没办法呀，学校老师、同学哪个也帮不上忙（沉默），你们能不能跟我父母说说，不要让我再念书了，我是真的念不下去了……

第三次访谈涉及话题：学生 P 对家长不同意其退学的反应（因为学生 P 缺课现象已引起任课教师及同学普遍不满，根据教学秘书提供记录，仅 2017 年春季学期已累计旷课 60 余节，根据学籍管理规定，学生 P 行为已达到"开除学籍"条件，H 学院遂决定"严肃处理"P，通知家长到学校将 P "领回"。在 H 学院老师与学生 P 及其家长会谈结束之后，我与他进行本次访谈）

P：我爹妈求了情，本来学院要勒令我退学的，但我爹妈说来说去，我妈还哭了，就是不同意我退学，最后学院说让我休学，先回去调整一段时间。我认不得这是不是好办法，先回去嘛……

我爸妈只能同意这个方案了，他们也没办法了嘛……我反正修不完（指按最长学制 6 年修满所需学分），也拿不着毕业证、学位证，回去了也好（感觉到他因此而释然），可以干自己想干的事。反正谁也帮不了我……

从访谈 3.6 中，我们可以清晰地感受到，学生 P 由于个人适应困难（主要困难来自于两个方面，一是语言，在大学之前他很少使用普通话，日常用语为当地少数民族语言；二是信息储备，他来自云南边远山区，与大多数同学相比，在信息获取的途径及方法上都存在差距。此两方面因素导致他在大学学业及生活两方面适应困难）。学生 P 难以整合到校规所架构的大学日常生活当中，却又因为家庭原因（父母面子、经济困难）不能自愿退出大学生活之网，故他采取了"弱者"的被动抵抗策略——"故意"缺课达到"开除学籍"程度，利用校方与其父母交涉、"做工作"，从而摆脱令他"痛苦、无奈"的大学生活（哪怕是暂时摆脱）。此后笔者了解到，学生 P 办理完休学手续后并没有跟随父母回家而是留滞在学校周边，在一家网吧做临时工，半年后办理复学手续又降至 2015 级，但仍然旷课、缺考。2018 年春季学期，学生 P 没有按时到校报到注册。H 学院与其父母多方协商，终于为其办理清退手续，并协助其父母为他办理 S 大学"肄业证明"。

在此案例中可见，一名校规承受者由于无法整合进入校规所搭建的校园生活之中，最终退出校规之网的经历。在此过程之中，学生 P 最初对校规的违反是基于难以达至标准的无奈，但当他意识到自己终将难以融入校园生活之后，对校规的"违反"似乎又成为他的"有意"之举，成为他退出校园生活、逃避老师和同学"非议"[①]、搪塞父母压力的一种特殊策略手段。

二 导致违规的多重原因

透过上文描述可以看出，尽管校规被"设计"为调控校园秩序、规范学生品行、形塑学生人格的重要机制，但在现实中却并未得到全体校规承受者的遵从，而是经常受到校规承受者不同程度的抵抗或违背。在田野中笔者观察到，大学生作为能够明辨是非、（通常）熟知校规文本的规范承受者，往往并非基于"无知"而违反校规，却是在特定情景之下基于某些原因"被迫选择"违规，是个体在权衡违反校规的预期得失之后所进行的能动的理性实践活动。正如美国文化人类学家托马斯（William L. Thomas）所言：理解"不适应的"（unadjusted）或"有过失的"（delinquent）人的行为并不比理解一般能够循规蹈矩的人的行为更为困难，这些"违规"是完全可以被理解的——"只有当我们把行为作为整体来理解，才能懂得为什么有些个体未能使自己遵从通常标准"[②]。那么，校规承受者违反校规的原因可能包括如下诸项：

1. 个体预期与校园文化模式整合失败

在本尼迪克特（Ruth Benedict）的文化模式理论中，个体极具可塑性，可以被其所在文化塑造成特定的类型[③]，故而每一个学生在进入大学之前，往往都已受到其本人此前所经验文化现实的深深影响，在观念中已然建立起一套关于就读大学目标的预期和对大学内部规则的预判，但这些预期与预判均是建立在个体原有经验所形成的知识与感悟基础之上，而非基于对大学真实环境和校园文化的反应。就此，文化模式理论给出的另一点提示是：依照格式塔心理学的论证，人们的"过去经验"对其主观构架的影响是决定性的，不可忽略的[④]，所以个体受"前经验"而生成的大学预期会深刻地影响到他

[①] 学生 P 身边老师和同学对他的"看法"已记录在本书第二章，访谈 2.1 之中。
[②] ［美］W. L. 托马斯：《不适应的少女》，钱军等译，山东人民出版社 1988 年版，第 1 页。
[③] ［美］露丝·本尼迪克特：《文化模式》，王炜等译，社会科学文献出版社 2009 年版，第 166 页。
[④] ［美］露丝·本尼迪克特：《文化模式》，王炜等译，社会科学文献出版社 2009 年版，第 166 页。

们在大学校园中的个人生活感受。

当个体意识到自身已被"抛入"校园文化之内,自然就将面临校园文化发起的"新一轮"形塑。个体前期经验的多样性和个性的差异性,决定了校园文化并不能将所有校规承受者完全成功地整合,也即校园文化作为一种"后文化"模式,其整合的"效果"在很大程度上受到个体"潜在性"的影响。借本尼迪克特的话来说,那些不符合于校园文化模式期待的个体是一种"失败",因为他们的观念和行为模式"落在了他们(所在)文化并不感兴趣的那段行为弧上,他们也就会被弄得晕头转向"……"自然地要去寻找一条摆脱茫然无措处境的出路"①。故而,当真正进入大学环境之后,个体与校园文化进行结合的过程中,接收着来自校园环境的各种信号,同时不断对自我观念中就读大学目标以及大学内部法则的态度进行重建。如果这种重建与此前的预期存在巨大反差,并且个体又无法调和、接纳这种反差时往往便会感觉到失落。

案例3.1描述的学生N所遇情形正是个体预期与校园文化模式整合失败的典型例子:学生N所就读S大学与高中确立的目标学校存在差距,而她个人又无从调适这种差距,她所"感兴趣"的却是S大学校园文化无法提供的。这种"失败"在很大程度上决定了她对S大学及其校规的主观构架,表现为她用于观察周边环境的视角和接收环境信号的姿态的绝对性、片面性——在她的眼中学校"随处可见"学生违规却未被发现或处理的现象,与大学宣扬的"求真""公平"理念相悖,因此感到"茫然""无意义",与此同时,她也不得不去寻找"摆脱茫然无措处境的出路"——将厌学、冒名替考的行为理解为对预期落空的刻意情绪宣泄,以此表达她对现实校园文化模式的不接纳和叛逆,甚至是对"逼迫"她进入所处环境力量(父母之命)的公然"反抗"与"报复"。

在多元信息充斥的时代背景之下,每个校规承受者个体总是经由自己的"前文化"塑造,而带着各自的目标进入大学。于是,并非所有学生都能将"敦品好学、励志博识"②作为自己进入S大学的当然目标,他们的目标可能是"找个好工作""接识朋友""积累社会经验""丰富个人阅历""完成父

---

① [美]露丝·本尼迪克特:《文化模式》,王炜等译,社会科学文献出版社2009年版,第166,168页。
② 此处引文源自S大学学生行为规范条文,也是校规制定者期望学生达至的目标。

母心愿"等形形色色的"非正式目标"①。目标的不同,将显著影响他们与校园文化模式整合的情况,进而影响到校规训导的功效。对于那些将大学当作"社会实验室",每天忙于兼职、赚钱的学生而言,"按时上课""规律作息""禁止晚归、夜不归宿"的校规是其不愿或不能接受的"外在压力",因为他们将花费额外的精力去"对付"(规避或抵抗)这些校规,故而在与校规操作者互动的过程之中,他们习得的是如何逾越规范、规避处罚,而非维护秩序或恪守规范。那么,要使校规训导功效正常发挥,就必须正视多元化的个体"非正式目标",并深思如何以校园文化模式引领、整合此等"非正式目标"。

2. 约束个体行为的社会纽带松弛

校规作为普遍适用于内部成员的法则,指向的是校内特定的人与事,故而只有当这种成员身份以及该身份所附带的价值追求被特定个体所认同之时,这些校内规范才会得到个体对象发自内心地承认与服从,而这也是校规得以生效的最主要机理。"发自内心地承认与服从"在此,实际就是一种抑制违规行为的"社会纽带"(social bond)。

"社会纽带"这一概念最早由美国社会学家赫希(T. Hirshi)在1969年的论著《不良行为原因》②中对"人为什么不越轨"进行反向思考而概括得来。赫希认为"控制松弛",即"负控制"可以用于解释青少年不良行为发生的原因。在他眼中,如果个体缺乏对自己以外的他人利益(goods)的关心,即如果缺乏"社会纽带"约束,那么其内心的规范就会变弱,最终就会脱离抑制力或控制力,像动物一般凭本能行事进而发生越轨。

这些抑制不良行为的"社会纽带"包括四种"成份",即依恋(attachment)、担当(commitment)、投入(involvement)和信念(brief)。"依恋"是指少年成长过程中对双亲、老师、朋友等他人或所属群体怀有的爱、敬、情等观念,表明个体与他人、群体的情感联系,对他们的感受和意见保持关注和考量;"担当"是指少年固守于他所期待的事务,并为其付出足够的精力、时间和努力,这些期待的事务包括向成年人的身份转变、接受较高教育

---

① "非正式目标"是指与规范制定者的期待目标不一致的个体目标。个体的"非正式目标"与个体对"身份"是否认同有着显著相关性,关于"身份认同"的讨论已在前文中进行过,此处不再赘述。
② Travis Hirschi, Causes of Delinquency, Berkeley, CA: University of California Press, 1969. 又见该书中文译本:[美] 特拉维斯·赫希:《少年犯罪原因探析》,吴宗宪、程振强译,中国国际广播出版社1997年版。"社会纽带"又被一些学者译为"社会键"或"社会连接"等。

或取得较高社会地位的职业等;"投入"是指青少年忙于家庭、学校等习惯性义务而缺乏闲暇的状态;"信念"是指个体相信老师、警察、法律等公权威的正当性,对社会共享的价值体系和道德感的赞同和确信。上述四种成份之间一般有着密切的相关度,即当某一种成份对个体有强约束时,其他几种成份也表现出强约束。当这些抑制人们越轨的"社会纽带"发生机能障碍时,便是所谓的"抑制松弛",人们就有可能发生越轨行为。

透过描述学生"违规"的案例与访谈,我们可以清晰地观察到:如果个体在学校生活中没有成功地建立起稳定而坚固的"社会纽带",或是此前已经建立的"纽带"遭遇某些打击而突然断裂,即个体对学生-学校之间紧密关联缺乏体会与认同,表现出缺乏对校园中他人和群体的"依恋"、缺乏以优秀成绩顺利毕业的"担当"、缺乏对完成学业和提升个人综合能力的"投入"、缺乏对学校培养目标和教师权威的"信念",就可能产生与校规所要求的行为方式、欲达标准和价值追求相背离的意识与行为。

这种社会纽带松弛的现象可能发生于学生进入 S 大学之初,例如案例 3.1 中因为高考失利或迫于父母压力等原因无奈选择就读 S 大学的学生 N;也可能发生在进入 S 大学之后、与环境整合失败的过程之中,例如访谈 3.6 当中的学生 P,其最初考入 S 大学是带着家乡父老的期待和自己对未来的憧憬,但自身文化、经济资源与身边同学之间形成的巨大反差,导致难以逾越的多重适应困难,因而无法取得对 S 大学成员身份的认同,最终导致约束其行为的社会纽带断裂,且无法融入群体,最终只能选择离开所在群体[①]。

当个体无法成功整合进入所处环境,将难以对自己的成员身份形成认同,故而环境对其意识与行为的"纽带束缚"将失去着力点,个体与环境之间关系则趋于紧张,此时个体与其他成员的整合感、共同感处于欠缺状态,往往便会借机极力主张自己的"特性",如表现出与众不同的目标、关注、欲求的个别化(正如案例 3.2 中的学生 Z),以表达、显示甚至宣扬自己与环境之间的不契合。在极端情况之下,由于现有环境内部规范、行为准则失去对成员个体的影响力,可能会助长处于类似情景之下的其他个体反机构、反规范的

---

① 笔者在后续调查中获悉,学生 P 因在 2017—2018 学年上学期仍然长期无故缺旷课,所修多门考试缺考。2018 年 3 月份,他未按学校规定到校报到注册,H 学院遂即向学校教务处提出依照校规给予学生 P 退学处理的报告,最终学生 P 被按"劝退"处理,办理了终止学业的手续,获得一份 S 大学出具的"肄业证明"。

态度，引起群体式反抗，这也就有可能导致环境与其构成人员的机能关系完全崩溃。

更为重要的是，个体对"社会纽带"的感受，深受所在群体的影响。从生理与心理的现实特征来看，校规承受者是年青且极易受到外界影响的一个群体，群体压力对于他们来说是一种极为现实的压力。群体心理学的研究成果表明：不论出于什么原因，群体一旦形成，就立即产生出一种特征——更容易受到暗示和传染，其特点是冲动、急躁、缺失理性、没有判断力和批判精神，以及夸大情感，更倾向于用联想性形象思维等。[①] 故而，校规承受者所归属的群体，对其行动会产生显著影响。例如，同一宿舍的学生往往表现出行为、习惯的一致性，要么大都勤学上进、主动遵守学业标准和行为规范；要么大都学业滞惰、时常违抗校纪校规。在群体压力包裹之下，个体能够明确地感受到群体对应规范的策略：恪守或是违抗，并顺应群体而生成个体的行动策略，否则个体将在群体当中成为"另类"，并可能承受被群体内其他个体歧视、孤立的境遇，对于习惯于群体生活的校规承受者而言，这是一种悲凉的体验。故而，正如法国社会心理学家古斯塔夫·勒庞（Gustavel Le Bon）所言："影响民众想象力的并不是事实本身，而是它们发生和引起注意的方式"[②]，校内法则要保持训导常态，需要审慎思索如何将校规预设正式目标妥当地传递至群体之中。

3. "目标"与"手段"失和引发的校园失范

"失范"（Anomie）作为一个学术概念最初由古瑶（H. Guyau）用来描述社会或集团相对无规制的状态，后经涂尔干引介入社会学领域，逐渐成为社会学解释社会变迁现象的重要理论工具。涂尔干在其经典著作《自杀论》[③]与《社会分工论》[④] 中借用于描述和解释社会共同规则缺失的状况及后果，

[①] ［法］古斯塔夫·勒庞：《乌合之众：大众心理研究》，戴光年译，新世界出版社 2011 年出版，第 1、36 页。

[②] 同上注，第 77 页。

[③] 涂尔干用大量数据分析人们自杀的原因，认为自杀不仅是个人的行为，更是一种社会现象，用"集体性忧郁"描述人们因道德和信仰的缺失而普遍存在的生存压力。见 ［法］埃米尔·迪尔凯姆《自杀论：社会学研究》，冯韵文译，商务印书馆 2011 年版，第 405—406 页。

[④] 涂尔干描述了社会经济发展的失控和分工的不断细化如何导致社会中利益的分割及不同群体的压力，将其定义为"分工的失范"。见 ［法］涂尔干《社会分工论》，渠敬东译，生活·读书·新知三联书店 2013 年版，第 313 - 328 页。

使其成为一项经典的社会结构理论。涂尔干用"失范"来概括"无规范""价值观念混乱""失常"的社会事实,并用于解释个体在社会中丧失行为方向造成"社会疏离"(Social Disintegration)的原因。

此后,美国社会学家默顿(R. K. Merton)在其《社会构造和失范》一文中进一步拓展"失范"的概念与理论①,将"失范"概括为"价值规范冲突"。在默顿看来,失范表现为规制社会集团内的文化性目标与达成目标的手段(程序)之间的调和性关系崩溃的状态。

默顿所关注的现代社会,一方面极端强调一定的成功目标(比如以物质性的富裕作为预示个体成功的指标),另一方面却忽视对于与之相随的制度性手段的约束(如何达到富裕的途径)。因此,在社会结构中,文化在不断诱惑人们产生过高的欲望的同时,却又无法阻止人们采用不为文化所认同的手段去实现这些欲望,即社会文化鼓励的目标与社会所认可的实现这些目标的合法、制度化手段之间出现了"断裂",这种"断裂"是导致人类不幸的主要原因之一。换句话来说就是,社会文化为人们规划出成功目标,社会结构又限定出人们实现这些目标的合法的制度化手段,但并非所有人都能通过这些制度化手段来实现目标,这就导致了既定社会结构中必然存在大量"失败者"。

在大学校园这一特定社会区域之内,同样存在一定程度的"失范"——对于部分内部成员而言,校规所倡导的价值目标与经由校规限定的制度化手段之间存在一定程度的"断裂"——部分校规承受者难以通过校规所允许的方式来实现校规所要求的目标,例如访谈3.6中的学生P。在S大学日常生活当中,存在着类似学生P那样,有多重适应不良的学生群体。就此,可以一组数据②为据来具体说明:本书写作过程中笔者针对S大学"考场秩序情况"的调查结果表明,仅有24.5%的受调查学生认为考试过程中"所有人遵守纪律,无人作弊",而有68.6%的学生认为"多数人遵守纪律,有少数人会作弊",有4.2%的学生认为"很少有人遵守纪律,大部分人会作弊",有2.4%的学生认为"所有人都会作弊";与此对应,有30.8%的学生承认自己曾有过作弊行为;关于"作弊的原因"(多选),有77.3%的受调查学生认为是

---

① 该论文收录于默顿巨著《社会理论和社会结构》当中,参见〔美〕罗伯特·K. 默顿《社会理论和社会结构》,唐少杰、齐心等译,译林出版社2006年版,第261页、296—297页。

② 调查采用随机抽样、书面问卷进行,涉及校规运行的多个方面,其中包括此处引证内容。问卷详见附件三。

"考试太难,害怕不及格"、43.9%的学生认为是"为争取得奖学金,想得更高分数"、29.2%的学生认为"别人都作弊,自己不作弊会吃亏"、16.7%的学生认为"作弊不易被发现"、14.5%的学生认为"即使作弊被发现也不会受到严厉处罚"、18.7%的学生认为是"经常作弊,习惯了"、19.6%的学生认为是"一时糊涂"。

从学生反馈的"作弊普遍"以及他们眼中的"作弊原由"可见,校规鼓励"勤奋、求真"、倡导"品学兼优",却缺乏具体措施及手段保障每一个成员都达到上述要求,与此同时,校园亚文化中流行的"娱乐至上""急功近利"思潮也进一步限定了学生经由"正常、合法"途径实现上述目标的可能。

仿照默顿的个体适应类型分析,可以对大学生规避或抵抗校规的现象进行类型分解——根据学生对校规限定的"目标-手段"的不同态度组合来概括校园失范的不同类型(下表中用"+"代表承认,"-"代表拒绝,用"±"表示否认校规既定目标与手段,且试图用其他的目标与手段来进行替代,见表3.1)

表3.1 学生对校规"目标-手段"不同态度产生的失范类型及表现

校规倡导价值目标	制度化手段	个体表现	校园事件列举
+	-	规避	应对晚点名
-	+	表面遵守,内心拒斥	"综合测评"小组评分
-	-	退却	放弃"团学积分"
±	±	反抗	旷课、缺考

第一种情形表示学生认同校规所倡导的价值目标,但拒斥校规所限定的制度化手段,而采取一些应对措施以规避校规所限定的制度化手段,并尽可能地逃避违规处罚。例如依照S大学《宿舍管理规定》,为保障学生人身安全及合理作息,每天晚上住宿学校公寓的学生应于规定时间之前回到所住宿舍,由宿舍长及班委统计后报告给班主任及辅导员(截止目前S大学仍未全面采用电子设备对学生进行考勤),对未按时回宿舍或"夜不归宿"的学生进行相应处理。学生们普遍认同"晚点名"保障学生安全和作息规律的目的,但大多数学生也认为"点名"很繁琐——宿舍长每晚要向班委报告,而班委每天要收集多间宿舍数据并报送给班主任,更关键的是同学之间往往碍于情面不会报告同学"晚归"或"不归"。故而,通常的做法是宿舍长仅在某个同学

联系不上两天以上才会向班委或班主任报告（出于对同学安全的担心），而班委也默认宿舍长的此种做法，不会到每一间宿舍进行清点，也不会每天都向班主任通报本班同学情况，师生之间达成这样的默契——"无事不报"，即，没有特殊情况就不向班主任报告。

第二种情形之下，学生仅在表面上保持"遵守"校规限定的制度化手段，但内心拒斥校规设定的目的。例如，在第一章已作详细描述的 S 大学综合测评体系下"定性考评"小组评分情况（见案例 1.10）。表面上各测评单位都会按校规要求组成"评分小组"，逐一对本班全体学生的"道德基础素质""心理品质""审美情趣"和"体育锻炼态度"进行评价、评分，但实际上内心排斥这种"相互比对"的目的，故而通常在测评过程中会听到学生抱怨，事实上他们也会采用案例中所描述的方式和手段来"简化"校规要求。

在第三种情形之下，学生既不认同校规设定的目的，也不认同校规限定的制度化手段，表现出退却、不积极参与校规所作安排。例如，根据 S 大学《团学积分管理办法》规定，鼓励学生参加"第二课堂"，如文体活动、学术讲座、志愿服务等，每参加一次活动经由主办方发给参与者一定"积分"，参与者积累的积分可用作参加"优秀共青团员""优秀学生干部"等评比的凭证。现实中，有部分学生并不认同校规所鼓励、倡导的"积极参与课外活动"目的，也排斥、抗拒此项校规的"积分"激励手段，故而他们游离在"第二课堂"之外，不参与学校组织的各项活动，也不参加各种"优秀"评比。

第四种情形与第三种情形有相似之处，但区别在于校规承受个体在不认同校规既有目的及制度化手段的同时，还有自己强烈的主张，为自己设定了不同于校规的目的及实现目的的手段，甚至直接公然违抗校规。例如，案例 3.2 中的学生 Z，她并不认同学校宿舍管理规定的目的，也抗拒学校食堂提供的餐饮服务，而且还认定"自己做饭干净营养、合口味"，并通过自己的行为公然违抗校规；再如，有部分学生并不认同大学培养目标及教学理念，对所学专业"不感兴趣"，对课堂纪律、考场纪律"毫不在意"，事实上，他们为自己所设定的目的并不在于取得大学颁发的学位证和毕业证，而可能是其他与此并不相关的目的，如"增加社会阅历""接交朋友""自主创业"等，为实现自己设定的目标，他们会选择相应途径——缺课，用"腾出"的时间和精力去完成他们认为恰当的事务。访谈 3.6 中所涉及的学生 P，其行为便是对此种情形的极端表达：他将长期故意旷课、缺考作为对抗自己在大学内诸多不适应的策略,并借用校方的"处理"来"迫使"其父母接受他无意继续念书的现实、并用以逃避来自父母的压力。

如上所述,学生对校规"目的-手段"的不同态度,组合出上述四类"校园失范"的模型。笔者没有简单地以"道德品行"的价值判断来对学生违抗、叛逆校规的现象进行评析,而是将学生看作成长于不同"前文化"环境的主体之人,认为他们完全有可能对校规的目的、制度化手段持有不一致的态度,即与大学校规的目的、手段及价值之间形成"价值冲突"。

本书所追求的理想学生管理规范,并不以消除这种"价值冲突"为己任,而在于以正视此种"价值冲突"为前提,营造一种正向的校园文化氛围以引导价值之间的融合,尽可能地减少因"价值冲突"而引发的个人或群体痛苦。基于这样的认识,我们才能够理解,单纯依靠既定校规来对可能存在"价值冲突"的众多学生进行说教或处罚,是不足以为他们提供有效的思想资源而引导其解决"世界观、人生观和价值观"问题的——企图仅仅依靠校规既定文本来控制秩序的大学日常生活,对于那些适应困难、缺乏认同、无所适从的学生群体而言,将是没有方向感、缺乏约束力的,"校园失范"只能成为"必然之选",从此种意义上来说,校园中的"违规学生"也正因承受"污名"压力而处于与主流社群脱离的状态。正如戈夫曼对受"污名"所累之人处境的同情:他们因为不能维持那套与身份相关的规范,因而"疏远支持这套规范的社群,或者克制自己不主动与这个社群发生牵连"的"脱离"其实是"事关此人的状况,而非他的愿望;事关能不能一致,而非想不想遵从。"①

4. "违规—守规"的机会构造

在大学日常生活中,存在着诸多"引诱"校规承受者违反校规的因素,如案例3.1所描述学生N眼中"普遍存在学生作弊而未被发现或未受处理"的情形;又如本书写作过程中针对学生考场纪律情况、考试作弊原因的调查结果②显示,有16.7%的受调查学生认为"作弊不易被发现"、14.5%的学生认为"即使作弊被发现也不会受到严厉处罚";针对学生"晚归"或"夜不归宿"原因的调查数据显示,26.1%的受访者认为"晚归"或"夜不归宿"不

---

① [美]欧文·戈夫曼:《污名——受损身份管理札记》,宋立宏译,商务印书馆2009年版,第173,175页。

② 相关调查问卷详见附件三。

容易被发现、19.8%的受访者认为"晚归"或"夜不归宿"被发现后不一定会受到处罚、另有12.2%的人认为"晚归"或"夜不归宿"被发现后处罚不重。

可以说,在很大程度上正是环境当中存在的"易于违规"的诱因强于学生遵守校规的动因,学生在"衡量"得失的情况下,实施了"选择性违规"。这种现象可以联想到克拉沃德(R. A. Cloward)和奥林(L. E. Ohlin)于1960年在《不良行为和机会》一文中提到的"不同机会构造论"[①]。他们认为,个体是否违规取决于两个相互关联的"距离":一是个体与不良行为亚文化接触并学习这种文化的机会与能够实际上实施非法行为的机会之间的距离,即个体接触并学习倡导非法行为的文化与真正实施这些非法行为之间的重合程度,可称为"违规机会";二是个体学习主流文化所倡导的合法行为与实现这些行为之间有多大程度的距离,可称为"守规机会"。当前一种距离小于后一种距离之时,即实施非法行为的机会大于实施合法行为的机会时,个体往往会倾向于违规;反之,则个体倾向于循规。

从"机会"角度来分析,校规承受者"选择"违反校纪校规有可能是因为对于他们而言,"违规机会"大于"守规机会"。但需要说明的是,对"违规机会"与"守规机会"的把握与衡量,不同个体的体认与领悟存在着差别,这种差别进一步产生了个体"内部控制力"的差异。根据莱克勒斯(W. C. Reckless)等人的不良行为绝缘体的自我观念理论[②],来自外部环境的强大抑制力必须要与个体的良心、良好的自我观念、强大的自我等有力的内部控制力结合在一起,才能形成与犯罪和不良行为之间的"绝缘体"(即阻断犯罪和不良行为的发生)。而个体的内部控制力又总是有差异的,并非总能与外部控制力进行整合,成为阻断不良行为的"绝缘体",这也正是处于同一社区内部法则之下,有人能够选择遵守法则,而另一些人则会选择违背法则的重要原因之一。那么,问题就转变为如何使个体在内心建立起对不良行为的"绝缘体",减少或隔绝个体的"违规机会",即关注内部规则运行对承受者

[①] [日]森本益之,濑川晃等人:《刑事政策学》,戴波、江溯、丁婕译,中国人民公安大学出版社2004年版,第14页,对《不良行为和机会》一文的引介。

[②] 参见[日]森本益之,濑川晃等:《刑事政策学》,戴波、江溯、丁婕译,人民公安大学出版社2004年版,第15—16页,对莱克勒斯论文:《不良行为绝缘体的自我观念》及《犯罪和不良行为的新理论》的引介。后一文献见 Walter C. Reckless, *A New Theory of Delinquency and Crime*, Federal Probation 25, December 1961:42–46.

的构建和形塑,这也正是后文需要慎重讨论的话题。

综上所述,结合人类学与社会学理论,从四个方向讨论了可能引起个体抵抗、违反校规的多重原因。在现实中,可能存在上述原因同时作用、共同引发个体违规的现象。在校园社区日常生活当中,界定何为违规、违规程度如何、违规处罚过程及标准的依据往往在于既有法则——正是因为有着校规的存在,校规操作者才可以说明哪些学生行为构成违规,以及其行为的情节如何、应如何处理等,由此可以说正是校规"建构"出了学生的违规。参照美国学者梯尔(Alex Thio)越轨社会学理论,我们可以对学生违规现象分别采用"实证主义"和"建构主义"两种不同的视角[1],则可对学生违规这一"偏差行为"(deviance behavior)得出两种完全不同的判断。

从强调"表象"的实证主义视角来看,"偏差行为"之所以被认定为"偏差",是因为这些行为有悖于社会传统习惯。这些偏差行为是绝对客观存在的,可以被研究者发现、观察到,个体发生"偏差行为"是因受到个人能力之外的力量,如遗传因素、精神病态等控制,因而可以用因果的、解释性的理论对其进行探讨。沿着实证主义的视角来看,学生违规现象可以被看作是一种客观存在的现实。这些违规行为偏离了"诚信""公平"等道德性,需要对引发这些"偏差"的原因进行讨论,以使其得到矫正。如若因循此种思路,针对"学生违规"现象的研究重点应当是违规"行为"。

但在强调"事实"的建构主义看来,偏差行为总是相对的,是在一定的时空范围之内被人为构建的,是由有权者为他人贴上的"标签""是权力阶层在特定时间和地点对违反社会规范的行为下的定义"[2]。因而,所谓偏差行为只是一种研究者主观的经验。偏差行为的发生其实是行为主体自愿的行为,故意地表达了主体的自由意志,故要用非因果的、描述性的理论去探讨。如若凭借建构主义的视角,"学生违规"可以被看作是在特定时空下被人为建构出的现象,如果没有特定人所制定的特定规章制度,那么所谓的违规行为也将不复存在,故而研究的重点就当是"规则"。

受上述理论启示,本书认为要全面地理解大学校园社区内的"违规现

---

[1] [美]亚历克斯·梯尔:《越轨社会学》(第10版),王海霞等译,中国人民大学出版社2011年版,第4-15页。

[2] Ermann, M. David and Richard J. Lundman (eds.), *Corporate and Governmental Deviance: Problems of Organizational Behavior in Contemporary Society*, 6th ed., New York: Oxford University Press, 2002.

象",需要综合强调"表象"的实证主义和强调"事实"的建构主义,从"行为-规则"互动的角度来分析——不能简单地将违反校规的"偏差行为"当然地视为"不道德""不正确"和"需要矫正"的,而应将其视为既定校规与受教育者行动互动的过程,是多重因素共同构造的效果,也是不适应于校园社区文化的"弱者"的"抗争"。自身"前文化"所塑造之预期与校园社区内的文化模式整合失败、在所处环境内感到"社会纽带松弛"或者违规机会易得等,都可能成为个人或群体"选择"违规的诱因。出于对多元文化现实的承认,不得不接受的是,校规承受者对校规的违抗或规避是不可能完全被"矫正"的,而我们需要认真讨论的则是:怎样的校园文化才能够吸收、统领处于多元"前文化"的校规承受者、怎样才能扩充校园社区内部法则的"内生性",从而使更多的校规承受者能够形成规则的"内部观点",推进规则与主体的协同完善。

第三节 校规运行的另类后果

在第二章中,本书以理想主义的"浪漫"呈现出校园社区内部法则训导功效的正常状况和预期的三层目标,然而在现实当中,这三层目标仍然还是大学正在极力求索的目标。校园社区内部法则在复杂现实中的运行,有时会发生"失常"效果,引发诸多另类后果。

一 导致校内人际关系失常

与常识推断相一致,笔者在 S 大学长期调查过程中发现,校园师生间、学生间人际交往通常呈现出"谦和礼让""安宁和谐""团结友爱"的状态,正如案例2.4、2.5所描绘场景那样,"点头微笑""礼貌用语""顺序排队"在大学校园内随处可见,"师生情谊""同学友爱"是校园生活的基调,甚至成为大多数人对大学美好记忆的主线。校园内这种融洽的人际交往关系既符合公共道德的价值要求,又是校规作为内部行为规范、标准以安排、调整成员之间关系的目标指向。

然而,在大学上述良好人际交往关系的常态之下,仍然存在着成员之间冲突的可能,而且这些可能的冲突不仅关乎到个体或群体的利益,也在很大程度上决定着个体成人、成才的道路是否通畅,关乎成员基本权利的得失,以及他们对更为普遍的社会规范的理解与判断。这些冲突主要表现为因竞争引发的同学间关系紧张、因有限资源共享而引起的矛盾或因爱恋关系导致的纠纷等。限于研究目的，本书仅就前两类紧张状态进行描述、分析。通过田野调查笔者发现，校规的施行在一定程度上搭建起校园人际交往发生的背景，提供成员间思想碰撞、行为重叠、权利交错的条件，限定了成员间人际交往关系良好或紧张的可能。以下案例将从几个不同"缘由"来具体呈现校规的现实运行对校园人际关系产生的负面影响：

1. 稀缺资源分配的功利化

校规作为内部法则，对社区成员享有权利、履行义务进行了安排与设计，在校园之中，这些安排与设计往往指向稀缺资源的分配与享用，即实现成员之间利益的确定性分配。在日常生活当中，依照校规中关于奖助学金评选标准与程序的规定所确定给予某些成员"奖"或"助"，是最为典型的资源分配事例。由于涉及较大经济、精神利益，校规就该项稀缺资源进行分配的过程及后果，往往引发就"公平性""正当性"展开的校园争议，从而诱发校内成员间人际关系的紧张：

案例3.3 学生C，女，H学院2014级本科学生。2016年9月，学校组织开展每年一次的学生学年"综合素质测评"，该测评成绩是评选当年奖、助学金的直接依据。学生C认为个人提交到班级、用于"加分"的多项获奖证书没有得到班级评分小组认定，称评分小组"有意针对自己""极度不公平"，要求重新认定。评分小组与学生C就此发生争执，认为C提交的证明不符合《S大学本科学生生综合素质测评体系》规定的要求，故不能作为"加分"依据，而且已经过了班级约定的提交证明时间，如对C的分数进行变动，将影响全班同学成绩排名顺序，故评分小组不同意学生C的主张。学生C表示无法接受评分小组的决定，情绪激动，与评分小组成员发生语言冲突。此后，学生C找到班主任，请班主任出面"主持公道"。经班主任核对学生C提交的获项证书，认为符合"加分"条件，遂即要求评分小组重新计算该名同学分数。

根据《S大学本科学生生综合素质测评体系》，测评以班级为单位，依照多步测算，并按全体成员成绩的标准分排序得出全班排名，故评分小组认为如果要对C同学的分数重新计算，不但"工作量大"而且还会

"影响到其他同学的排名"，分数变动后还需要重新打印交给学校的所有报表，因此不可能在学院要求的时间前完成此项工作，因而主张不对学生 C 的成绩进行改动。

经过班主任劝解，并与学院负责此项工作的辅导员进行协调，同意延长该班级提交报表时间，评分小组最终同意为学生 C 补上加分。学生 C 因此在本班测评排名中居第一名，从而获得了当年 S 大学"三好生标兵"称号及物质奖励（奖金 1500 元），也据此申请到当年的国家奖学金（奖金 8000 元）。

自此，学生 C 与评分小组和班级大部分同学之间关系开始紧张。学生 C 认为很多同学不再像以前那样友好，好多人都疏远自己，甚至还有人当面指责她自私，"从来不为班级出力，只顾自己个人利益""爱出风头"等，但她觉得自己并"没有做错什么"，故而对这种紧张关系表示"无所谓"，学习、生活中表现得我行我素，不再参加任何班级集体活动，与班内同学形同陌路。

案例 3.4 学生 G，女，Z 学院三年级硕士研究生。2016 年 9 月，按 Z 学院要求，申报学业奖学金的学生应于 9 月 30 日前将各自申报材料（包括加分理由及支撑材料）上交研究生辅导员审核。学生 G 由于在校外兼职代课，来不及赶回学校报送材料，便委托同班同学替她上交材料。截止时间过后，学生 G 发现由于上交材料过于匆忙，自己在申报表格上漏加了 5 分，但加分支撑材料已按要求提交学院，故学生 G 找到辅导员，请求帮自己补上漏加的 5 分。研究生辅导员当即拒绝了学生 G 的要求，理由是"个人自行对申报材料负责、已超过材料提交时限、根据审核后已按成绩排序确定出获奖学生名单，进入公示阶段"。学生 G 则认为，学院负责"审核"学生申报材料，既包括审核学生是否多加、错加分，也应包括审核学生少加、漏加分的情形，自己按要求提交的支撑材料当中明显有可再加 5 分的材料，但学院却没有"审核出"并"及时纠正"，而目前尚处于公示期，应当接受学生提出的异议。

针对此，学生 G 与辅导员发生争执，双方都认为自己是严格依据 S 大学《研究生奖学金评选办法》行事，双方互不相让。学生 G 情绪激动，哭着向 Z 学院院长"投诉"研究生辅导员，认为其"不负责任""服务态度差"。据此，Z 学院院长召集该学院"研究生奖学金评审委员会"全体成员（包括2名学生代表在内）对学生G的主张进行审议，经各成员讨论，认定学生G的主张不成立，经过其导师劝解，学生G表示接受学院处理决定，但坚持认为辅导员老师工作存在疏忽，自此不再理睬这名老师。与此同时，学生G与受其委托上交材料的那名同学之间原本友善的关系也被瓦解。G认为对方接受了委托就应当"尽心尽力"，虽然在交材料时辅导员已提醒她再次检查有无错漏（依据辅导员陈述），但该同学却"辜负信任"并没有帮自己核对，于是对该同学报有"怨气"。此后尽管两人之间没有发生正面争执，但彼此开始疏远，有意回避接触。

上述两个案例所作描述是校规运行过程中，因涉及稀缺资源分配而引发的学生之间、师生之间人际关系紧张的生动事例。尽管为使诸如"奖学金"之类稀缺资源的分配趋于公平，校规创设者已极尽可能地"明确""细化"评选奖助学金的标准与程序，以及获得奖助学金者后续应承担的义务或责任，并规定申请者享有一定的异议主张权和监督权，但在实施过程中，校规预设的各种"明确""细化"规则还是无法完全应对现实的复杂性，相关当事人居于不同立场又总会对"结果"的公平性、正当性持有不同看法，使得校规施行的"标准"和"流程"因被任意变动、解释而变得不明晰。利益相关者之间的竞争表现为无序或僵持，进而引起当事人之间关系紧张、失和。

究其深层原因，这种"利益之争"引发"人际纠纷"的现实之后，其实是校规操作者和校规承受者双方都倾向于将"奖助学金评审"化约为一种个人利益的得失，而忽略了其背后所隐含的向上精神感召和责任意识培养。表现为校规操作者将奖助学金的评选当作一项"阶段性工作"来完成，仅以"按时上交材料"为行动指向；而校规承受者则围绕奖助学金这一稀缺资源展开竞争，仅以"获得资格"为行动指向。每年9—10月是S大学集中评审奖助学金的期间，在此时段，师生间、同学间的人际交往关系趋于紧张，争议主要集中在"某人是否达到某项奖助学金评审条件"和"如何从众多均符合评审条件者中选拔受奖助之人"这两个方面，争议各方通常都会"据理力争"、采用较彰显的行动方式表达自己立场。

就此，笔者所作的反思是，如若仅仅片面强调校规的"奖优罚劣"功效，而未在施行过程中引导学生正确理解校规所预设的同学间"竞赛"关系的最终目标，则极有可能导致校园人际关系的功利化和物质化，培养出更多的

"精致的利己主义者"。

2. 公共资源共享的规则冲突

如前所述,大学校园主要由公共区域和半公共区域所组成,校内设施设备大多属于公共资源,可以由一定范围的师生共享使用。为保证公共资源的有效利用,校规往往会就其共享原则、形式及内容做出界定。事实上,校规对公共资源如何共享的规定,很难深入到所有区域、所有细节,故当多个个体长期、反复共享某一公共资源后,往往会因该共享关系而形成一个群体,而该群体也会就公共资源的共享而内生出一些特有的具体规则,这些具体规则并不一定会与既有校规所作共享规则的最终目的保持一致。

如果一个群体内全体成员普遍认同其内部具体规则,则群体内人际关系会趋于融洽;一旦内部成员缺乏对该内部规则的认同,则社群内人际关系便会趋于紧张,可以下述例案就此现象作出说明:

案例 3.5 学生 Y,女,原系 Z 学院 2011 级本科学生,2012 年 9 月,根据 S 大学调整专业的相关规定,学生 Y 经申请、考试转入 W 学院就读。学生 Y 按学校宿舍管理规定调整至 W 学院学生集中住宿区,同一宿舍的同学均为现班级成员。

2013 年 9 月的一天,学生 Y 哭着向班主任反映所在宿舍同学"欺负""排斥""孤立"她,因为"她一个转专业过来的居然成绩比她们都好"。学生 Y 称,每天到了学校规定的"熄灯"时间,宿舍其他成员不按时睡觉,而是要么在宿舍大声说笑(在她看来这是故意冷落她),要么很吵地玩游戏、看电影,害得她休息不好;每天早上六点半,学生 Y 习惯早起去学院上早自习,但同宿舍的同学们要睡"懒觉"。学生 Y 称"尽管自己已经很小声地起床、洗漱",但仍然引来舍友们的反感,"她们经常在背后说我是病人、疯子、书呆子,有时还故意说给我听"。而直接导致学生 Y 向班主任"诉苦"的导火索是当天早晨她像往常一样六点半起床,此时已到校规规定的宿舍"亮灯"时间,室内开始供电,故她把宿舍共用饮水机打开烧水,准备泡好茶水便出门,而一名舍友在没有"打招呼"的情况下,趁她去洗漱时抢先把她烧好的水倒光,等她去接水时才发现水机里的水是冷的,害得她只好把杯子里的水倒了,重新烧水、泡茶,耽误了不少时间。"最可气的是,她们还没有一个人出来承认是自己干的,全都躲在各自的床帘后面看笑话"，学生 Y 据此向班主任提出调换宿舍的要求。

随后，班主任与学生 Y 所在宿舍其他学生约谈，了解到她们与学生 Y 确实因为生活习惯不一致而"关系不好"，她们眼中的学生 Y"很自我""没有集体观念""高傲""不合群"。经班主任劝解，宿舍同学表示"尽可能相互体谅"。因为按 S 大学宿舍管理规定，为便于管理，学生入住宿舍后不得随意调换宿舍，如有特殊情况需要调整宿舍的，须在每年 6 月提出申请，经班主任、所在学院领导审批后，才能由宿舍管理部门进行调整。其余时段原则上（指除学生间已经发生恶性伤害事件、学生突发疾病需要特殊照顾等紧急情况外）不接受学生调换宿舍的申请，故学生 Y 还得与宿舍其他成员相处大半年才能申请换宿舍。

此后，班主任未再接到学生 Y 与舍友"闹矛盾"的反映，但据班级同学反馈，学生 Y 仍是独来独往，几乎不与同学们交流。2014 年 3 月，学生 Y 向学院提出申请外出住宿，在办理相关手续后搬离公寓。2015 年 7 月，学生 Y 自 S 大学毕业，到省外知名大学继续攻读硕士学位，在办理正式离校手续前她已提前离开学校，没有参加毕业典礼、毕业合影。

为保障校内成员最大限度地、合理使用公共资源，无疑需要校规对校园生活中有限公共资源的共享形式、内容及原则进行确定，成员据此可以安排自身使用公共资源的行为并预测他人可能的行为及后果。然而，正如案例 3.5 所示，校规就诸如宿舍共享时间、空间方面的规则设计却难以全面化、具体化并深入全体当事人内心，例如校规规定"（学生）要共同营造健康文明、舒适的学习生活环境"，却无法对什么是"健康文明、舒适的学习生活环境"做出明确界定，也没有就"如何实现"这一目标给出明示，指涉此事务的校规在运行过程中缺乏明确指示性标准、难以设计执行效果监控、反馈机制，因而缺乏实际效力。

在宿舍成员长期共处的过程中自然会逐渐形成宿舍内部的"习惯性"细化规则，例如宿舍卫生值日、熄灯时间等规则。但是，如果宿舍内部有个别成员不认同、不遵守宿舍内部规则，就可能因触及他人的"共享习惯"而导致人际关系的紧张。也就是说，在缺乏校规明确、有效指引，同时群体内部习惯规则又不能被普遍遵循之时，成员间就公共资源公享的规则便易于产生相异理解。如果各方的这些相异理解没有及时得到有效调和（如案例 3.5 中学生 Y 与所在宿舍同学间的矛盾），则人际关系的紧张将会一直持续，甚至程度增强。由此，有必要对校规施行难以有效"覆盖"之处进行认真讨论，思考如何在校园公共资源共享过程中调和各方人际关系。

3. 个体多重角色定位的矛盾

在进入校园社区之后，个体成员首先需要确定内部法则希望自己在与其他成员互动过程中"扮演"何种角色，再根据所认定角色而思维、行事。有时，校规的运行却使得个体感受到自身角色内部"元素"间的冲突。例如，S大学《宿舍管理规定》确定了学生集体住宿公寓的制度，进而确定了哪些人成为同一间宿舍的"舍友"，既确定出一个校园子群体的内部构成和成员之间权利义务关系的范围与内容，也确定了在宿舍这一半公共领域之内，成员之间彼此参照行事的框架。

根据S大学校规中的"晚点名"制度，每天晚上宿舍长清点本宿舍成员是否按时回到宿舍，并将清点结果报告班委。如果宿舍内有成员存在"晚归"或"夜不归宿"的情况，宿舍长将陷入两难困境——要么"得罪"舍友，将其违规行为报告学校，致其受到相应处罚；要么欺骗班委或班主任，隐瞒舍友的违规行为，自己承担被他人检举"弄虚作假"而受处罚的风险。在此，"宿舍长"这一角色既包括了与宿舍成员间保持"亲密"的元素，又包括对其他成员进行"监管"的元素，但对于具体的学生个体而言，此二元素之间存在难以调和的对立与冲突。在此项校规之下，同一个校规承受者既要扮演"同伴"，又要扮演"监督者"，个体在处理此双重角色元素时往往会感到焦虑与困惑。而且，校规对同学间关系的如此安排，确实存在一定的"非理性"——成员之间相互监督的合法性依据何在？同学之间相互"管照"的范围及尺度又该如何明确？事实上，正是校规的运行强化了成员角色的"冲突感"。

总之，由于校规施行涉及对稀缺资源的分配、对公共资源共享原则的界定以及对个体角色的设计安排与复杂现实相遇，就有可能导致校内成员人际关系的失常。当然，限于校园文化对"文明、友善、礼仪"的崇尚倡导和校规对违规行为的处罚惩戒，以及校规网格化作用的发挥，校园内人际交往关系的失常很少会达到肢体冲突的烈度[1]，大多呈现较为"温和"的形式，而

---

[1] 据S大学学生处提供数据，2016年全年共发现17件校内打架斗殴事件。S大学与所属辖区派出所达成共识，学生之间的治安案件，如轻微的打架斗殴、数额不大的盗窃等违反《治安管理处罚法》的行为一般由学校保卫处"内部处理"，依照校纪校规对当事人进行处分，而公安机关不介入也不对当事人进行行政处罚。

且人际交往危机的缓和与化解也常常有同学、老师等第三方的介入，通过"既讲理，又说情"的方式得以实现。

二 打破校园日常生活秩序之"窗"

在田野调查中笔者发现，校园违纪违规现象时有发生，一些校规承受者甚至"刻意"模仿违纪违规行为，使某些校内失序现象扩散化、持续化。最为典型的是"不良学风"——某些群体当中的学生无心学业，要么普遍缺旷课，要么在课堂内随意走动、喧哗、玩手机、取笑捉弄任课老师；课后普遍不做预习、复习；考试过程中普遍存在作弊行为，并且"不以为耻"。对于此种成员普遍模仿违规行为的现象，可借用社会学中的"破窗效应"理论对其进行概括说明。

"破窗效应"最初由美国心理学家菲利浦·津巴多（Philip G. Zimbardo），于20世纪60年代末在其著名的"汽车实验"中进行描述[①]，此后这种"基于信息缺失而引发公众模仿"的社会心理现象由美国社会学家詹姆斯·威尔森与乔治·科林（James Q. Wilson & George L. Kelling）进一步理论化，并用于描述、解释社会秩序失序乃至完全崩溃的现象与原因。此后，"破窗效应"理论被推广，并广泛用于犯罪学研究和社会治理研究等领域。

"破窗效应"理论向传统法学理论中"人们基于理性而守法"的观点提出了挑战——事实上，人们总是处于"有限信息"状态之下，并非在权衡所有利弊后而"选择"守法的，人们往往是根据"混沌一片"的环境中的某些"高度象征性""高度显著性"的信息符号来对身处其中的环境作出判断，并据此来规划自己的态度和行为。故而，如果环境中大量存在着令人敏感的信息符号（例如，随处可见的街头涂鸦、流窜乞讨人员、居民外迁等）[②]，它们对于缺乏"专家理性"的普通民众而言这些"轻微的违规现象"无疑预示着

[①] 该实验分为两个步骤：一开始，研究人员将两辆同样的汽车分别放入两个治安情况明显不同的街区，并都摘去车灯、揭开顶棚。在治安混乱的街区，汽车很快被人"拿走"了散热器和电池，此后不到三天，车上所有有价值的东西几乎都被人"拿走"；而放在治安良好的街区中的另一辆车则在一周内"无人问津"。接下来，研究人员当着路人的面用大锤砸击那辆放在治安良好街区的汽车，立即引起了围观群众的起哄、效仿，最终这辆车被不明原因、不问理由的人们掀翻，并被完全毁坏。See: Phillip C. Zimbardo, *The Human choice: Individuation, Reason, and Order Versus Deindividuation, Impulse, and Chaos*, W. T. Amold and D. Levine (eds.), Nebraska symposium on Motivation, vol. 17, p. 237 – 307 (1969).

[②] 参见［美］乔治·凯林，凯瑟琳·科尔斯：《破窗效应：失序世界的关键影响力》，陈智文译，生活·读书·新知三联书店出版社2014年版，15 – 18页。

该环境秩序不良、违法普遍、制裁不利等,那么人们便会自然而然地判断该环境中违法行为成本较低,随后可能受个人利益趋使而"加入"到违法、犯罪行为者的行列当中,甚至从事"社会危害性更大的违规行为"。因此,"破窗效应"理论从一个侧面揭示了环境对人们"守法"的显著影响,以及不良环境与违法行为之间的"恶性循环"。

在田野调查当中笔者发现,校内法则的运行在某些方面强化了校规承受者中违规行为的"盲目模仿",凸现出日常生活中的扇扇"破窗":

> **案例3.6** 根据自2014年9月起实施的S大学《学分制学籍管理规定》,学生在一个学期之内,如果连续无故缺旷课20节以上,由所在学院对其给予"警告处分"、连续无故缺旷课21–30节的,给予"严重警告处分",以此类推,学生缺旷课节数与其受到处分的级别相对应,最终超过50节以上的,给以"开除学籍"处分。事实上,很多任课教师并不愿意严格"打考勤",原因包括:"点名太费时间""学生是成年人,应当自我约束,没有必要让老师管""打考勤代表自己承认教学水平差""考勤太严会影响下一届学生选课""通过点名来打考勤缺乏证据材料,学生将来可能提出异议"等,因而很多老师并没有在《教学记录本》上严格记录每一次上课考勤信息,也很少会将所记录的学生缺课信息汇总至教学秘书或班主任处,致使缺课学生普遍没有及时被批评教育或处分。长此以往,学生根据"经验"获得的"缺课普遍化""处罚非必定"等信息,逐渐形成"翘课(指旷课)是大学普遍、正常现象"的判断,大量的缺旷课行为被模仿、复制。更糟的是,学生可能根据"缺课无人管、无处罚"的信号,进一步推导出"违反校纪校规无人管、无处罚"的观念,于是更多、更严重的的违规行为(如考试作弊、学术不端等)将可能发生。

上述案例解释了部分学生群体中普遍存在"学风不良""行为失范"现象的一项重要原因,正是因为轻微的违规行为(例如扰乱课堂秩序)没有得到及时纠正,就可能引发更为严重的违规行为(例如旷课、作弊);正是因为个别的违规行为(如少数学生缺旷课)没有以公开的方式受到处罚,可能诱使普遍的违规行为(如学生集体缺旷课),即,如果一扇"破窗"没有得到及时修复,那么校园秩序将可能因更多"破窗"的出现而支离破碎!

"破窗效应"的原理在于人们基于信息匮乏而产生的模仿,而"模仿"往往又是基于人们对"大人物"如何行为的敏感与盲从。正如西蒙·罗伯茨分析的那样,人们据以判断是否遵守规范的信息可能迥异于规范设计者的初衷,"在一些群体当中,那些罔顾被通常接受的规则和行为模式的人被认为是成功的和得到高度尊敬的人。"[①] 因为这些群体可能将违规行为理解为"大人物"的某种"特质",而且认为这也正是他们之所以能出人头地的原因。故而,在"违规风险"无法准确计算的情况下,倍受普通民众关注的"大人物"的态度与行为就成为个体行为行事的参照标准,而群体中的"他人如何"又将泛化成该群体所认为的"正当性标准"。如果学生当中的一些"大人物"(指在学生群体中具有影响力的人物,通常是那些活跃的文体活动明星、学生干部、社团领袖等)发生违规行为,而又没有以其他校规承受者"看得见的方式"及时受到处罚,则容易引起普遍的模仿,从而导致发生更多的违规。

"破窗"理论的意义不仅在于其可被用于解释违规行为被普遍复制或不断升级的原因,更在于它提示人们在发觉"信息缺失导致盲目仿效"这一规律之后,应当更进一步思考该如何反向利用这一规律,即思考"破窗"何以得到修补,甚至美化——通过完善规则和严格执行,将"轻微"违规行为的处罚必定化、公开化。仍以案例 3.6 为例,可以取消由任课老师随堂点名的"原始"考勤制度,改为"电子考勤"(利用数字化教学工具)并及时将数据汇总、公示,由相关校规操作者(可以是班主任、辅导员等)对缺课学生及时跟进,针对学生具体缺课原因及时引导,避免仅在"累计"缺课数达到一定数量后再对学生进行处分(事实上,由于案例中提及的诸多原因这种"累计"很少出现)。当"轻微违规行为必定受到处罚"的信息在群体中普及时,个体成员将会把其纳入"违规成本"的考量当中,而"大人物"因"轻微"违规也受到处罚的信息,能够更加显著地吸引普通成员的注意,那么改变"大人物"行为行事的态度、方法将是推进校园社区秩序良性发展的可行之路。

三 催生校园社区"非正式规则"

校规的明文规定对于校园内部成员而言,应当是普遍认可、遵行的正式

---

① 参见[英]西蒙·罗伯茨:《秩序与争议——法律人类学导论》,沈伟、张铮译,上海交通大学出版社 2012 年版,第 18 页。

规则，但由于现实中存在个体角色认同、智识能力、团体利益等诸多"变量"，"正式规则"并非完全被个体或团体所遵循。笔者在 S 大学的田野调查显示，正是一些"正式规则"的运行不利催生了有意控制人们行为的"非正式规则"：

> **案例3.7** 2017 年 7 月，S 大学举行期末考试。根据学校教务处管理要求，考试实行学院间交叉监考，即由 A、B 两个学院相互派监考老师参与对方学院考试监考工作，故同一个考场内同时由分属 A、B 学院的两名老师负责监考工作。在 A 学院的一门专业课考试中，B 学院的年青老师 H 看到一名学生正在利用"小抄"作弊，便上前制止并通知同场监考的 A 学院教师。A 学院教师将学生"小抄"收缴后，当场撕碎，并对 H 老师说："就不要处理他了，学生嘛，给个警示就行！"。H 老师没有反对，但提醒学生"不许再抄，否则将按作弊处理"。H 老师刚一转身，此名学生又从上衣口袋内取出另一张"小抄"，准备抄袭。H 老师发现后当即制止学生，并要求此名学生到第一排就座（以便监督），学生不但没有理会 H 老师的指令，反而回复："你有病啊？"同时在场的 A 学院老师未做出任何表示。H 老师对此感到震惊与无奈，但并没有向教务处举报此事，仅是在监考结束后向年长的本学院教师倾诉自己的"遭遇"。该名"老教师"附和了 H 老师对此事的不满，但提醒她以后再遇类似情况，可以加强与同场监考老师的协作，共同谨慎地"固定"学生作弊的证据后才能处理该行为，以避免不必要的麻烦（指学生就该违纪事实认定提出异议、对方学院的报怨等）。

就此案例而言，其表层是一起教师－学生之间就考试作弊这一常见校园违纪行为的认定、处理而引发的纠纷，看似可以直接通过依照作为正式规则的校规文本来处理：由发现考场内违纪现象的 H 老师向教务处举报同场监考老师和作弊学生的不端行为[①]，对相关当事人进行纪律处分。事实上，H 老师

---

① 根据 S 大学《教学事故认定及处理办法》，该监考老师"袒护违纪学生""销毁违纪证据"的行为已构成"重大教学事故"，应当受到相应处罚（包括物质利益处罚和精神利益贬损两方面，即扣除当月绩效工资、三年内不得参加所有评奖评优、不得参加职称申报等）；而违纪学生则依照 S 大学《本科生考试作弊认定及处理办法》进行处理。

并未如此行事（尽管她对自身的"遭遇"感到惊讶和不解），因为该案例的深层涉及到复杂的关系处理策略——受非正式规则影响的个体、团体已经卷入其理智、权力、价值观、既得利益和预期利益的激烈冲突之中。同一学院的师生个体往往因利益和专业的相似性而形成一个紧密的利益共同体，而且在师生利益共同体内部遵循着一些非正式规则，例如为维护团体的共同利益和自己在团体中的身份而"不做告密者""不做献媚者"①，故而对"考试"这一制度产生了不同于校规文本所要求的认识，并由此产生对校园秩序的不同需求与理解。

根据S大学教务管理规定，一旦认定学生考试作弊，学生本人将受到严厉处分，其所在学院也将在年终教学考核中被扣减一定分数（该考核分数与学院当年绩效工资挂钩），故学生的违纪会"牵连"到教师利益。再有，校规要求在对学生作弊行为进行认定与处理过程中，参与监考的其他学院教师只需要在《考试记录单》上做出记录、签名，而违纪学生所在学院则还需要安排两名教师与该名学生进行谈话、向教务处提交《违纪学生处分审批表》《谈话记录表》等文件，并办理相应审批手续。故而，对于违纪学生所在学院的教师而言，"捉获"作弊学生是一件"出力不讨好""很不划算"的事。S大学学院间交叉监考制度已实行十余年，相互交叉监考的学院一直稳定（比如案例3.7中的A、B学院，一直是固定"搭档"，彼此监督），故在长期从事监考工作的教师中已经形成一种"默契"：一旦发现学生有作弊行为，通常会先口头制止，如果学生不听劝告，继续实施违纪行为时，同场监考教师会在商议后，再决定是否报告学生的违纪行为。新加入监考工作的年青教师往往都将面临"逐渐熟悉"此项惯例的"考验"，正如此案中的H老师，对自身的"遭遇"感到惊讶和不解。

另一方面，依据S大学《本科生考试作弊认定及处理办法》规定，学生出现考试作弊行为轻则会受到"留校察看"处分、重则受到"开除学籍"处分，对其名誉、学业及未来发展将产生显著的负面影响，故而某些教师便会

---

① 美国学者E·马克·汉森在论述学校内部规则时借用埃尔顿·梅奥教授著名的"霍桑研究"中对工人团体内部规则理论框架，认为学校内部成员之间如同霍桑工厂内的工人一般，并不仅是对正式规则作出反应，而是作为团体成员的一员、在团体的非正式规则下做出反应、采取行动。参见[美]E. 马克·汉森：《教育管理与组织行为》（第五版），冯大鸣译，上海教育出版社2005年版，第63页。

对与自身归属同一利益团体的学生显现"仁慈""关爱",往往"放过"违纪学生,仅对其进行口头训诫,并不会向校方揭发学生的违纪行为。

正因为上述利益共同体内非正式规则的存在,在一定程度上限制了校规承受者对校规权威性、正当性的认识与理解。需要说明的是,这些非正式规则却是依存在正式规则之下,或者说非正式规则是应正式规则而生——正是因为作为正式规则的校规设计了对违纪学生所在学院进行"处罚"、附加额外义务的制度,才催生了团体内对抗这一正式规则的非正式规则。

从组织行为学观点来看,非正式规则普遍存在,而且比正式规则更密切地控制、影响着组织中人们的观念及行为,那么大学校园中教师出于对学院、同事、学生利益的"维护"而对违纪学生保持"纵容"的此种非正式规则就应当引起正式规则设计者的警觉——长此以往,校规承受者将很有可能"习惯性地"把对个体利益或小团体利益的维护置于遵守正式规则之上,促成"利益中心主义"、形成对抗正式规则的定势。

四 抑制受教育者的权利

学校教育的实质,在于通过对学生进行长期而体系化、制度化的有意管控与熏陶,以对他们的智识与意志产生综合性影响。用涂尔干的话来说,教育就是"唤起和培养一定数量的身体、智识和道德状态,以便适应整个政治社会"[1]。现实中,学生确实承受着来自学校的有意管控与熏陶。无论是学生家长还是普遍的社会期待,都将学校教育中的"管"与"教"进行关联,甚至认为学生正是因为在学校"受管束"才能"被教化"。就此,国家法[2]与社会期待共同赋予了高等学校按社会需要而培养塑造学生的权力,此权力通过两条途径得以实现:其一,履行法定职责,例如自主设定或调整专业及相关培养标准、颁发学位资格证书、制定校内管理规定等;其二,规定学生有服从学校管理制度和遵守学生行为规范的义务。

虽然无论是国家法还是学校内部规则,都以文本形式规定了高等学校学生享有的"权利清单",如学生有权按计划接受学校提供的教学活动,使用教学资源;参加学校组织的各类活动;申请奖、助学金;获得公正评价;取得

---

[1] [法]涂尔干:《道德教育》,陈光金译,上海人民出版社2001年出版,第309页。
[2] 如《高等教育法》第四章对高等学校组织和活动的规定、《学位条例》对高等学校学位授予权的认定以及《普通高等学校学生管理规定》第二章对学生权利与义务的规定等。

学历认证；对学校给予的处分、处理提出异议和申诉等[①]，但本书认为，作为学校充分享有管控权力的对价，这些被列出的学生"权利清单"并不充分。

本书所谓"校规承受者权利"指涉更长远、更广泛的主体权利——能够作为建构社会的成员而实现个体完全价值的资格与能力。然而，现实中部分校规运行过程中却在一定程度上抑制了校规承受者作为社会建构主体的权利，以下用三个案例从不同侧面就此进行描述：

案例3.8 S大学《学生宿舍管理规定》要求学生按时作息。根据此规定，学校宿舍每晚准时关闭大门，如果学生晚于关门时间进入宿舍楼，将被值班工作人员记录为"晚归"，并通报所在学院后受到相应处分；宿舍每晚于24时停止供电，次日6:30分再恢复供电，此间，宿舍内电灯及电源均不能使用。学校宿舍管理部门与学生管理部门定期或不定期会对学生宿舍进行"安全检查"，一旦发现违规电器（包括电吹风、电热毯、电热水壶等大功率电器）将进行没收，对物品的所有人进行处分，如果违规电器的所有人不能确定，则对全体宿舍成员一并进行处分。"安全检查"一般会在学生外出上课期间进行，管理员可直接用预留的钥匙开门进入宿舍内进行"突击"检查。

X大学为国内一所知名大学，学生住宿区由学生社团自行管理，学生进出宿舍楼、图书馆、实验室需要由本人刷卡并验证身份。该校校规中没有对学生每天回宿舍的时间进行限制，但如果连续24小时没有学生在宿舍、图书馆、自习室或实验室的刷卡记录，门禁系统会自动将该数据报告学生所在学院；宿舍每天24小时供电，每间宿舍用电所产生的费用由学生自行承担，每月自觉缴费。宿舍管理社团会定期对宿舍进行"卫生检查"，但检查时间固定并会在宿舍大厅提前告示。[②]

此案例将S大学与X大学学生宿舍管理规定进行比对，可以发现两所学

[①] 《普通高等学校学生管理规定》第六条以列举的方式归纳出学生在校期间依法享有的权利，该条第七款为概括性规定"法律、法规及学校章程规定的其他权利"，那么宪法赋予公民的一般权利（包括人身、精神及经济三方面的自由、发展权、平等权、参与社会管理的政治权等）当然包括其中。

[②] 此案例根据笔者与一名在S大学完成本科学业、后到X大学攻读硕士学位的学生访谈记录整理而成。笔者在访问X大学研究生院工作人员时对该名信息报告人所提供的信息进行了核实。

校在"管理风格"上存在着显著差异。在 S 大学，校方希望学生认同、接受宿舍管理规定的主要论说包括："保障良好的学习、生活环境""养成良好生活习惯""促成融洽的人际关系"等。而在学生看来，"晚归处分"和"宿舍断电"并不能真正实现校方的上述三种论说——当预知自己"晚归"将会"被记名、处罚"时，学生往往选择不回宿舍住宿，而是流向校外旅店、网吧、酒吧等。这让我们很容易联想到国家法对交通肇事责任配制所引起的不良后果（宁愿压死人，也不愿压伤人），小错转向大错；预知宿舍"断电"，学生会储备电池、电筒并使用笔记本电脑等设备，继续学习或娱乐，故而在固定时间"断电"并不必然保证宿舍成员统一就寝，宿舍成员之间因为作息时间不统一而发生矛盾仍然是引起校内人际关系紧张的主要原因。

在 X 大学，当学生连续 24 小时不在宿舍或自习空间出现，所在学院会收到门禁数据报到，此后将由专人对该学生行踪进行查询，通知学生本人到所在学院学生工作办公室说明情况，如学生能提供正当理由和凭证，学院将不会对其进行任何处罚（对学生提供的理由学院可通过信息记录查证）。如果学院不能与该学生取得联系，将启动"寻查"机制：通报家长、班主任，调动学生家长、学校教师和同学尽快查找"失联"学生。该校同样存在学生宿舍成员间因作息不统一而引发人际关系紧张的现象，但学生一般会通过自行到宿舍管理社团（学生组织）进行登记、申请更换宿舍来解决此类问题（更换宿舍不需要学校审批，手续便捷）。

经过比对可以发现：无论采取何种模式，学校设置宿舍管理规定的目的均在于对学生进行管控，将他们在校期间的时间、空间及行动内容纳入到校规控管之下，使之按校规预设的顺序和节律进行分布和排列。但两校的差别在于，在 S 大学，学生接受着更加"全面"的"管照"，这种全面管照以强调"关爱"学生为名，由校规对学生在校期间的衣、食、住、行各个生活、学业细节①均进行设计、安排，并反复强调学生应当接受并认同来自学校的

---

① 2017 年 5 月，S 大学一名学生在校外搭乘其朋友租借的"共享汽车"，在行驶过程中不幸与一辆大型货车相撞，导致该名学生严重受伤，就此 S 大学召开"紧急会议"，部署各学院排查存在的"安全隐患"。在排查过程中，有学院上报："周末及节假日学生普遍存在外出打工兼职"的情况，而且"很多兼职机构会派客车到校外接学生前往各地州做家教"。据此，出于"对学生安全的考虑"，S 大学决定（通过下发明文通知的形式）劝阻学生周末、节假日前往地州做兼职。此决定一出，立即引起学生的普遍反抗（约30%的 S 大学学生与上述家教机构签订了兼职合同）。实际上，学校也未能对学生外出进行严密监控，故而该项规定形同虚设。

"关心、关爱";相比之下,X大学对学生的训导强调的更多是自觉与自治,留给学生更多安排个人作息的自由,同时强调学生社团的自主管理与协作互助功能。

比对两所大学对各自学生进行管控的不同理念,不禁让笔者反思S大学一味强调"全面关爱"是否是一种必需?是否会存在某些弊端:学生真的完全缺乏自我"管照"的能力?一旦学生习惯于生活、学业各个方面接受来自学校无微不至的"关爱",何以能够养成校规训导预设目标的"作为社会建构者的主体性自觉与能力"?更为严重的是,校方此种"关爱"在现实当中往往因脱离实际或过于"一厢情愿"而遭遇校规承受者的冷漠或规避,长此以往就有可能导致承受者形成"漠视法纪""逾越规则"的思维定势。

案例3.9 根据S大学《开展"助力中国梦 滴水见功夫"系列活动的实施意见》规定,学校为每一间学生宿舍配置大号水桶一只、水瓢一个,要求学生把洗衣、洗脸之后的中水收集在大桶中,用于冲洗宿舍内厕所。该校规运行初期,校方派人到部分宿舍进行过宣讲,并组织部分师生参观宿舍"节水"效果。事实上,仅有少部分学生宿舍在该项校规推行初期为应付检查而使用过"节水桶",而大部分宿舍均未按校规预设的目的来使用这些水桶。当笔者问及学生为何不使用"节水桶"时,被访学生提及的原因包括:"误以为大桶是用于储存清水以防停水的(但学校近年来几乎没有停水的记录)""中水冲洗厕所效果不好""使用水桶太麻烦、不方便""大水桶太占地方"等。当笔者告知他们学校设置"节水桶"的本意之后,大部分学生就此表示"惊讶",觉得此项规定"可笑""幼稚"——节水非得用学校统一发的桶?直至目前,大部分宿舍的水桶要么被闲置,要么不知所踪。

正如前文所述,校规"性格"之中包涵了道德教化的元素,很多校内规范便是直接来源于传统道德。"勤俭节约"是中华文化长期倡导的美德,校规提倡学生节约用水本无可厚非,但以配置"节水桶"的形式推行"节约"实际造成的却可能是资源浪费:校方批量购买水桶、水瓢,花费几十万元经费,而绝大部分水桶目前却处于闲置状况。更为关键的是,校方并没有对宿舍配置"节水桶"前后的学生宿舍用水量进行比对,无法证实其节水效果。与此

"无效"行为形成反差的是，学校并没有对学生长期以来抱怨的"宿舍安全隐患""垃圾堆异味大"等问题采取有效举措。笔者在田野调查中确实发现每栋学生宿舍楼没有安装门禁系统；一楼大厅安排的值班人员[①]经常不在岗，而且即使值班人员在岗也很少会对进出宿舍人员的身份进行辨识、核对。因此，学生宿舍楼常有外来人员进入各楼层散发小广告或推销商品，明显地影响到学生休息，而且宿舍内盗窃案件也时有发生；宿舍一楼放置的垃圾桶清理不及时，天气热时臭气熏天。在"无用水桶"与"宿管不利"的两相对比之下，便有学生产生对校方"多管闲事"和"不作为"的双重报怨。

这里的问题是，校规应当将哪些内容纳入自己的管辖之内方为恰当？毫无疑问，即使出于"道德教化"目的，校规也不能"无所不包、无所不管"，不恰当的校规创立，不但使其显得极为臃肿、低效，还可能因过于分散而失去被严格执行的能力。假设校规操作者的"精力和预见"是有限的，就有必要将这些"精力和预见"聚焦到必须由校规作出"强制"保障的领域——正如案例中提及的"节水"问题本可以让渡于道德自觉或经济调控（例如对高于平均用水量的宿舍征收"阶梯水价"、限量供应每间宿舍用水量等），而"宿舍安全""垃圾清理"等则应当由校规创设必要制度作为保障（例如建立进出宿舍刷卡制度、来访实名登记；垃圾分类、清洁标准等）。

案例3.10 学生X，男，W学院2013级西语专业学生。学生X当年以高分考入W学院，担任学生干部，与老师、同学关系良好。学生X所在班级的班主任对学生要求极为严格，依照校规所规定的《作息时间表》，要求班上所有学生于每个工作日7：30到W学院大门集合，并带领学生早读；每天晚上22：30到学生宿舍检查学生学习、作息情况；每月组织学生专业知识、技能考试。直到大学二年级结束，学生X都严格遵守班主任的各项"要求"，并成为全班公认的"学霸"。按照其所读专业培养计划，学生X于大学三年级到西班牙进行为期一年的"交流"，并于大学四年级上学期再到欧洲多国进行专业实习，此后又自行到泰国兼

[①] S大学现在校址原为农田，2006年建设该校区时征用了当地农民大片土地。作为对农民的补偿之一，学校承诺安置失地农民在校内就业，主要从事学生宿舍管理、教学楼物业、食堂餐饮及保洁保安等工作。长期以来，此类人员培训、管理方面缺乏有效制度，主要采用"外包"或劳务派遣等用工形式。

职工作。在大学的后两年期间，学生 X 经历了从刚开始时"无人管"的"茫然无措"到随后"毫无约束"的"自由自在"，再到后期"漠视校纪校规"的"放肆任性"——不按规定完成作业、拖延提交学分置换材料、找人"代写"毕业论文等，学生 X 成为 W 学院公认的"问题学生"。

在此案例中，我们可以清晰地看到一个学生因缺乏从"他律"向"自律"契合转换的能力而导致学业困难的"故事"。而描述"故事"的意义在于说明校规单纯地"机械"执行并不一定可以实现预设目标关于塑造承受者秩序偏好、养成规则意识亦或启迪个体主体性的"理想"①。

从案例 3.10 中可见，学生 X 的大学时光被分成了两段：前两年，校规因班主任"严格、细化"地操作而作用于他的行为，学生 X 也确实遵守校规各项要求，而此过程中却无人关心②这些校规是否真正作用于他的"内心"；后两年，学生 X 跨越校门，校规就此被他"搁置"在了校园之内——对于学生 X 而言，"是否遵守校规""违规是否应接受处罚"等均处于暂时无人监控的状态。被动习惯于"他律"之后，学生 X 并没有对规则产生内心认同与敬畏，一旦实施"他律"的手段消失或者鞭长莫及之时，潜在的违规意识就在"自律"缺失的情况下转变为现实违规行为。该案例表层是对一名学生从"学霸"沦落为"问题学生"的描述，其深层意义则在于提示校规运行的关键就是引导承受者树立"自律"意识，否则校规即使"生效"，其效力范围也仅限于校园内部，承受者的态度、行为仍会处于"分段"的状态——在校内"被动"遵守规则，一旦离开校规"他律"手段的管辖范围，则表现出"主动"违规。

根据皮亚杰的心理建构理论，人存在"内在进化"的发展与完善过程，即从"他律"经由"自律"最终达至"自由"③。在"他律"阶段，个体独立于社会规范，将来自规范的要求视为异己的外在力量，主体即使是依照规范而行事，也仅仅是"合乎法则，而非本于法则"。当个体发展至"自律"阶段，个体意识到自身与社会的内在联系，将外在的社会规范内化为个人内

---

① 尽管学生 X 后两年到国外"游学"的经历及其间他所遇到的人和事可能显著影响了他的价值观和规范意识，但其内心的"自律"未完全建立应是导致其行为发生转变的主要心理根源。
② 包括校规操作者和承受者本人，均未对校规是否促进"自律"进行过验证与反思。
③ 参见［瑞士］皮亚杰：《皮亚杰教育论著选》，卢濬选译，人民教育出版社 2015 年版。

在的操守，以求在社会现实当中实现自我价值。而人的"最高境界"则是"从心所欲而不逾矩"的"自由"，即人们发自内心地认同社会对于自我的重要意义，将社会责任视为个人使命，将遵守社会规范作为内心的需求，即对社会产生了强烈的归宿感与义务感。

事实上，上述心理学理论在现实当中并非在任何一个个体身上均能验证，而且这种"验证"也非是一个完全自然、自发的过程，而是有赖于制度的精密设计与引导——哪些内容应纳入"他律"范畴、"他律"采用何种手段、个体对"他律"的感受与反馈等均需要慎重对待。对于那些不能被完全理解、认同的规则和"他律"措施，将会一直被搁置在主体自觉和"自律"外围。那种认为社会规范只要在强迫之下而无需理解、久而久之便会"心向神往、不知不觉地"转化为自我约束机制的论说只能是自欺欺人。只有导向个体主体意识、基于自我负责地遵守规范，才能产生长期的、持续的效用——对既有法则保持谨慎、批判的态度，并据以调适个体与他人、社会的关系。因此，此处的"主体意识"，不再仅关乎个体的权益或便利，而是包括了主体出于对其他主体权利的尊重与认同、积极主动地参与共同规范创设与维护的意识自觉，以及遵守规则的行动自律。

总之，学校为实现社会所期待的"训导"，需要凭借"教化"权力的实施，即主要通过校内资源调配与学生行为管控来对学生施行"习惯养成、行为引导、人格塑造"，这种权力的实施往往以一定程度上限制学生权利为对价——有限的时间、空间和行为方式，这就意味着权利限制的程度必须受到"合法性"与"合理性"的考问，而标准之一则在于校规是否能够长远地、以"看得见"的形式增进校规承受者的权利，使其在顺应社会价值的过程中实现个体价值，这就解释了校规过分、过度"关爱""观照"校规承受者并不一定会取得预期效果，反而可能导致承受者主体意识与能力的弱化或丧失。

五 诱发权力滥用的想象

本章第一项话题已就行动中的操作者进行过描述，认为校规的运转与实效在很大程度上依赖于校规操作者的态度与行为。从中可以发现，受社会环境变化、层级制度及校规文本自身不周延、不明确或具体操作过程中普遍存在的个殊性等诸多因素影响，校规操作者的这些"操作"往往带有"灵活变通""因地制宜"的意味。此处的问题在于，每一项具体的校规操作都可能指

从规范到训导：大学校规的法律人类学研究 >>>

向校规承受者的权益，最为典型的即是针对承受者学业或操行的结论性评定，而这种评定结果不仅指涉承受者当时的物质增益与精神利益（如能否获得奖学金），还会深刻地影响到承受者对"规范"及其背后"权力"的认知。换句话来说，正是在具体的校规操作过程中，校规承受者被赋予了关于在校整体生活以及具体行为的意义——大学生活是否是"规范之下的生活"、个人目标与手段是否应当符合校规预设风格、"读大学"能否达到预期目标等等。因此可以说，正是校规的具体操作编织、传递着校园生活的"意义"。

西敏司曾经详细地描述过英国工业化进程过程中"糖"如何被不断地赋予一定意义，进而分析其背后的权力运作机制。同样地，编织与传递校园生活的"意义"确实也蕴含着权力运作之义。凭借此，校规操作者可以对承受者的行为与观念进行塑造与控制，因为"意义不是天赋的而是后天习得的，而意义被相信是内在于事物之中，内在于事物之间的各种关系以及人们的运动之中……事物和意义之间的联系一经我们习得，便好像成了常识或者说'天经地义'的"①。故而，一旦校规承受者在此过程中对权力的认知受到"负面"干扰而偏离正轨、发生故障，承受者对权力的想象将可能会走向两个极端：要么绝对信奉权力并渴望自身成为"权力滥用"的受益者，要么对权力产生全面质疑、否定的心理定势，报怨自己沦为了"权力滥用"的受害者。

事实上一些"概念不清、标准不明"的校规为那些直接负责具体操作过程的校规操作者们（通常指班主任和辅导员）预留下了大量空泛的操作空间。通常这些操作者们被要求用自身的行动去填平校规文本表述与运用现实之间的沟壑，如访谈3.5中的Y老师那般带领或引导班级集体制定内部规约，使校规行驶上明确、具体的轨道而得以运转。关键是这些班级内部规约的制定，常常因为班主任个体学识、态度、情感的差异而存在区别，故而同一项校规在不同班级的运行往往存在着现实偏差。校规承受者作为能动的个体，能够极为敏感地体察觉到"班主任""班委"的权力（尤其是认为自身利益因此种偏差存在而受到不利影响之时），于是他们总是等待着获得关于此种权力合法性、合理性的论证与说明，一旦等待未果或解释不及时，便会对此种权力、乃至整体大学教育制度产生质疑与抵抗。

---

① ［美］西敏司：《甜与权力——糖在近代历史上的地位》，王超、朱健刚译，商务印书馆2017年版，第157页。

以下是一则具体事例，从中可以看出，在 S 大学部分校规承受者的想象之中，校规操作者手中的"权力"重大且富有任意性：

案例 3.11 S 大学为鼓励学生参与"创新创业"，在校内专门规划出多个商铺和商位（小型经营场所）作为"创业基地"，免费提供给经选拔和培训合格的创业团队使用。校方原意在于通过提供经营场所便利以倡导广大学生积极申报创业项目、开展创业实践。该项目自 2015 年启动以来，学生反应冷淡，少有学生到管理部门提出申请，很多商铺空置，一些商位还出现被违规"转租"的情况。当笔者问及学生为何对申请创业基地不积极时，学生提到的原因包括："这种好事肯定不是白得的""听说申请到的都是与某某老师（基地负责人）关系好的""申报成功的项目都是有人'内定'的"等等。而当笔者询问创业基地内为何会出现"商位转租"的现象时，学生谈到的原因包括："有关系的人争取到项目后发现做不了，转租商位可以白白得到好处""反正没人管""是某某部门的老师默许"等。

从上述案例可以清晰地读到两点信息：其一，校规承受者对校规背后的权力存在不信任；其二，校规承受者习惯于将获得额外增益归因于非正式规则，片面地将"权力-利益交易"视为"常识"。可以肯定的是，校规承受者对具体校规的上述两项"解读"并非与生俱来，而是从长期日常生活中"领悟"到的经验！尽管校规承受者可能基于接收来自校外负面信息的刺激（如社会中公众对某些正式规则的普遍不信任）才形成上述所谓"常识"，但他们对校规运行实况的"观察"则是更为直接、显著的信号源。校园社区内部"校规操作者能够灵活变通适用校规"的信息，经由校规承受者的理解加工而被改编为"校规操作者具有无限权力"的新信息，新信息又在校规操作者的某些工作现场中被验证、强化，进而成为一种普遍的"常识"。

笔者认为这种"常识"是与校园内部法则训导预设目标完全相悖的，有必要对其进行"纠偏""校正"。即使校规操作者的"灵活变通"是迫于既定校规不可避免的时滞（time lag）或僵化的无奈、即使校规操作者"灵活"适用校规的初衷在于更经济地实现资源分配，以使学生最大可能地受益，并尽可能地体认来自学校的"关爱"，但这种"灵活"总是以校规操作者保留极富弹性的裁量权为前提的。校规操作者的此种"事实上的裁量权"(fact discretion)[1] 实实在在地影响、控制着对象的意志与行为,故而是一种现实的权力类型,并且细致入微地渗透、散布在对校规承受者实施"操控"与"熏陶"的全过程。

基于法理学常识[2],任何权力都应当受到制约并且以权力受众可见的方式加以制约,否则将可能出现所谓的"权力失控飞地"(enclaves of ill-controlled power)[3],引起受众"不公平""不正义"的想象与抱怨,甚至还可能发展成为拥有权力者针对受众的压迫与暴力。故而,校规操作者"灵活变通"的权力必须被控制在严格限定与合理的范围之内,并且这种"变通"的程度也应当不至于有损校规的制度性与权威性。具体而言,校规操作者在具体操作过程中,"为何""何时""如何"进行"灵活变通"均需要校规做出限制,而且这种限制需要以向全体校规承受者公开的形式存在。例如,当学校《综合素质测评体系》中缺乏对学生前期获奖等次及加分标准的界定时,应由学院在广泛征集学生意见的基础上拟定细化规则,并报学校分管部门审核通过(保证细化规则不与其他校规冲突以及在一定范围内的普适性),再经过向全体学生公开后方可适用该细化规则。此过程的核心在于校规承受者的实际参与和信息的透明交换——以承受者"看得见"的形式来突破校规的时滞或僵化,并让他们感受到"灵活变通"目的与程度的必要性与公正性,而非出于校规操作者的"任意"或"私心"。

遗憾的是,正如案例3.11所展现那般,我们所期望的"校规承受者广泛的实际参与"和"操作者与承受者双方之间的信息透明流转"尚未成为大学日常生活的普遍现象,相反,校规承受者对校规及操作者存在不信任,对其

---

[1] 此处借用法理学上指陈法官自由裁量权的术语,意在说明尽管校规文本是校规操作者的"工作守则",但无法对其业务进行完备、明确的指引,而是正如法律制度需要赋予法官在疑难案件中行使自由裁量权以纠正法律的刚性与不适当性那般,校规也需要操作者的"自由裁量"。参见[美]E.博登海默:《法理学:法律哲学与法理方法》,邓正来译,中国政法大学出版社2004年版,第337页。

[2] 例如孟德斯鸠关于权力的观点、阿克顿勋爵关于"权力导致腐败"的警示、德国历史学家弗里德里希·迈内克(Friedrich Meinecke)关于"权力魔咒"的比喻(即被授予权力之人始终面临逾越正义和道德而滥用权力的诱惑,不可抵抗)。参见[美]E·博登海默《法理学:法律哲学与法理方法》,邓正来译,中国政法大学出版社2004年版,第62、377—378页。

[3] See Julius Stone, *Social Dimensions of Law and Justice* (Stanford, 1966), p. 589—592, 转引自[美]E·博登海默《法理学:法律哲学与法理方法》,邓正来译,中国政法大学出版社2004年版,第374页。

公平性、正当性存在质疑，转而偏信、夸大"非正式规则"的存在。而这又与校园内部法则所追求的"强化规则意识""养成主体意识与能力"的训导目标背道而驰。

综上所述，在复杂的现实当中，校内法则的运行可能产生诸多非预期效果。这些非常后果不仅影响到校规的权威与效力，更在一定程度上对校规承受者施加了负面影响——因片面强化物质利益而导致校园人际关系失常；因未及时、有效制止轻微违规行为而刺激更普遍、严重的违规行为；基于团体利益所诱发的以"非正式规则"对抗或规避"正式规则"的思维定势；因校方单方面的过度"管照"而抑制了校规承受者发展作为社会建构主体的意识与能力的权利；因缺失广泛参与和信息交流的机会而强化校规承受者对"权力滥用"的不实想象等。在复杂的校园社区现实内，上述反常后果发生于既有内部规则与不同主体行动的交互往来过程之中，因此，仅仅依靠既有的规则并不能确保训导的常态。由此说明，需要从校规所在的校园文化背景着手，探索校规良性运行的可能其及文化意义。

本章小结

长期的田野调查显示，校规运行于复杂的现实社区文化环境当中，多重因素抑制了校园社区内部法则的训导常态，而产生了大量另类后果。本章依次从"行动中的校规操作者""校规承受者的叛逆与抵抗"和"校规运行的另类后果"三个话题对校规训导功效"失常"的状况进行描述与分析。

在校园文化社区中，校规作为一种内部法则，链接着校规操作者与校规承受者的互动。正是校规的运行构成了校规操作者职业群体的层级结构和工作模式，并产生校规操作者自由裁量权的现实需要。事实上，校规操作者并非僵化地执行既有规则，而是基于职业层级压力或个人抱负，在现实中积极融入个人对规则、事实的理解，能动地助推着校规的运转与变迁。校规操作者的此种"能动"在一定程度上保证了其"工作任务"的按时完成，同时也深刻地影响着校规承受者对校规权威性、公正性的评判态度，潜在地塑造着校规承受者的规则意识。

并非所有的校规承受者都能严格依从校规的安排而进行他们的大学生活，这就不可避免地发生了校规被违反或抵抗的事实。透过对典型校园违规事件描述，对违规深层原因进行追问——究竟是什么导致校规遭遇叛逆与抵抗？综合越轨社会学理论的"实证主义"和"建构主义"，可以认为，正是校规的存在与运行建构出校规承受者的违规，简单的"不道德""不能够"并不足以充分解释其违反校规的原因，而需要把个体的行为纳入整体的文化环境之中才能得以把握。因此，讨论此话题的目的并不在于"行为矫正"，而是要对文化框定下的"规则-行动"互动策略进行反思——校规产生于怎样的社区文化，又承担着怎样的社会功能与责任，如何才能增进规则的内部性，实现对受教者的训化与教导。

在校园社区既有规则与内部成员行动的双向互动过程之中，产生出一系列脱离内部规则预设训导目标的现象——校内人际关系的失常、校园生活中违规行为的"破窗效应"、非正式规则对正式规则的挤兑、校规承受者作为社会建构主体的权利受到抑制，以及校规承受者对权力滥用的不实想象被放大等。

校规运行的"另类后果"产生于特定的文化背景，因而只有将其"放置"于所在文化当中才能获得理解与消解。也就是说，需要以文化整体观的视角来对校规所依存的校园文化、乃至整体社会文化进行慎思，方能寻找校规良性运行的文化支撑，从而化解其自身局限性，因此本书第四章节将进一步明晰校规良性运行的文化意义。

第四章 校规良性运行的文化意义

校规运行于丰富的校园社区生活之中，并非总是能够自发地保持训导常态，偏离预期的诸多另类后果时有发生。现实生活的复杂性映照出校规内在的局限性，仅凭校规体系自身难以应对复杂的校园生活，孤立、封闭地运用既有校规，可能引发校规主体对规则有效性、公正性和权威性的诸多质疑，进而选择多种变通或抵抗策略。这种对规则的切身经验往往又会导致校规承受者对普遍意义上的社会规范的不当理解或有意违抗。就此角度而言，校规运行的效果将显著影响受教育者对社会规范的认知与理解，以及守法习性养成的情况。所幸的是，良好的校园文化可以弥合校规的内在局限性，从而尽可能地维护校规良性运行，推动校规的"内生性"增长，同时也促成校规承受者从"内部观点"来体认、遵从规范的习性，以此实现校园文化社区内部法则对成员主体身份识别、行为规范引领与社会化赋能的训导目标。

第一节 校规良性运行的阻碍

校规作为校园文化社区的内部法则，担负着明显的社区控制职能，但也如其他社会控制机制一样，存在自身的局限性。这些局限性一方面表现为其作为"法"而本身自带的"守成时滞""有限管辖""不能周延"等特性；另一方面则表现为其作用机制的间接性和象征性——校规有效性通常依赖于承受者的自愿服从，且需要借助象征性地赋予承受者某些符号资本而得以实现。就是说，校规要完成对承受者的持续性正向训导，并进而引领整体文化，需要不断地以一系列象征性符号来激发起承受者情感、态度、价值观上的认同，但在此持续而间接的过程中，训导效果可能因受到多重因素的干扰而存在一定程度的不确定性。

一　校规的有限性决定其非封闭与非自足

校规作为大学这一特定社区的内部法则，同样存在普遍意义上的"法"所具有的局限性，具体而言包括如下几点：

其一，"规范与事实"之间的不完全对应。校规作为一项制度性规范，其运转的逻辑在于由"立法者"假定某项事务、关系的应然状况，并规定达至此理想状况应当遵守的具体规则，以及不遵守该规则将承受的后果或责任。如果用公示来简化表达，则可以是："如果……那么，否则"。在理想状况下，校规的具体规则与需要适用此等规则的事实能够一一对应，于是便可以直接由校规承受者比对规则而行为，而由校规操作者依照规则来监控、评定承受者的行为，如果行为与规定不符，则可按既定的方案进行处理。

然而，问题存在于两个方面：一方面是现实的复杂多变使得"立法者"（此处指校规创立者）无法穷尽校园生活中的所有"事实"。也就是说，再繁复的校规创立也无法涵盖校规生活中的全部事实，即校规在应对复杂的生活现实时总会存在"不周延性"和"滞后性"。一旦遭遇校规规则"真空"之处，只能由承受者或操作者"摸索"行事，例如校规中大量存在的关于"未尽事宜，由学院参照有关标准酌情处理"的默许式规定，由此导致校规运行结果在一定程度上难以预测；另一方面，在具体适用校规过程中的事实认定存在一定程度的困难，正如庞德所言"法令承认提供的事实并根据事实来宣布指定的法律后果。但是事实并不是现成地提供给我们的。确定事实是一个充满着可能出现许许多多错误的困难过程。"[①] 此处借下述案例就该现象进行描述：

案例4.1　根据《S大学本科学生综合素质测评体系》规定，学生每一学年参加"综合素质测评"，可以向学院提交个人在该学年内获得的各种荣誉证书和资格认证，用于获得相应"加分"。其中"凡在本学年担任学生干部，根据工作绩效，按下列标准加分"：

等级	优秀	良好	合格
分值	10	8	6

---

① [美]罗斯科·庞德：《通过法律的社会控制》，沈宗灵译，商务印书馆1984年版，第26页。

"参加比赛按以下标准加分"：

级别	一等奖	二等奖	三等奖
全国	40	30	20
省级	30	20	15
校级	20	15	10
院级	8	6	5
系级	5	3	2

"参加社会实践按以下标准加分"：

类别	具体项目	加分标准			
社会实践能力	社会调查报告	国家级表彰 30	省级表彰 20	校级表彰 10	院级表彰 5
宣传能力	海报、课件、手抄报	校级一至六名：10、8、6、5、4、3			
	宣传文章发表	省级及其以上刊物一篇 15 校级刊物两篇以上 10 校级刊物一篇或院级两篇以上 8 院级发表一篇以上 5			

初步阅读上述校规表述即可发现，在认定"加分"事实时必然会出现诸多困难。首先，担任学生干部的"工作绩效"很难被准确界定（由谁界定、界定标准等缺乏制度依据）；其次，学生参与各类比赛、活动名目繁多，校规所作说明却过于概括，哪些证书可以作为"加分"凭证、应当参照哪类标准给予"加分"等具体问题都可能引发各方争议。由此，每年九月份进行本科学生综合素质评定阶段，学生之间、师生之间围绕"综合素质测评"评分便会产生大量争议与纠纷（相关案例可参见第三章，案例3.3）。可以说，校规存在的"规范－事实"不能完全对应的问题，使得不可能简单地依靠"法律运行的三段式"想象（即所谓通过固定规范"大前提"、查明事实"小前提"、涵摄"法律事实"推出结论）来推动校规运转，而必需持续且慎重地考虑"事实"与"规范"之间的互动——根据"事实"的需要来不断反思"规范"的合法性与恰当性，将不断演进的"事实"整合入"规范"之内，以对"规范"进行补充与完善；根据"规范"来重新认知感悟"事实"，有目的、有选择地构建出新的"事实"。但是，这种"持续且慎重地考虑"，并不能仅从校规本身出发就能达到，而是需要居于校规所在的校园文化乃至整体社会文化的视角才有可能实现。

从规范到训导：大学校规的法律人类学研究 >>>

其二，校规所设行为规范以承受者力所能及为限。校规往往通过限定承受者的活动范围、行动内容、形式与标准来对其实施行为规制、习惯养成和品格塑造，但校规就承受者具体行为所提出的各项"要求"都应当与承受者的能力所匹配，否则将成为遥不可及的"空中楼阁"。比如说，要求所有学生都"能与同学进行积极的沟通和交流，深得同学们的喜爱"①等，凭借常识可知是不可能仅仅以"规定－执行"的方式来实现的，即无法仅通过校规的内在方式（指在综合测评体系中给予相应"加分"）来发挥实效。尽管这种要求在人际交往关系方面具有珍贵价值，但作为应当受到普遍遵守的行为规范，则超越了大部分承受者力所能及之处，显得虚无缥缈，毕竟校规是以严谨庄重的制度形式存在的，制度只有在现实中能够被普遍遵守才具备实效性与可行性，也才会显得真确实在。

其三，校规存在难以管控的生活领域。与普遍意义上的"法"一样，校规的管辖总是有限的，无法从时空和内容上穷尽对承受者观念、行为的全面覆盖与统摄。校规只能在一定时间和空间之内对校规承受者产生实质的拘束力，而且也无法对全部社会关系（诸如涉及个人情感的关系等）给予直接指引。

从校规时间向度上的有限性来说，校规本身仅在一定时段内对S大学学生具有拘束力。当个体成为S大学一员，即以拥有特定象征符号（如获得录取通知书、取得学号编码、办理学生证等）而证明其成员身份之时起，校规方对其产生现实的效力；而当个体因毕业或肄业等原因离开S大学之后，除少数校规可能在短期直接规制学生言行之外②，绝大部分校规将不再直接作用于学生。因此可以说，校规的时间效力与承受者的身份有着紧密联系，只有在承受者附着有S大学成员身份的时间段内，校规才能够直接作用于承受者的行为。

此外，本书在第一章中已对S大学校规所列作息时刻表进行分析，认为作息时刻表的意义不仅在于公告校规承受者应当遵守的作息节律，更在于以"分段""周期"的形式提示承受者时间的流逝以及自己所处时段对应的行为规范。校规对校园生活的这般设计，实质上使时间"颗粒化"——校园时间被分割为每个学期、每个教学周、每个工作日、每个课时单元，并且在相对

---

① 引自《S大学本科学生综合素质测评体系》关于"品德基础素质"的要求。
② 本书在第二章中描述了校规时间效力延伸至学生毕业之后的例子，即要求学生在毕业之后的当年8月、12月分别向辅导员报告自己的就业情况。

"封闭"的时间颗粒内对应各自具体的行为规范。但是，校规却并没有就时间"颗粒"之间的"间隙"内承受者应当遵守的具体规范做出界定，因为这些时间"间隙"通常被理解为可以由承受者自行把控的时间段。事实上，往往正是这些"间隙"的利用情况决定了学生在大学期间的学业表现及个性发展状况，而校规却不能深入到所有"间隙"中做出详细规定，否则就会成为一张因为"比例尺"或"投影"不当而无法解读的"地图"[①]。

从校规空间向度上的有限性来看，校规在学校可以控制的物理空间范围内能够直接指引承受者行为，而校规承受者在校门之外或操作者监控不及之处的行为，更多地受到其他社会控制机制（例如国家法律、伦理道德、公众舆论、风俗习惯等）的调控。校规创立既无法穷尽对学生校外行为的多样性以及其对应规则的想象，也没有逾越校园空间管控学生行为的必要——校外空间已由其他社会规范管辖。是故，S大学特别强调学生"外出住宿"应办理相应手续，并要求学生承诺"本人自行到校外住宿，应对自己的行为能力负责……所发生的一切问题一律由学生本人及其家长负责。"[②] 即以学生办理完外出住宿的申请手续为分界，此后学生在校外空间内可不再受校内宿舍管理规定的约束，其行为主要受制于国家法律、伦理道德、风俗习惯等其他社会控制机制的调控。

再从校规内容向度来看其有限性，校规只能就有限的社会关系创立相应规则，即对经由承受者行动而发生的权利义务关系直接做出明文规定，但却难以直接对校内个体作为学校成员的情感或是个体之间涉及情感层面的关系进行管辖。就是说，校规可以直接规定承受者在具体情景下应当如何行动，如规定"在某时段完成选课""准时报到注册"等具体行动的步骤、方式、标准等；但却不能以文本的形式给出承受者如何达到校园文化所倡导精神境界（例如"刚毅坚卓""明德睿智"之类）的具体指引，也无法直接明确校内成员何以能够形成良好的人际关系（例如"尊师""友爱""团结""和

[①] 此处参考了桑托斯在讨论法律多元的必然性时所用比喻。参见［美］桑托斯《法律：一张误读的地图——走向后现代法律观》，朱景文摘译，载朱景文《当代西方后现代法学》，法律出版社2002年版，第89—115页。

[②] 引自《S大学关于加强学生外出住宿管理的规定》。当然，校规如此规定主要是基于对责任和义务的界分：学生在校内住宿，学校负有更多的安全管照义务，而一旦学生外出住宿，则学校可就学生本人的行为后果免责，即将学生外出住宿管理规定，作为一种规避学校责任风险的制度工具。

睦"等)。

其四,校规所能采用的强制手段有限。校规作为一种制度性规范必需一定的强制措施以保障自身在现实中的运用与实效,即能够通过一定的形式产生某种可以由承受者感知的"拘束力",从而沿着规范既定指向而行动。在本书第二章已描述过校规以"奖－罚"二元机制为基础的训导体系,可以感受到校规的强制手段其实被限定在较为狭窄的范围之内,一方面,不得有指向承受者身体的物理性暴力处罚(国家法律禁止校规使用"体罚"形式);另一方面,校规作用于承受者资质、权益层面的限制也被尽可能地克制在一定范围之内,例如:校规对违规者的处分限于国家法所规定的形式与种类(只能是"警告""严重警告""记过""留校察看"和"开除学籍"此五种,而且国家法已明确限定适用"开除学籍"处分的范围①)、对于违反校纪校规的在册贫困生既不能限制其申请助学金的资格,也不能扣减其已享受的资助金额等。可见,校规强制所包含的"罚"只能指向限定内容和必定形式,而且除了极为有限的"经济罚"之外(仅取消违规者申请本学年奖学金的资格)②,校规训导所施加的其他压力,如老师、同学给予的否定性评价、排斥、疏远等,均不是校规文本本身所能直接产生的强制效果,而是借助校园文化的承载和个体的感悟才得以发挥拘束力。

其五,校规施行"因人而宜"所导致的不确定性。校规无法离开行动中的主体而独立运转。其中,校规操作者作为校规施行的"过程性"评价者,无疑是驱动校规运转的关键动力之一,他们的职业内容主要便是依照校纪校规对承受者的行为进行监督与评价——当校规承受者能够依照校规的"明示"而行事时,需要校规操作者对这类"依规行事"给出肯定性评价,以激励更多的"循规"仿效,从而促进"循规"行为的延续与扩散;而当承受者的行

---

① 见《普通高等学校学生管理规定》(教育部第41号令)第五十二条规定。
② 尽管此前S大学校规中关于奖学金评定的相关规定明确表示,如果获得奖学金的学生发生违纪违规行为,学校将收回该生已获奖金,但笔者在田野调查中并未收集到任何因违反校纪校规而被"追回"奖学金的事例。故认为,此种规定通常仅是起到"警示"作用。因为如果真正严格地按校规执行"追回"违规者已获奖金,则可能存在一系列技术问题——根据我国事业单位资金管理相关规定,学生奖金统一由银行从学校专项账户转账至获奖学生个人账户,学生本人可以随时支取,但学校却不能任意发起扣款。即使经银行审核通过发起扣款,也可能存在学生账户无款可扣或余额不足的状况。更为关键的是,学校作为非营利性单位,不得要求学生缴纳未经监管部门审核批准的任何款项,这就意味着,即使学校能够变通地"追回"违规学生已获奖金,也存在违法之嫌。更何况所"追回"奖金的后续处理,也缺乏国家法的明示。故笔者在S大学的田野调查中并没为发现"追回"奖学金的案例。

为不符合校规规定时，则由校规操作者及时给予纠正。再有，当既定校规无法应对现实的复杂性之时，即针对具体事务，如果当事人无法按照或无法推测校规文本意义来理解、执行校规之时，就需要由校规操作者对此类校规进行符合目的的解释，以使得校规能够运用于具体事务之中（相关案例可见本书第三章，访谈3.1）。

而问题在于，尽管校规操作者是依照统一的校规文本来履行职务行为，但由于操作者所具有的"人性"，而使得既定校规可能在运行中一定程度上呈现出趋动力与结果两方面的不确定性。原因包括如下几点：第一，并不是所有校规操作者都能深刻地体认到自身职业的使命感和重大意义，能够勤勉、投入地推动校规的运转。有一些校规操作者会将履行职务化约为"完成任务""达至指标"，从而使得校规"怠惰""拖沓"地运转。庞德曾说："为了推动和实施法律，必须求助于（执法者）个人的必要性"①，同样地，校规的运转在很大程度上依赖于校规操作者个人对执行校规必要性的理解；第二，限于所在职业结构中的层级不同、可控资源的差异和个性特征的殊别，不同的校规操作者往往在具体运用校规时有着各自的"风格"就有可能使类似事务获得完全不一样的处理结果，即校规就同一类事务的适用结果难以保持同一性；第三，尽管国家法明确规定高校辅导员人数与学生人数之比不得小于1∶200②，但现实中即使大学能够在"数值"上达到此"生－师比"要求，也并不意味着校规操作者人力资源上的充足与均衡，能够保证对所有学生行为的持续监控与及时评估（相关事例参见本书第三章，访谈3.2）；第四，由于基层的校规操作者和校规承受者往往同属于一个利益亚群体，基于对共同利益的维护，可能会形成某种"共谋"的默契，导致校园生活中某些具体领域发生"有规不循""执规不严"和"违规不究"的现象，例如并非所有任课教师都会严格清查学生考勤并处理缺课学生、并非所有班主任都会如实报告学生"晚归"情况、并非所有监考老师都会严格处理学生作弊行为等。

概言之，校规因受到校规操作者群体人力资源、个人意志、智识和可控资源的显著影响，而呈现出运转动力与结果的不确定性。同时，校规承受者作为校规运转的另一方能动主体，实际上也通过自己的行动使校规施行的动

---

① ［美］罗斯科·庞德：《通过法律的社会控制》，沈宗灵译，商务印书馆1984年版，第29页。
② 教育部2017年《普通高等学校辅导员队伍建设规定》（教育部第43号令）第六条规定。

力与结果呈现某种不确定性。因为校规承受者个人所受"前文化"影响、所在具体境遇等，都会使他们对校规的认知与感悟存在"因人而异"的差别，这一点又与校规作用机制的间接性和象征性着着密切关联，本书将其纳入其后的"校规的间接性与象征性导致训导结果非必定"标题下进行讨论。

综上，校规作为一种大学内部法则，本身也如普遍意义上的"法"那般，存在着诸多固有局限性。在此分析校规的局限性，不在于否定校规作为文化社区内部过程控制机制的积极意义，而是正如承认法律非万能一般，必须承认校规的非封闭性与非自足性。

二 校规的间接性与象征性导致训导结果非必定

校规作为一项特殊的规范教育措施，还存在着自身特有的局限性——作用机制内含的间接性与象征性，由此产生训导结果的非必定性。

训导的终极目标在于对超越现实，倚重对承受者的精神引领和人格教化，而使其脱离原有束缚，以成为"更完全"之人，再经由校规承受者的行动将校规所追求的某种精神层面的"超越"扩散到社会整体生活之中，从而引领更多的人们走向更加"美好"的生活。也就是说，校规不但创立了指涉承受者具体行为、其力所能及的"行为规则"，也设立了大量指涉校规承受者精神层面、其目前暂时力所不及的倡导性规则。只有当承受者领悟、认同这些规则，并真正为之"努力奋斗"，才有可能达至此类校内规范的要求与标准。因此，校规中此类"超越现实"的规范，其作用机制包含着显著的间接性与象征性——校规从"规范"到"行动"之间，间隔着承受者期望超越自我的心理感受，而这种心理感受又源自于个体与所在校园文化中各类象征性符号之间的互动。

布迪厄曾将学校教育生动地比喻为一种"魔法占有"，认为"只有当承受魔法活动的人在个人行为中所采用的感知范畴和行动范畴与教学机构的客观结构迅速达到和谐时，魔法才能够真正起作用。"①。参照布迪厄的比喻，校规所实施的训导"魔法"如果能够按照预期产生正向效用，就需要承受"魔法"的受教育者能够相信、认同它，否则"魔法"将无法对他们产生实质的约束作用。易言之，校规承受者在校园生活现实之中，如果能够将自我的经

---

① ［法］P. 布尔迪厄：《国家精英——名牌大学与群体精神》，杨亚平译，商务印书馆2004年版，第5页。

验与校规所倡导的"超越性"规范融洽地整合，就可能基于对此类规范的认同，将其内化为对自身的要求与目标，并不断追求更加接近"完全之人"的标准；而如果此种整合失败，则校规承受者将难以理解、认同校规的"良苦用心"，并有可能能动地违抗或规避此类校规，而且对校规所能实施的象征性"处罚"缺乏敏感，表现为心态上的"无所为"或"不在乎"和行动上的"屡教不改"，从而使得校规在此类承受者群体中的训导预期落空。以下访谈可以从一个侧面对此现象进行展示：

访谈 4.1 访谈对象：H 学院学生 R，女，2017 级本科学生；**访谈时间**：2018 年 1 月 2 日。

访谈地点：H 学院走廊。（学生 R 当天因参加大学英语考试中用手机查单词被监考老师发现，按 S 大学规定，其行为被监考老师认定为作弊，报告考点办后由学院辅导员将其"领回"并与该生进行谈话。笔者观察了辅导员与 R 的谈话全过程，并在之后进行本次访谈）

访谈涉及话题：学生 R 对自己违纪行为的态度和对学校管理制度的看法。

R：我来 S 大学也快半年了，对学校还是有些看法的，尤其是关于学生管理方面……怎么说呢，和高中相比差距很大，之前什么都有人管，现在很自由，感觉没人管……班主任基本见不到，上课老师也不经常点名……（由于选课制的原因）一起上课的同学不固定，没认识几个……课程多，但也还是有很多自己的时间……班主任也会给我们开班会……刚开学那几天开过，讲学校的各种规定，要我们读、记下来，还让我们考试（指学院对校纪校规知识组织新生参加书面考试）……

感觉校规实在太多了，我记得有"晚点名""请销假""不准在宿舍用电饭煲""评选奖助学金的条件"……我觉得自己基本还是能遵守这些规定的，我从来没有"晚归"过，也没有请过假……班主任也说过考试不能作弊，不然会着（受到）处分，她是拿着《学生手册》给我们念过的……前几天还就这个问题开了一次专题班会，是利用我们课间十分钟开的。

我今天考英语时什么也没想，只是想再确认一下那个单词的意思。我不是不会做，只是不太确定……我确实是看了手机，但我只是查一下单词，没想过后果……我当时坐在考场里，心里还在默默背着几个写作文用的句子，没注意监考老师在开考前的提示和要求……

刚才辅导员已经给我讲了那个行为的后果，我没有看法……我有看法又有什么意义呢？我还能怎么办？反正监考老师认定我看了手机，他们就说是作弊……作弊那就按作弊来处理嘛，我没有什么看法。

透过此则访谈，我们看到校规操作者对考试纪律的各种宣传教育与学生R"明知故犯"的违纪行为之间存在巨大屏障——"文本规范"与"具体行为"之间因为缺少了"观念植入"而被隔断；同时，承受者对校规运行所依托的象征性符号缺乏敏感而感受不到来自校规的实质"强制"，而表现出"无视"或是"忽视"规范的存在。就此，校规运行机制所内含间接性与象征性显得清晰可见。

此处该访谈所描述的现象，不禁又让笔者联想到曾经轰轰烈烈的"普法运动"：片面强调规范认知层面的符号式宣传与灌输，以为通过认知便能建立认同进而培养意识。事实上，很多普法受众的观念层面并没有因为官方单向的宣传而受到触动，"知法""用法"可以在一段时间的强化学习后得以实现，但"懂法""守法"却未必能如期而至！同样地，如果校规操作者仅仅是依靠既定的象征性符号，"照本宣科""遵章办事"，缺乏与校规承受者间心理层面的交流，构建校规承受者对此种象征性符号的整体性把握，那么校规就只能停留在抽象的"条款"层面，要么仅仅成为部分承受者获取特定符号资本的工具（例如获评奖助学金），要么被忽略或逾越。即使是校规承受者能够在一定时期内被动地"服从"校规，一旦离开校规操作者力所能及的范围，就有可能失去约束力（见第三章案例3.10），也就导致了校规时空效力上的局限。

现代心理学研究表明[①]，个体并非基于简单的条件反射而对外界刺激做出反应，事实上是在特定情景当中对外来刺激进行识别、选择、过滤，同时根据已有经验和对现实状况的理解做出相应反应，又在此过程之中不断建立自身对外界进行认知、体验的经验体系与价值观念。由于教育本身附带着师生情感上的互动，在校规承受者对外部刺激做出反应的过程中，校规操作者的

[①] 认知心理学的发展早已突破行为主义心理学关于人的行为是单纯受外界刺激而发生条件反射的理论，认为人类在外界信息"输入"与行为"输出"之间存在复杂的心理过程。参见孟维杰《文化视域下认知心理学范式演进探新》，《心理科学》2015年第3期，第757—761页；朱新秤：《社会认知心理学研究的新进展》，《心理科学进展》2000年第8卷，第2期，第74—80页。

个性特征和工作阅历又会明显地影响到承受者对校规的认知与感受。

训导的最终意图在于指向承受者的精神世界，使其潜隐在个体内心深处并处于长期持续的状况。如果校规没有达到能够使承受者"心领神会"并产生"内心共鸣"的程度，则其对承受者的影响就仅能停留在表层上，从而也就会表现出时空向度和内容向度上的有限、施行动力与结果的不确定性等。也就是说，校规的特殊局限性与之前讨论的其如同普遍之法所具有的局限性又有着内在的关联。

在本书第三章的访谈3.6中，我们可以看到学生P因不能适应大学生活而被依照校规从2013级先后降至2014级、2015级，却仍然没有改变自身行为以达到"遵守校纪校规""刻苦学习探索"的要求，最终面临被"退学"的处理。对于学生P而言，并非其不能知晓校纪校规的文本规定，也非其智力水平未达到校规中学业标准的要求，而是缺少达到校规要求的内心动力！对于类似学生P的学生群体而言，这种动力在很大程度上需要来自校规操作者的引导与助推，毕竟校规所要规制、调整的行为背后其实是承受者的内心世界。遗憾的是，如果校规操作者仅仅简单地依照校规来认定、记录承受者违规行为，在累计到一定程度时"照章"对违规者进行处罚，而在此过程之中缺乏师生之间精神层面的互动，那么将不会有任何助推动力产生，也就不可能帮助承受者摆脱原有束缚、超越现有资源限制。于是，承受者最终极有可能要么"被迫就范"要么"淘汰出局"，而这种体验将直接影响到其认知整体校规乃至更为普遍的社会规范的感受，即形成单方面"被强制"的感受。因为如果"当一个人被迫采取行动（acting）以服务于另一个人的意志，亦即实现他人的目的而不是自己的目的时，便构成强制（coercion）"①，这与本书所倡导的校规训导目标——培育具有主体意识与能力的社会合格建构者和可靠接班人是完全相悖的，因为"被强制"之人无从感受主体性，也就不可能主动地承担起社会建构的责任，更无力肩负起民族复兴、国家强盛的历史使命。

在此分析访谈4.1并回顾访谈3.6，意在表明如下观点：作为学校育人制度的校规，本身有着间接性、象征性等特殊局限性，因此仅仅依靠校规机械地"从文本到执行"，难以触及校规承受者精神层面、改变其认知与情感体

---

① [英]弗里德利希·冯·哈耶克：《自由秩序原理（上）》，邓正来译，生活·读书·新知三联书店1997年版，第164页。

验，也就无法实现对受教育者的行为规范、精神引领及人格塑造。因为，校规承受者在成为S大学成员之前，已经初步建立起一套自己体认世界的经验体系（前文化背景）。个体前文化背景的多元性和精神层面的潜隐性共同决定了校规施行必需依赖于心灵层面的沟通交往，才有可能达到布迪厄所言"魔法占有"的效果。这就意味着受校规影响的各方需要基于"心置互换"的理念，能够同时理解、体认对方立场并能够进行有效沟通，而这又需要以一个能为此提供沟通交往氛围与平台的校园文化环境为前提。

综上所述，校规作为一种"法"所具有的局限性以及其作为一种精神引领制度所内含的特殊局限性之间存在着关联，这两项相关联的局限性决定校规不可能仅凭借自身的封闭体系而发生效力，并且其运行结果也存在某种非必定性。这些局限性共同表现于校规运转的现实生活之中、校规各主体间的交互行动之下，催生出本书第三章所描述的这种"另类后果"，使训导偏离常态。其后果不仅在于诱发校园违规，更在于导致部分受教育者对整体校规、乃至更为普遍的社会规范的漠视或误解，甚至养成逾越规则的习性。就此，结合越轨社会学综合实证主义、建构主义的观点[①]和人类学文化整体论[②]的思

[①] ［美］亚历克斯·梯尔：《越轨社会学》（第10版），王海霞等译，中国人民大学出版社2011年版，第4—15页。

[②] 在人类学家看来，人类文化是一个由诸多元素构成的整体，观察并理解特定社会群体中的具体文化现象（包括人们的行为、个性、制度等）需要综合文化中的所有元素，如果其中一个元素变动便可能产生对其他元素和整体的显著影响，故需要将所研究对象视有一个整体，否则只会产生"盲人摸象"式的片面认知。文化整体观作为一种理论性总结，最初源自涂尔干的"社会整体论"（见［法］埃米尔·涂尔干《社会学方法的规则》，胡伟译，华夏出版社1999年版，第68—69页）。此后莫斯提出"总体的社会事实"概念，认为社会人类学所研究的现象"不仅是一些制度的要素，不仅是复杂的制度，甚至也不仅是可以划分出宗教、法律、经济等的制度体系。它们是'总体'，是我们所试图描述其功能的各种社会体系的全部……只有通盘考虑整体，我们才有可能体会其本质、其总体的运动、其活生生的面相，才有可能把握住社会与人对其自身、对其面对他者的情境生成感性意识的那一生动瞬间……"（见［法］马塞尔·莫斯《礼物——古式社会中交换的形式与理由》，汲喆译，商务印书馆2016年版，第129页）。马林诺夫斯基根据"文化是整合体"的观点提出"整体性的田野工作法"（见［英］马林诺夫斯基《科学的文化理论》，黄建波译，中央民族大学出版社1999年版，第132页）；拉德克利夫－布朗把"文化整体性"的观点看作是人类学最重要的观点之一，并从"功能"的向度讨论元素与整体之间的关系（见［英］拉德克利夫－布朗：《社会人类学方法》，夏建中译，华夏出版社2002年版，第16页）；本尼迪克特曾引用"格式塔"心理学以分析人们感性知觉产生的文化意义，并解释特定文化族群的"整体倾向性"产生的原因，认为文化中的各项组成元素的本质都由"整体"所决定（见［美］本尼迪克特《文化模式》，王炜等译，社会科学文献出版社2009年版，第35页）。故有学者总结道："整体观后来经过功能主义与结构主义乃至解释人类学的再阐述，成为人类学最基本的理念之一。"（见朱炳祥《社会人类学》（第二版），武汉大学出版社2006年版，第51页）。

想,本书认为校规体系自身,并不能独立地完成大学规范教育,也无法自足地维持良性运行。只有着眼于校规所依存的具体校园社区文化以及整体社会文化环境,以此为据,方能保持校规的良性运行,实现指向受教育者持续、有效、合法的过程控制。

第二节 校规良性运行的可能

校规本身的局限性阻碍了校规的良性运行,但承认局限性,正是获求校规良性运行的"第一步"。如前所述,校规作为校园文化社区的地方性知识,其运行状况取决于校园文化的良性程度,故而必须从优化校园文化入手,从中获求弥合校规局限性的支撑元素,通过这些元素的浸润与滋养,促使沉浸于其中的校园社区主体在文化实践中构建校规的合法性,使校规真正成为"内生性"法则,而受教育者又能够基于"内部观点"来遵从、完善校规。

本书所指校园文化是一种承载、传播、维持人类美德的知识体系,包括一定的物质文化和非物质文化,主要涉及器物、制度和精神等三个层面,是一个"整合"的概念。此三个层面相互叠加,相互影响,在校园日常生活中形成多个层面的叠加效应,表现为校园文化对生活于其中主体的过程控制,以及缓解校园生活的结构紧张,这种效应可以弥合校规的前述局限性。

一 校园文化的多个叠加层面

校园文化是一般文化的组成部分,能够对沉浸于其中的人们产生持续和潜在的影响。人类学关于"文化"的界定与论说存在众多不同观点[1],其中最为著名的莫过于英国学者泰勒(Edward Tylor)所采取的"列举归纳"式表述:"所谓文化或文明乃是包括知识、信仰、艺术、道德、法律、习惯以及其他人类作为社会成员而获得的种种能力、习性在内的一种复合整体。"[2] 尽管

---

[1] 美国文化人类学家克拉克洪在《文化概念:一个重要概念的回顾》一文中展示了西方161种关于文化的界定,并论证了这些不同定义之后的共同思想,即文化"存在于思想、情感和起反应的各种业已模式化了的方式当中,通过各种符号可以获得并传播;另外,文化构成了人类群体和有特色的成就"。参见刘作翔《法律文化理论》,商务印书馆2004年版,第14—15页。

[2] [英]泰勒:《文化之定义》,顾晓鸣译,收录于《多维视野中的文化理论》,浙江人民出版社1987年版,第98页。

该定义并没有将文化中极为重要的"人造实物"成分涵盖其内①，但泰勒关于文化描述式的定义成为此后诸多理论的起点，其关于"作为整体而存在"的文化整合观念至今仍值得我们推崇。此外，格尔茨关于文化就是"由人自己编织的意义之网"的论断也为我们指明了分析人类文化现象（当然包括本书所讨论的校规）的具体思路——不在于"通过实验来寻求规律，而是探求现象之后的意义"②。围绕本书主题，分析校规及其运转事实，不在于从现象学的角度去描绘、分析校规运行的规律，而是深入分析这些现象所蕴含的文化意义，即校规的运行如何牵涉校园文化社区中的主体命运、可能对整体社会产生怎样影响等。

文化其实就是一定人群共享的特定生活方式的整合，其中包括有人们如何分配处置个人与他人、个人与群体以及个人与自然之间的关系，以及如何理解并组织、维系社会秩序等核心问题的一整套态度、观念及举措。那么，一所大学的校园文化就是由特有历史积淀与现实境遇共同构筑的特定校园生活方式的整合，包括着校内成员就如何安排、维系个人与他人、个人与群体、个人与学校之间关系所采取的态度、观念与举措。为便于描述校园文化的"面貌"，在此从"器物、制度和精神"三个相互叠合的层面分析如下：

校园文化的"器物"层面。"器物"在此指具有一定实体形状，能够为人所直接感观的物件，即是广义的文化概念中所包括的"人造物品"。本来并没有生命的"器物"，在特定校园文化中被赋予了丰富的意义，例如作为物理屏障的学校大门，被视为庄重的"通过"与"分界"象征，进出校门意味着潜隐于人们心中的规范机制的相应调整（相关案例参见本书第二章，案例2.4）；作为通讯设备的手机，被用作学生参与课外活动的"扫码打卡"工具后，成为了校园成员是否"在场"的凭证③；作为校内服务部门储值、结算工具的"校园一卡通"，成为了赋予校内成员身份及相应资格的依据……上述有形物本身不仅附着有一定经济价值，更是校园文化影响学生行为观念、塑造学生品行人格最为直观的文化符号。

---

① 当代社会学理论关于文化的界定通常还包括物质对象。参见［美］戴维·波普诺《社会学》（第十版），李强等译，中国人民大学出版社1999年版，第8页。
② 参见［美］克利福德·格尔茨：《文化的解释》，韩莉译，译林出版社2014年版，第5页。
③ 自2018年4月起，S大学校团委应团中央要求，启动"数字化团建"工程，要求学生参加团委组织活动时，以现场扫描"二维码"作为签到、获得积分的凭证。

举例而言，大学通过庄严肃穆的校门、校碑、校史馆等空间建筑物，标识出自身特有的历史脉络及辉煌过往，意在启迪校规承受者对自我身份的认知与认同，领悟并践行此种成员身份所附带的行为守则与道德标准；通过奖状、荣誉证书等凭证，彰显校园文化所倡导的育人理念与目标，再通过树立"榜样"将这些理念与目标具体化，以此鼓励广大校内成员在行为与观念上向"榜样""看齐"，从而强化、弘扬校园文化所追求的核心价值；通过启用门禁系统、通讯设备等现代化智能电子设备，响应信息化对校园生活的影响，提高管理手段的准确率与便捷度，使校内成员确实感受到校园管理规范的可及与可行。因此可以说，正是校园文化的"器物"层面使得校园当中人与人、人与物之间的关系得以实体化、感观化地明显起来。

校园文化的"制度"层面。制度在此指为特定人群共享的行为行事的确定标准、方法、流程、原则等，用以在一定程度上保障人际关系的明确、稳定与持续。校规即是校园文化制度层面的典型代表。可以肯定的是，校园文化的制度成分是经不断更替、传承的校内人群在给定状态之下互动而形成的，有着明显的历史性与地方性，任何校内制度都不是"横空出世"的，而是由特定群体在时间积淀过程中，既沿袭历史又根据现实具体需要而"因地制宜"创造出来的。以S大学校规中的"申诉制度"和"两委一助制度"为例来作说明：

> **案例4.2** 2005年9月起，由教育部制定的《普通高等学校学生管理规定》[①]在全国施行。该部门规章明确以保障学生权利为目的，创立"学生申诉制度"，即规定大学应当成立内部的"学生申诉处理委员会"，受理学生"对取消入学资格、退学处理或违规、违纪处分的申诉"。申诉处理委员会在规定的时间内对学生提出的申诉进行复查，并作出结论告知申诉人，如申诉人对复查决定有异议的，可以在规定时限内向学校所在地省级教育行政部门再次提出书面申诉。2016年12月，教育部再次修订《普通高等学校学生管理规定》，就"学生申诉"在第六章作专章规定，将学生提出申诉的范围扩展至学生对学校所作"处理或者处分决定不服"，而不再仅仅限于"取消入学资格、退学处理或违规、违纪处分"，

---

① 原国家教育委员会发布的《普通高等学校学生管理规定》同时废止。

同时也就申诉的程序做出了更为详细的规定,例如明确申诉委员会的组成、延长学生提出申诉的时限①、明确申诉委员会的工作形式、省级教育行政部门的处理依据等。国家层面的制度变更要求S大学的校内规定做出及时回应、调适,故S大学先于2005年9月制订了《S大学学生申诉办法》,自该申诉办法实施以来,S大学共受理过四起学生申诉案件(其中三起,见本书第一章,案例1.4);2017年4月,S大学依据教育部规章对"申诉"的新规定,进行相应修订,扩充"申诉"事由、明确"申诉委员会"人员组成与职责、完善相关程序性规定。

透过S大学校规中"申诉"制度从无到有,再从有到细的变迁过程,可以看出学生与学校间关系开始出现从"绝对服从"到"平等对话"的转向。更为重要的是,作为整体校园文化的组成部件,单项制度变迁往往又与其他文化元素的变化并进,例如校规就"评奖评优""违纪处分"程序的强化,要求上述处理或处分必须有"过程性痕迹材料",但凡校级评奖评优必须有"个人申请-民主评议-班级推荐-学院审核-院内公示-学校审批"等各个流程,并要求具体校规操作者保留相关记录、工作台账;对学生进行违纪处分需要"事实、依据充分""处分适当""有由两人以上与违纪学生进行谈话的记录""学院分管学生工作的领导和分管教学工作的领导共同审批",强调"慎重"和"教育为主"的理念等。

关于S大学的"两委一助"制度本书已在第二章中作过简要介绍,即,由多名经选拔的学生代表在一定期限内(通常是一学年)分别担任"中共S大学委员会特别委员""S大学学术委员会特邀委员"和"学生校长助理"。该项制度的本意在于选拔个别"优秀"且有"意愿"的学生代表参与到学校上述三项"顶层"管理工作当中,以此给予校规承受者们"在场"和"发声"的机会,以此协助、监督学校管理工作的进行。"两委一助"成员除列席上述机构常规会议之外,还会在开学典礼和毕业典礼等重要仪式场景与学校高层领导们"同场亮相",即以广大学生能够"看得见"的形式来证明其身份与职能——学校管理制度创立与事务执行的参与者和见证者,以此强化学

---

① 由原规定的"自接到学校处分决定书起5个工作日内"改为"可以在接到学校处理或者处分决定书之日起10日内,即学生提出申请的时间延长了5个工作日。"

生的主体意识、增进校园民主管理意识。

将S大学校园文化中的"申诉"制度和"两委一助"制度放置在整体社会文化背景之中来观察，可以发现其正是对国家推进社会主义"民主"与"法治"制度建设所作出的积极回应。通过有目的、有计划地对校园日常生活中"身边事件"的宣传、扩散，使得校规承受者逐渐感受到学校对学生"程序正当"和"对话参与"的诉求和权利在制度设计方面所体现出的尊重和所能提供的保障[①]。因此可以说，校园文化的"制度"层面，是校园文化与所在整体社会文化往来互动最为直观的表达，使得生活于文化中的人们不断变化着的关于社会治理方式、校园治理举措的各种"期望"与"想象"能够被不断固定化、明确化。

校园文化的"精神"层面。"精神"在此指生活于文化社区之中的人们对特定现象所保持的相对稳定的公共认知、态度和价值判断，包括"是与非""正与误""喜与恶""合理与非理""妥当与不妥"等诸多具体感性评判和情感色彩。较之于"器物"和"制度"，精神并不具有具体可视的形态，但却深植于人们的脑海当中且能够直接作用于人的思维和行动，从而表现出对文化器物与制度层面既深入又潜在的影响。

校园文化的"精神"层面在此特指校内成员经长期积淀所形成的看待、评判校内诸多事务与关系的情感态度和评判依据。包括成员对学校"校史校情""校风校训""校容校貌"和自我本身作为学校成员所承担的"使命责任""权利义务"的认知、态度和价值判断等。

校园文化的"精神"层面并非凭空而来，而是通过校内主体间的行动实践而不断建构而成。校内行动主体的所有实践都指涉校园文化的"器物""制度"层面，也就是说，校内成员在设计、创造、使用、变更校园"器物"或"制度"的过程其实即是不断塑造主体精神的过程；与此同时，"精神"在主体的实践行动中又不断改造、重建着校园文化中的"器物"与"制度"，即"精神"的变迁导致了"器物"与"制度"的创新、变更与完善。

本书第二章案例2.5所例举的S大学图书馆因引进无线射频识别系统

---

① 笔者认为校园文化在此方面取得的进步，目前尚处于"制度设计"层面，在制度运行的现实中仍有需要完善之处，例如截止2016年10月份，"申诉制度"推行十余年来，S大学仅有四起学生提出申诉的案例，其中三起还"并案审理"，在一定程度上反应出学生对该项制度知晓率、认同感和信任度相对较低。

（RFID）而产生的系列事实，可以生动地说明校园文化"器物""制度"和"精神"三层面的重叠互构关系——该电子设备的运用可以实现校内读者用户借书、还书、借阅查询、续借的一站式自助服务，因此大量减少了对图书馆管理人员人数与技能的要求。基于此，图书馆就开放时间、图书归还周期、图书养护等制度规定进行了相应的变更或创立，明显提升了校内成员使用图书馆的便捷度与有效度，使得校内成员能够真正感受到学校对学生学业发展的关注与关心、感受到学校对学生主体身份的尊重与信任，以具体的生活事件实现对校内成员"校—生"共生共荣观念的塑造。同时，在此观念指引下，大部分学生能够自觉遵守图书馆使用制度，爱护并按期归还借阅书籍，极少会出现图书污损、破坏的情况，从而又反过来提升了图书馆设施设备、馆藏图书的使用效率和相关管理制度的有效性。

此外，上文所提及到的"学生申诉"制度与"两委一助"制度，之所以能够被创立、认知和利用，其实就映照出校内成员关于个体权利（尤其是程序性权利）在观念上的觉醒与尊重——逐渐开始将人与人之间平等、对话、民主等价值置于优先的地位，而不再是一味强调"校—生"之间的单向服从关系；而只有当此"制度"及相关配套设施得到普遍使用，前述"平等""民主""对话"等精神理念又才有可能得以巩固、传递。

还需要强调的是，除却校园文化"器物""制度"和"精神"三个层面间的相互影响，来自于整体社会文化之中的观念变迁也显著地影响着校园文化之"精神"。随着社会主流观念对"民主""权利"等价值的确认与推崇，校园文化中"珍视学生权益""倡导学生自我服务""鼓励学生参与管理"的观念正不断深入人心。

当然，我们也应当同时清醒地认识到，如果整体文化过于片面地强调个体权利，又可能滋生极端的个人利己主义，导致公众以身体感观享受和物质占有为评判得失成败的绝对指标。大学校园的门与墙如果无力阻抗这种影响，那么中国传统文化对读书人"温良恭俭让""礼仪廉耻"的品行要求就有可能在大学之内被遮盖、消解。以下述案例从大学生"自我认知与心理愿景"的侧面，展现当前部分学生受到社会整体文化观念负面因素冲击的状况：

案例4.3 2017年11月，S大学心理健康研究中心对2017级新生关于自我认识与未来期望的态度进行问卷调查。在H学院和W学院共计

754名2017级本科学生的自填式问卷中可以看出，绝大部分学生对未来的预期是"找到理想的工作""过上舒适生活"，而有学生直接用带有戏谑意味的语气将其表述为"饮酒花间、赋诗田园""成为一个有钱的有内涵的富婆""脱贫比脱单更重要"等，而反观其对自我现状的认知，则多为"迷茫""孤独""无助""压力""颓废"等。一方面是广大学生对未来愿景模糊化、片面化的想象，另一方面却是因缺乏达至想象目标的具体、明晰举措而体会到的现实茫然、失落感。（经负责该项调查的人员允许，笔者查阅了上述754名学生问卷，并对部分学生问卷进行摘录。）

校内成员同时生活于整体文化环境之中，其人生目标的确定明显受到整体文化观念的型塑，透过上述案例看到的是当前大学生普遍存在因理想物化所导致的现实空虚感——一方面将物欲化指标作为个人追求的单一目标，另一方面却又缺乏迅速且必定达至这一目标的可行方法与举措，故而呈现出现实生活中"不知所措""孤单迷茫"的负面心理感受，在个体行为上通常表现为"厌学"。这也正好呈现出现代社会整体文化观念的一个侧面：目标与手段之间的区隔，也即社会学所关注的"失范"现象。

好在大学能够在一定程度上对所在文化形成精神层面的自觉与自醒，能够坚持以"立德树人"作为自身存在的目标与导向、深刻地意识到校园文化所承载着对校内成员观念塑造、精神引领的职能。所幸的是，S大学校园文化所期望的主流价值观念仍然秉承社会主义核心价值体系，立意于"尊师崇真、敦品好学、励志博识"，并期望通过包括校规在内的多种具体制度来表明对学生思想和行为的评判——肯定或是否定、鼓励或是禁止，以此来传达校园文化所蕴含及倡导的精神[1]，力争以此作为阻抗社会整体文化中不良影响的"精神解毒剂"。

综上，大学校园文化可以被抽象为"器物""制度"和"精神"三个相互叠合的层面，校规是其中"制度"层面的典型，与大学校园文化整体及其他构成元素之间相互构建、相互影响。从中可见，校规并非仅是凭少数人意

---

[1] 尽管个别校规制度在设计与运行过程中没有能够实现预期目标（对承受者进行正向观念塑造），反而促进了个人利己主义，但当我们能够意识到这种"实然"与"应然"间偏差的存在，则已迈出了对校规进行调适、完善的关键一步。

从规范到训导：大学校规的法律人类学研究 >>>

愿任性制定、适用于特定人群的行为规范，而是接受着现有"器物"和主流"观念"的诸多限定；与此同时，校规可以针对校园文化中的具体"器物"进行直接规定，又凭借具体"器物"来实施校规；校规可以为响应校园文化"精神"的变迁而改变自身的建制，同时又以内部制度的落实来助推校园文化"精神"的实在化与具象化。也就是说，校规作为校园文化整体中的一部分，既无法离开整体而存在，也无法脱离整体中的其他部分而"独处"，唯有依靠校园文化的承载，才有可能克制自身局限性，在实践中为校规承受者所经验、体认。是故，校规的有效运行不是简单的行动指引，而是凭借优良校园文化的濡化作用，"流"入承受者内心，从行为规范到思想引领，再到心性塑造、人格养成，从而在运行过程中达至预期的三层训导目标。简言之，校园内部规范的良性运行，在于借助良好校园文化多层面的叠加效应而得以实现，这种效应包括对校规承受者的过程控制和对校园生活结构紧张的有效舒缓两个方面。

（二）校园文化多层叠加效应之一：以过程控制实现双向训导

在人类学的视野中，文化的根本意义就在于为社会提供一套维系、平衡各种关系的方法、原则，故可以"从整体上被理解成人与环境之间规则关系的控制体系。"[①] 劳拉·纳德则更加明确地指出："人们关于文化的想象总是与控制观念和权力运作相互交织，从过程控制中建构文化并使其制度化。"[②] 为论证此观点，纳德列举了她个人的三项民族志研究，并再次强调西敏司在其著作《糖与权力》中的表述——某些机构能够有意识地通过转变社会关系和消费模式从而使得人们将某些行动法则内化为自身行动的依据，从而实现权力归属的分配、使用、维系或变更，也就是在日常生活的过程中，以不易察觉的方式使人们"自觉自愿"地遵从于某种社会制度、服从于特定权力组织架构。

承认文化具有过程控制的效能是一种坦诚，也是一种进步，表明人们已然察觉人类社会在指向身体的暴力控制之外，还存在着其他可以用于维系、

---

① [英]奈杰尔·拉波特、乔安娜·奥弗林：《社会文化人类学的关键概念》，鲍雯妍等译，华夏出版社2013年版，第95页。

② Nader. L, "Controlling Processes Tracing the Dynamic Components of Power", *Current Anthropology*, Vol. 38, No. 5, December 1997. p. 711 – 738.

平衡社会关系的较为柔性、潜在的方式。毕竟生活于现代社会的人们，不得不以更加综合、复杂的控制策略来应对日益复杂的日常生活。而在学理上公开讨论发生于文化之中的过程控制，正是对社会现象细致观察、审慎反思的结果。尽管包括福柯在内的后现代主义学者针对此类可能会导致"全面规训"和"权力把控"效果的"控制体系"进行了深刻揭示与严肃批判，但却无法否认其在现实生活中的必然存在与不断演化。但是，解构的目的在于重新建构，需要使更多的人在能够明白人类多元控制机制的基础上，共同抉择足以应对复杂日常生活的控制体系，在文化实践中共同设计权力的归属、分配、运用、制约机制。而以此等民主、平和的方式来维系社会关系，本身就是一种接近"美好生活"的可行之道。

本书所构想的校园文化，即是发生于校园日常生活过程之中，能够以潜在而深入的形式感染沉浸于其中的校内成员、能够将时代所要求的核心价值观传递、植入校内成员心灵深处的一整套知识体系和情感态度。坦诚言之，校园文化其实就是有目的、有意识、有计划地影响、塑造受教育之人行为、品性和人格的过程控制机制，主要依靠校园生活内贯穿于"过程—事件"中的象征性符号体系的生产与运用，在校园文化实践之中渐进、潜隐式地实现对受教育之人的"内－外交互式"控制——通过主体的参与和体验来实现校园文化"外部引导"与主体"内心信服"之间的持续、不间断地相互转换与相互强化。

较之于其他的社会控制，校园文化控制机制有着自己独特之处：其一，这种控制常常以柔性面目出现，往往并不直接表露强制力，即所谓"润物细无声"般的"潜移默化"；其二，这种控制常常援引道德、理性、法律和情感作为自身存在与运行的合法性依据，在具体实施过程中表现为多种举措的混合"在场"。其三，这种控制强调受教育者在日常生活"过程—事件"中的亲身体验，往往通过"身边人""身边事"所代表的象征意义来引导受教育者尽可能地仿照、接近校园文化树立的"典型榜样"。以下将对校园文化控制机制的上述三个特点进行简要说明：

校园文化控制的柔性。校园文化控制最显著特点是其"柔性"，即以"劝服""说理""提示""倡导"等柔性策略来进行观念与行动双重方面的控制。其主要途径则是通过贯穿于校规操作者与承受者的交融互动中的，赋予并不断强化承受者对自身所在校园关系结构中某种身份地位及附带行为准则的体认。在本书第二章中，我们对学校如何塑造校规承受者对"高深文化共同体"成员的身份地位及行为准则已进行过详细描述，例如：开学典礼上仪式感、戏剧感极强的"校长致辞""家长互动""新生宣誓"等交融过程；通过组织课堂学习和文体活动对校内成员的行动进行时空编排，以规律化的作息安排、定期举行的评优表彰、各类"获奖证书"及"学霸笔记"展示、图书馆"入馆排行榜"公告等营造出校园文化的统一节律与"积极氛围"。这些不含直接暴力威胁的柔性举措充斥于大学日常生活之中，不间断地对沉浸于其中的承受者进行濡化，期望使他们逐渐将校园文化所倡导的价值观、是非观渐次"自然而然"地内化为自我观念，并在这些观念指导之下自觉自愿地规范自身行为、调适与他人和环境之间的关系。

在这些经常发生的柔性控制之外，校园文化很少提倡创立"命令式"或"禁止性"的校规[①]，即使有此类规定，也会对违规者的处罚保持明显克制，并且仅限于国家法所规定的处罚事由和处罚种类。笔者在S大学的田野调查中发现，即使学生发生违纪违规行为，其被实际依照校规进行处理的比例也相当有限[②]。事实上，"处罚并非目的"作为S大学内部的一种地方性共识，支配着校内成员看待、处理轻微违纪违规行为的态度与做法——普遍认为校规操作者对承受者的训诫劝说、承受者之间的参照监督往往就能起到抑制违规行为发生的效果，从而并不需要校规在任何时候都被严格执行。从此角度出发，可以认为校园文化的此等柔性控制正好可以弥合校规强制力含蓄而克制的局限。

从笔者在S大学日常生活所观察到的情况来看，校园文化的此种柔性控制在事实层面上也确实有效——绝大多数学生能够沿着校历作息表和校纪校规要求、标准而按部就班地完成学业、与身边他人建立良好人际关系，并最

[①] 从校规文本的数量上来看，此类规定比例较少。以S大学主要的校规文本汇编——《学生手册》（2018年）为例，该手册共汇编入70项校规制度，其中仅有2项是专门针对学生直接采取处罚的规定（即《学生违纪处分规定》和《关于严肃查处学生晚归、夜不归宿、酗酒滋事等校园违纪行为的公告》），其余校规文本要么是正向"倡导"的规章制度（如各类奖学金评审办法），要么仅在规定中"申明"对违规者将按《学生违纪处分规定》处理。

[②] 2005年教育部颁布《普通高等学校学生管理规定》对高校给予学生纪律处分的种类限定为"警告""严重警告""记过""留校察看"和"开除学籍"等轻重有别的五类。2017年，S大学受到正式处分的学生不足二十人次（该数据来自S大学学生处管理科），这与笔者在田野中所观察到的违纪应受处分人数之间存在巨大差距。

终在取得其完成"高等教育"的资质认证（指毕业证和学位证）后走向社会。尽管如此，现实中仍然有一些学生出于诸多原因（已在第三章中进行过描述与解释），而始终没有建立起对"高深学文共同体成员"的身份认同或者在校期间发生身份质疑甚至身份否认，因此，必须承认既有校园文化的控制实效也远远不是全面且充分的。

校园文化控制的"善于借力"。在校园生活中常常强调道德、理性、法律、情感等诸多其他社会控制措施对校园文化控制的支援。此处简要回顾第二章案例2.3中H学院M老师对学生"打架"事件的处理过程，从中体会校园文化控制如何借助多种其他社会控制措施来发挥作用。依据M老师处理此事件过程中的语词顺序，分解如下（见表4.1）：

表4.1　一项具体事件中多种社会控制举措的共同在场

社会控制举措	M老师用语	目的、含义
基于"道德""面子"对二人进行训斥	"这里是学校，不是大街、不是菜市场！也不嫌丢人！多大点事，一人退一步会怎样？"	强调双方使用武力解决纠纷的行为与校园文化所提倡的"平和""礼让"等道德观不符。
基于"情感""友爱"对二人的说教	"一个宿舍呢，就不能相互谦让、相互理解？同住一个宿舍，就是一种缘分，大家好不容易才聚在一块儿。"	强调同学，尤其是同宿舍同学之间的正常关系应当是"和谐""互助""友善"的情谊。
出于"理性""利益"对二人的劝解	"年青人火气大发生矛盾也正常，但也要学会克制，多换位思考，多想想后果。要打架也可以，打架斗殴就按校规来处理，一人一个记过处分嘛，哪个也占不了便宜，多划不着……"	从当事人立场出发，帮助其认识到解决冲突存在多种可能方式，应当在权衡利弊后再选择；从个人"利益"的角度提出两人的"冲动"行为可能会导致的负面影响，此此论说"打架"不理智。
基于"法律""责任"对二人的告诫	"像W这样还持械打人的，你把L打伤、打死怎么办？后果就是负刑事责任……你们当时想过这些没有？"	以此告知学生故意伤害他人可能承担的法律责任，提醒当事人在具体行动之前应当就行为后果将导致的法律责任进行认真考虑。
基于"校规"对二人的具体处理	"你们的行为确实违反了校规……要对你们进行违纪处分。根据你们二人的行为情节、认错态度，可以按"警告"来处理……此后二位将收到正式的处分决定书。如果有异议，可以按（处分决定书）上面的提示提出申诉……"	宣告依照校规，二人行为应当如何认定、适用何等处分、处分程序等。

一年之后，在二人提出"解除处分申请"时，M老师又一次将道德、理性、情感和法律混合运用（与当事人一起再次"回忆"当时行为的不妥，并对未来该如何提出"希望"），以此作为自己执行校规的"评论"和"注释"。

通过对 M 老师处理此项具体事件的过程分析，可以发现校规并没有孤立而行，而是需要援引其他的社会控制机制来使校规自身"自然""平滑"地运行。大学日常生活中不乏类似事例，又如我们在第三章中对"行动中的校规操作者"所作描述，可以看出"有经验"的校规操作者在履行职务过程中，通常不会单纯、直接依照校规来处理具体事件，而是"习惯性"地充分调动与校规承受者之间的情感、情绪，从"思想"上触动、影响承受者。可以说，在具体事件中校规操作者与承受者之间的互动，其实是基于双方对校园文化控制机制的共同理解——这种控制机制离不开对道德、理性、情感和法律等诸多社会控制措施的援引与组合。从此角度来看，正是校园文化控制的此一特点，化解了校规本身"强制力有限"的困境。

校园文化控制的日常性与象征性。校园文化作为内部成员的生活背景，有如空气般无形却又实在，充斥于内部成员的生活之中，于细微之处对成员的认知、体会与行动进行着影响。具体来说，这种影响凭借一整套能够被内部成员识别、认知和理解的象征符号体系而得以发生。

校园文化中的象征符号体系，既包括有形的实体，如教学楼宇、设施设备、校徽校碑、园林景观等，也包括无形的非实体，如校歌、校训、校风、学风等，它们以不同组合的形式共同构建出"身边人""身边事"存在、发生的场域，以"高度浓缩"（对校园文化所倡导价值体系的凝练表达）、"所指统一"（协调一致地指向校园文化所倡导的价值体系）的形式共同作用于生活在校园中的内部成员。

事实上，校园文化的诸多符号广泛存在于校园内部，覆盖至全体成员的校内生活。"校史校训""课堂教学""文体活动""主题班会""颁奖仪式""节日庆典"等全都可以是校园文化宣扬、传播的载体。这些载体一致强调成员的直接参与体认，在这些参与和体认的实践过程当中，成员的情感得以公开的形式表达，并相互强化；成员之间的人际关系也经由具体事件的桥梁作用而得以建立、维系或变更。

校园日常生活中的文化象征符号体系，主要通过或直接或暗示的方式向校内成员传递某类指涉情感、态度和价值观的信息源，激起内部成员在思想与行动双重方面的反应。"直接传递"是将包含具体象征符号体系的信息通过公开、明显的方式直接传递给校内成员的过程，最主要的途径包括以标语、手册等文字符号对各类校内规章制度进行公开明示、现场宣讲、学习考试等；

而"暗示传递"则是采用含蓄的方式将校园文化蕴含的意见、态度或行为方式通过语言及其他象征符号传达给校内成员并能引起他们反应的过程。

上述两种信息传递方式共同存在于校园文化当中,共同影响、刺激着校内成员的情感世界。从 S 大学的田野调查当中,笔者发现此两种符号信息传递方式总是相伴而行,而且"暗示传递"的方式往往更容易被观察到,例如大学校园生活中频繁出现的"校史校情宣讲""颁奖仪式对榜样的弘扬""文体活动评比""节日庆典上的优秀学生代表发言"等,都主要依靠于"公开树立榜样 – 赋予榜样意义 – 鼓励其他成员仿效"的递进式逻辑来实施。因为"效仿不会发生在某种既无历史,又无象征意义的真空中"[①],所以"校史校情"的反复宣讲和"榜样符号"的建立、释义都被视为极其重要的教育题材,是校园文化信息传递的核心内容[②],通过一系列符号体系反复论说 S 大学的光辉过往和受 S 大学培养之人的荣耀,强化校内成员对自我身份的认同感与荣誉感,逐渐领悟学校文化所倡导的价值,并使其内化为对自身的要求,将"外在规则"转化为"内心指引",即产生"内 – 外交互式"的控制效果。

无论是教育学[③]或是人类学的研究结果均已表明,就控制的"影响力"(用布迪厄的话说则是"魔力")而言,含蓄式的劝服往往远比"公然的高压强制更容易操作"[④],也更容易实现控制目标,因为文化控制往往是循序渐进的结果,而并非突发的变故,它总是以不易为人察觉的方式而生成,所以被沉浸其中的人们认为是自发自生的事实。也就是说,人们有意识地对象征符号体系中所包含的信息进行"暗示传递",更能够潜移默化地达到承受者的精神世界,对他们的多重感观施加影响,其产生的效果就更加地持续、稳定。来自环境的"暗示"往往又可以转化为主体的"自我暗示",即承受主体"依靠思想、语言向自己发出刺激,以影响自己的情绪和意志,或加深对某一

---

① [美]西敏司:《甜与权力——糖在近代历史上的地位》,王超、朱健刚译,商务印书馆 2017 年版,第 179 页。

② 对此描述详见本书第二章,对 S 大学新生开展"入学教育"的记述。

③ 例如杜威提倡"教育就是促使生长""教育是生活本身"的观点,见[美]杜威《学校与社会;明日之学校》,赵祥麟等译,人民教育出版社 2005 年版,第 2 页;国内学者所持的"教育刺激内化""引导性的自主选择"观点等,见傅治平、曹成杰《教育与人》,知识产权出版社 2013 年版,第 205—207 页。

④ Nader L. Controlling Processes Tracing the Dynamic Components of Power, *Current Anthropology*, Vol. 38, No. 5, December 1997. p. 711 – 738.

观念的认识，或要求按某一方式行动等"①，表现出观念和行动上自然而然地自我控制，使这种控制欲达到的效果成为一种"理所当然"的事实。

由此可以认为，发生于校园日常生活中的校园文化，其通过一套特有的象征符号体系的创立与运行，不仅仅建立起校内成员对校园秩序、人际关系的认识体系，同时也作为一套"唤醒式"的工具体系，在校园日常生活的现实经历中唤醒、激发、引导、强化校内成员的情绪感观，对成员的意向和行动进行有意识、有目的地统合，逐渐将校园文化所倡导的价值观转化为校内成员的自我观念，与此同时，在该过程中，校内成员思想、行动也逐渐整合融入校园文化之内，实现了校园文化的延续、变迁与传承。

综上，校园文化的过程控制机制自身特有的"风格"，在很大程度上正好可以弥合校规自身的局限性。其原理在于，以彰显校园文化的其他多重元素（例如情感、理性、德性、传统、历史等）来填补校规文本规范与现实效力之间的间隔缝隙，化解校规不可周延、僵化时滞、强制有限、执行动力及结果不确定等局限性所伴生的运行困境（这种困境具体表现为本书第三章所描述的各种"另类结果"）。换句话说，当我们把校规"放回"校园文化之内进行考量，通过调节校园文化及内部其他组成元素将有可能弥合校规的局限性——在优秀的校园文化氛围中，通过"过程—事件"实践逐渐实现对校规承受者的双向训导（来自"纪律"的外部训导与来自"内心"的自我训导）。

三 校园文化多层叠加效应之二：以交融舒缓社区结构紧张

"结构紧张"（structural strain）是指特定社会结构因内部冲突或不均衡而表现出的失衡状况。该概念最初由默顿提出②，用于解释社会"失范"现象的原因，即社会文化塑造出人们特定的价值期待，但却缺乏给予人们获求这些价值的充分条件，也就是说，人们的文化期望与实现期望的手段之间严重失衡。该概念之后在社会学领域得到不断扩充，可用于描述一个社会中处于不同结构位置、有着不同利益诉求的成员之间关系不稳定的状态，以及其所产生的不良社会后果（主要是指人们的普遍不满、非理性行为、暴力冲突、

---

① 彭华民主编：《人类行为与社会环境》，高等教育出版社2011年版，第8页。
② ［美］罗伯特·K. 默顿：《社会理论和社会结构》，唐少杰、齐心等译，译林出版社2006年版，第261页、296–297页。

秩序混乱等①）。就是说，"结构紧张"缘起于社会所倡导的"期望"与能够提供的"手段"之间的失衡，诱发处于社会结构不同位置中的各个成员对现有社会位阶、利益分配、人际关系的不满与反抗，从而表现出大量的非制度所允许的行为，甚至形成暴力冲突与秩序颠覆等。

任何社会的变迁都必然同时包括"整合"与"分化"两个方面，而"整合"机制与"分化"进程却总是难以同步，故"结构紧张"是无法回避的社会事实。一旦"整合"与"分化"的不协调发展到一定程度，"紧张"就可能突破张力界限，导致"社会解组"，即在激烈的社会震荡中（如大面积暴力冲突、战争、政变等）颠覆、瓦解原有社会结构，产生大量分散、零碎的新社会团体，而原有社会中的道德规范、行为守则等控制机制将归于失效。因而，为避免"社会解组"，就需要尽可能地完善社会"整合"机制，用以缓和社会"分化"所致的结构张力。

本书将校园社区生活理解为社会生活的一部分，其中同样存在着"结构紧张"与"舒缓紧张"的问题。如果生活于校园内的成员被所在文化塑造而出的价值期望与制度所允许的正当手段之间长期存在不协调、不匹配的困境，那么，内部成员之间对彼此所在的结构位置、利益分配机制、人际关系就可能会产生不满情绪。这种状况可能表现为各方之间对抗、对立和相互抱怨的现象，并可能产生一系列不良后果，如各方成员间的冲突、暴力行为、秩序失控等。本书把这种"不良后果"界定为校园生活的结构紧张。长期生活于此等结构紧张状况之下，对于校内成员而言，不仅仅是一种极端痛苦的情感体验，长此以往还可能导致成员对既有规范的普遍反抗或脱离结构（例如本书第三章所描述的多种校规承受者的叛逆与违抗现象），最终导致对校园生活结构的破坏或颠覆。故而，为追求理想中"师生和睦""秩序井然""朗朗书声"的校园生活，维系正常的学习、生活秩序，就需要不断探索能够使结构紧张得到适时舒缓的"整合"机制。

在特纳的社会结构理论②当中，社会关系由"交融"与"结构"两种彼此联结的模式维系着，此两种模式先后承接起社会生活的各项过程。由于社

---

① Smelser, *Theory of Collective Behavior*, New York: Free Press, 1962.
② ［英］维克多·特纳：《仪式过程：结构与反结构》，黄剑波、柳博赟译，中国人民大学出版社2006年版，第203—204页。

会中主体对自己所委身的社会地位总是存在着各种不断变化的幻想，"突破\保持"结构往往是人们内心最为纠结的部分，故而"结构"总是处于动态发展之中，这就需要由"交融"来舒缓结构内部的紧张、保持结构之间的平滑过渡。

特纳引用《道德经》中老子对古代战车轮毂与辐条之间空隙的论述来作比喻，以此说明"交融"对于社会的重要意义。他认为"交融"其实是普遍、实际存在的，存在于结构之间的"间隔"，以即时性的"去身份"或"换身份"的"无结构"或是"虚拟结构"仪式来使原本社会结构中的各方力量得以"释放"出来，并"汇聚"在一起，"让一个作为整体的人参与到其他作为整体的人之间的关系中"[①]。由于"交融"能够逾越原有的、已被制度化了的社会等级结构及这些结构所蕴含的分类归属、行动准则、关系规范等，使参与其中的人们可以"尽情"地表达、展示其情感情绪，从而在这段共同、共享的经历中，促进众人"全身心地"重新去思考究竟该如何分类、归属、规范，即建构出新的结构。

可以想象，如果没有"交融"的存在，原有结构中的各方力量便会因为缺失交流与分享的机会而一直处于紧张、对立、对抗的状态，导致社会结构张力的形成、增长；这种结构张力又会因为无法获得"舒缓"而最终导致结构的崩溃或消亡。故而，正是"交融"的存在，给予了社会各方充分"释放"的机会与场所，从而使社会结构内的张力得以舒缓，促进结构的延续与完善。

理想中的校园文化即是为"交融"提供机会与平台。无论是本书第二章所描述的"仪式化交融"，或是校园日常生活中最为常见的各类"文体活动""竞赛比拼"，都使得校内成员在一定时空之内"欢聚一堂""融为一体"。一方面，校园文化在观念上提倡"积极参与""师生互动"，从而营造出各方"交融"的氛围。通过观念上的宣扬与传递，鼓励校内成员融入校园整体之内，在群体互动中将思考、认识事物的视角逐渐从"我"转向"我们"；另一方面，校园文化以各种实际的校园活动为载体，为"交融""搭台"，使校内成员有表达、发声的机会，在实践中又强化了校园文化所倡导的"积极参

[①] [英]维克多·特纳：《仪式过程：结构与反结构》，黄剑波、柳博赟译，中国人民大学出版社2006年版，第128页。

>>> 第四章 校规良性运行的文化意义

与""师生互动"观念。

一般而言,各类校园活动总是需要教师、学生、社团等的共同参与,从活动策划、审批,到实施、评比,再到总结、成果展示(汇编)都需要各方共同经历。在这些共同经历的过程当中,各方的情绪得以充分表达(例如比赛中的欢呼、助威等)、此前已被"模式化"的身份关系和行为规则被暂时搁置(例如师生以平等的身份共同参与比赛)或者完全颠倒(例如每个学期期中,S大学要求各学院组织学生代表就全体教师的"教学效果"进行"学生评教"专题会议,即由每个班级的学生代表依次评价教师教学能力与师德师风,而学院领导、教学督导必须认真听取、收集学生对教师的"意见反馈",并及时给予回应;又如每个学期的期末,由全体学生在校园网教务平台上对任课教师给予评分评价等)。

在"观念"传递的过程和承载"活动"的事件中,还需要存在"制度"保障,即校园文化所提供的"交融"氛围与平台如果要长期、持续和真实地存在,就离不开"制度"的支撑,例如本书之前多次提到的"两委一助",正是有了相关校规文本制度①的创立与运行,才保障了每年有四位优秀学生代表参与到该"交融"过程当中,以"校党委委员""学位委员"和"校长助理"相类似、平等的身份参与到学校的管理事务当中,与学校的"高层领导""学术权威"们一起交流、协作,使得多方的视角、观点展开碰撞、融合,由此使个体成员能够更清晰地看到自己所归属群体的需求与状况,从而促进个体"我"观念向群体"我们"观念的转变,使得师生关系、校生关系趋于和睦,即通过"交融"更加强化了"结构"。以下将通过一则访谈,具体描述S大学"两委一助"制度如何为"交融"搭建平台,以及"交融"可能产生的效果:

访谈 4.2 访谈对象:学生 Q,H 学院"4+2"项目② 2015 级研究生,自 2011 年 9 月起就读 S 大学 H 学院,从本科阶段起一直担任 S 大学学生干部,访谈时为 S 大学"学生校长助理"。学生 Q 于 2017 年 7 月毕

---

① 此处具体指《S大学章程》和《S大学"两委一助"制度暂行办法》。
② 即所谓"本硕连读"学生,实行本科四年加硕士研究生二年的学制。在 S 大学,学业和品行优秀的学生在本科大四上学期时有资格申请该项目,经选拔考试后可以入选该项目。

215

业，就职于另一所大学，担任学生辅导员。

访谈时间及地点： 2017年2月初，H学院学生活动室。

访谈涉及话题： 学生Q本人担任"学生校长助理"工作的感受。

Q："学生校长助理"是S大学自2015年9月起尝试实施的一种学生参与学校民主管理的方式。学生可以自愿申请，由学校团委从众多申请者当中挑选出两人担任校长助理……我们的主要职责包括辅助校长开展校内管理业务、列席"校长办公会"、代表学生发表意见等，每届任期一年，我们（指学生Q和另一名"学生校长助理"）现在是第二届了。

我们这一届是两个人，任职期间是2016年9月至2017年7月，现在是第二个学期。

回想担任这一工作的原因，可能是因为我胆子比较大吧，当时我通过校园网了解到学校打算推行学生参与"民主治校"的制度，就报名参加了，想试一试，也还是想锻炼一下自己……经过校团委的选拔，就当选了。（据了解，学生Q自本科入学以来，各项学业成绩一直保持优秀，并与教师、同学建立有良好人际关系，多次获得奖学金。在访谈过程中她并没有强调自己已取得的成绩。）

我觉得这个制度很有意义，主要是可以增加学校民主管理的氛围……这是趋势嘛，很多名牌大学都有这样的制度……让学生参与到学校顶层设计和重要事务的讨论中，可以听到学生的意见，让学校的各项工作安排得更加合理，而且可以让同学们觉得学校很在意我们的感受……

每次开校长办公会我们都会参加，领导们讨论的时候也会问问我们有没有意见，但并不是每一次会议的议题都会涉及学生的问题，如果涉及学生的，他们就会仔细听我们的意见；我们平时也会注意收集同学们的意见，在校长办公会上有机会就提一下……我三次在校长办公会上代表学生提出"食堂饭菜价格高于周边高校，建议学校对价格进行管控"的议案，但可能由于调查数据不充分吧，学校目前还没有回应……刚开始征求同学们意见时，可能是我们经验不足，或者是大家还不太了解"学生校长助理"的工作，都不怎么提意见……后来我们改变工作方式，除应一些学院邀请之外，我们会主动联系社团呀、各学院学生会呀，到不同学院借交流个人担任"校长学生助理"的经历来向同学们宣传这项制度，让同学们了解它是实现学校民主管理、民主决策的重要方式，关心我们自己的学校,也为自己争取更好的学习生活条件……慢慢的会有一些同学主动找到我们,给我们提供很多完善学校管理的建议……越来越多的同学们意识到学校发展不仅仅是校领导的事,也不是老师们说了算……我在S大学生活了六年,从什么都不会的新生成长到今天,这里是我人生的一部分,这是我的大学……在最后一个学期我会和同学们一起提出对学校发展和学生成长成才更有意义的议案,我会预先做好前期调查,准备好数据。我就是希望学校发展得越来越好,真正成为同学们自己理想中的大学……

通过学生Q对"学生校长助理"这一职务的描述,可以看到,包括"学生校长助理"在内的"两委一助"制度,即是为校园结构中的各方提供"交融"机会与平台的制度保障。各方身份在特定仪式(即校长办公会、学术委员会或庆典现场)中暂时因"混同"而模糊化。原本在校内结构中处于"低位"的学生代表可以充分地表达各自的态度与观点,实现了情绪上的"宣泄"与"释放";而原本处于结构"高位"的学校高层领导、学术权威们,转而听取、接受学生提出的各类"问题"或"挑战"。

也就是说,原本可能处于"对立"关系的各方,在制度化、仪式化的沟通交流过程中,能够以平等的身份充分表达各自观点,同时也能够听到不同结构位置上的其他各方的声音,逐渐无意识地形成更为综合、整体的观念。即结构中的各方主体认知、理解校园生活中事件与关系的观念起点得以从"我"逐渐转变为"我们"——各方通过"交融"而被逐渐关联起来,在共享、共有的经历中共同组建出一个内部关系更加紧密的结构体。

此外,学生Q担任"学生校长助理"的个人成长经历本身即是一个"校—生"共生共荣的典型例子。从学生Q的话语中,我们可以感受到学生Q作为参与学校推进校—生"同体共荣"的首批尝试者,她凭借对自己"学生校长助理"身份的认知和体会,已引发自身主体意识的觉醒——主动策划议案、在校长办公会上策略地提出议案(用她的话来说是"关心我们自己的学校,也为自己争取更好的学习生活条件……这里是我人生的一部分,这是我的大学……希望学校发展得越来越好,真正成为同学们自己理想中的大学")。更为关键的是,她能以"同伴"的身份,激发、带动身边的同学参与到学校的民主管理、民主决策的全过程之中,关注自身的主体性权益。由于有了这样的体验，学生Q成为一个"综合能力强"的典范，多次获得学校、省级奖励，最终以优异成绩毕业，顺利走上工作岗位，即个人价值在促进学校发展的进程中得到充分体现。

但是，透过这则访谈我们也发现，这种能够令更为广泛的校内成员普遍、确实地体验"校-生"共生共荣的"交融"仪式，还需要更长时间的文化积淀。S大学"两委一助"制度的形成，经过了"个别成员尝试-反复应用-集体仿效"的渐进过程，在此过程中，该制度从最初的一些"想法"逐步转化为系统、明确的"条文"①，以明确、稳定的形式来推进落实。但要使该制度逐渐成为校内成员共享的一种习性，就还需要调动"制度"之处的其他校园文化元素，来促进学校权力机构、教师和学生等各方积极、持续地共同参与到"交融"当中。

"交融"的实现，离不开特定的文化环境。在此文化环境当中，"交融"的缘由、目的和形式可以被各方"心领神会"，而这种"心领神会"并非与生俱来，而是在群体影响之下不断习得而成的经验，通常还需要"师长"的引导与启发。在校园生活当中，要使得处于"低位"的学生"敢于"并"能够"在某些领域与处于"高位"的师长进行"交融"，必须存在这样的文化基调——校方对学生主体身份给予充分尊重、对学生主体意识进行启迪的传统。在以下访谈中，可以看出此种文化基调的一个剪影：

访谈4.3 **访谈对象**：S大学G学院副书记J，女，担任该职务六年，教育学硕士。

访谈地点：学校行政楼340会议室　**访谈时间**：2017年5月10日

访谈涉及话题：学生参与学校管理的必要性

J：我所在学院师生关系和睦、学生很少违纪违规、学院发展良好，这到不是要鼓吹我们的管理经验，只是相比其他学院，我们在学生管理方面有一些自己的尝试。比如说我们从大学一年级开始，一直强化学生的"主体意识"，让他们知道大学与高中不一样，更多地需要自主管理、自我约束。老师和纪律都仅是"外力"，而自己努力是"内因"，个人成长成才是"内外因"相结合的结果。一句话：仅靠单一的校规约束是不

---

① "条文"在此具体指《S大学"两委一助"制度暂行办法》。

能起到实际效果的，反而把师生关系搞得很紧张。

我所说的"主体意识"就是强调学生是学校的主角，倡导自觉融入校园生活，成立各种社团来吸纳学生，（倡议低年级学生参加社团），提供诸如"助教""助研""助管"等勤工助学岗位，提升学生自我服务、参与管理的意识与能力。这样一来，可以提升学生对学校、老师的认同呀！在认同的基础上学生才会自觉自愿地了解、遵守学校纪律，毕竟这些用于约束行为的纪律都是为大家好，为了保障所有人的共同利益嘛。

我发现，对于学校规定，包括奖助学金、处罚处分等（规定），很多学生是不清楚的，仅靠入学教育的那几天、那几场讲座是远远不够的，实际上我们会鼓励高年级的同学与低年级的学弟学妹"接对子"，由老生来帮助新生尽快熟悉学校规定，避免走弯路。学生间的互相帮助，有时比我们老师去教、去讲效果更好。

最近（指从2016年12月份至2017年1月份）我们在做一项学生调查，主要是了解学生们对学校各方面工作的认识态度，包括学生的日常管理、学业管理制度在内，我们做了大量调查问卷，数据都收上来了（暂时还没处理），想看看在学生心中学校的各项制度是否合理、有效。此前我们总是习惯"自上而下"地去推行一些制度、模式，很少会去关注这些制度是否符合学生个人的需要、是否符合学院的实际情况，所以这次我们想通过调查学生态度来"自下而上"地来重新思考学校各方面制度的合理性、科学性，以促进学校、学院、学生都更好地发展。

透过J老师的话语，可以发现"交融"要成为可能，就需要有将学生视为校园关系"主体"的文化传统，并有具体的举措来调动学生的主体积极性，促其能动地参与学校管理与建设。具体以校规的施行为例，不应当仅是"规范颁制者—规范文本—规范接受者"① 单向线性运行，要使学生不再完全被动地接受规制，沦为规范的"对象"，而是以主体的身份充当规范的事实构建者与理解者——能够就校规的创立与完善，充分地发表意见。

总之，当校园文化"允许"结构中的各方主体进行"交融"，并能够为"交融"提供通畅的渠道，各方的情感、态度与价值观才能够有机会"融会贯

---

① [比] 马克·范·胡克：《法律的沟通之维》，孙国东译，法律出版社2008年版，第100页。

通"，也才能够相互"理解""体谅"，化解冲突与对抗，从而形成更为综合、整备、稳定的内部结构，表现为各方主体间关系的和睦、友善，整体结构的完善、有序。

综上所述，校园文化是校规所依存的整体存在，校规作为校园文化制度层面的典型部分，与校园文化之中的其他组成元素（"器物"层面的物质文化、其他的校园制度，以及"精神"层面的情感—态度—价值观等）有着紧密的关联。要想化解校规内在局限性所导致的训导失效问题，需要从其所依存的校园文化入手，利用校园文化的多层面叠加效应，来找寻应对之道，即，所谓"加强、改进校园文化建设"[①]。具体而言，包括如下几个相互重叠交错的层面：通过美化"校容校貌"、升级"设施设备"等校园文化"器物"，彰显其中的文化符号含义，以此增进校内成员在校园生活中的"满意度""幸福感"等情感体验；通过及时回应整体社会文化所倡导的核心价值，不断提高校园各项管理制度的规范性与统合度，同时强调制度运行过程中的"师生对话"与"共同参与"，以"精神引领"带动"行为规范"；通过在具体的文化实践中体验"师生交融""校生共荣"等校园文化"精神"，提升校内成员将自身视为整体校园结构中一分子的意识与能力，以"共享""共建"的观念来"整合"校园结构中不可避免的"分化"，从而舒缓结构紧张。

此处再次强调，仅仅凭借校规自身的"独行"运转来实现大学规范教育的三层预设训导目标，只能是不切实际的假想。事实上，校规也是校园文化的重要组成部分，与校园文化整体和其他文化元素之间有着无法剥离的关联，要实现大学内部规范所预设的训导目标，就离不开校园文化的过程控制和主体间交融。只有在具体的"过程—事件"实践当中，塑造校园社区内部成员身份"认同"与群体"归宿"观念，使其真正意识到内部规则的意义在于实现社区与成员的共同需求、在于促进群体的完备与个体的发展，才能使他们能动地"发掘"校规体系的"内生性"，同时又能够自觉自愿地"基于内部观点"而服从这套内部规则。

[①] 2004年教育部、共青团中央联合下发：《关于加强、改进高等学校校园文化建设的意见》，明确提出高校校园文化建设在国家人才培养战略、社会主义现代化建设及学生个体综合素质提升方面的重要意义；2017年2月，中共中央、国务院联合印发：《关于加强和改进新形势下高校思想政治工作的意见》，提出加强"各类思想文化阵地的建设与管理"等意见；2017年12月，中共教育部党组印发：《高校思想政治工作质量提升工程实施纲要》，再次强调"文化育人"的重要性。

第三节　校规良性运行的表现及效能

大学教育位于国家正式教育的顶端，承担着引领时代精神、培养社会建构主体、优化社会结构的重要职能，应当通过恰当的运行机制，对内部成员的观念与行动进行统领、整合。这种"恰当的机制"即是本书所指校规的良性运行——寓于校园社区文化实践之中的规范教育，其文化效用包括三个层面：校规体系持续合法化发挥的规范效用、校规执行"过程—事件"当中的文化传习以及通过规则内化而实现的受教育者社会化赋能。

（一）持续"合法化"的"依规治学"

尽管前文结合校规运行现实概括出校规存在的诸多局限性，但并不意味着本书对校规持"否弃"态度；相反，本书一直坚信校规具有极为重要的育人功能与文化意义，并且希望依托包涵着校规的校园文化，以多层面的叠加效应来强化、完善其功能、意义。故而"依规治学"是校规良性运行的首要前提。

"依规治学"合法化的内涵。在此意指校规应当成为大学学生管理的主要制度依据，并且这种制度依据作为一种"合法之法"，与所在校园文化环境协调一致，源自内生、执行有力、表达精准的规范体系，从而能够借助所在校园文化而在一定程度上克制自身局限性，通过校规的规范控制及其背后的价值引领，实现对受其影响之人身份意识的强化，以及价值追求目标和行动策略选择的统合。

人类学研究向我们揭示，任何社会组织都存在一定的规范，以一定的约束力来明确界定内部成员"禁为/可为/应为"的范围。校规作为大学教育、管理学生行为与学业的规范性制度，明示着校规承受者与校规操作者各方主体的行动内容、形式及其后果，由此指引、教育各方主体，从而建立起一定范围之内的社会控制模式。更为重要的是，"规范反映了社会的基本价值观，而对违背规范的不同行为进行约束的类型暗示了不同价值观的相对重要性"[1]，

---

[1] ［挪威］托马斯·许兰德·埃里克森：《小地方，大论题——社会文化人类学导论》，董薇译，商务印书馆2008年版，第80—81页。

无论是规范的创立或是具体运行，都与该社会内所普遍遵循的价值观密切关联，即凭借规范可以使内部成员知晓、感受到不同价值在该群体中的位阶：某些价值应当受到尊崇，而另一些价值则应当受到贬抑；某些价值应当被优先考量，而另一些价值则可以迟缓获求。"依规治学"即是依照校规所展开的规范控制，而它的效用不仅仅在于预示、指引主体行动，更在于凭借规范所引导的价值追求来整合内部成员，将其统合成一个共同追求特定价值目标的群体，即实现成员身份的识别与价值整合。

当然，就大学自身而言，"依规治学"合法化的内涵还在于通过创立并实施顺应、配合、落实国家法的校内规范以保证自身治学行为的"合法律性"①、避免大学自身发展和教书育人各环节中人为的任意性、盲目性，以此证成大学教育的权威、正当与理性。

"依规治学"的必要性。 现代大学是高度制度化的社会组织，在与外界环境交往互动、实现自身发展与完善的过程中逐渐积淀出大量规范，用于规制其内部成员、管理内部事务、协调内部关系。这些规范往往依照特定的创立程序而产生，并依照既定的原则与标准来运转，即，以"形式理性"来促进"实质理性"，据此排斥校内各方主体的任意而为和盲目混乱。

直观地来看，校规的作用在于指引内部成员在具体校内生活情景中"禁为/可为/应为"某种行为，并就此产生的行为后果给出大致的预测或评判，以使成员能够提前安排、规划自身行为并预见他人行为，从而使得校内日常生活得以确定、有序地延续。就此而言，校规作为一种行为规范，如果能以明示的形式存在、并在大致程度上保证运行的必定与公平②，那么承受者就可以校规为参照，自觉自主地提前安排好自身行为、学业规划乃至职业生涯；同时也能够凭借校规来协调、界分与他人之间的权利义务关系，为营造良好人际关系提供制度依据。也就是说，由于校规的存在和现实运转，可以使校规承受者体验到自身作为规范主体的能动性，这种能动性即是主体能够在预

---

① 在全面"依法治国"背景之下，国家法对大学"依法治校"直接提出了具体的要求，例如《高等教育法》第二十七、二十八条要求所有大学必须建立章程，以规范制度的形式明确包括其办学宗旨、学科设置、教育模式、管理体制在内的诸多内容。此外，所有大学的内部管理制度均不得违反国家法律规定，并接受教育行政主管部门的监管。

② 理想状态中的校规体系能够对校内生活的具体情景给出明确、清晰、公正的规范，而全体成员又可以遵守规范，通俗地说即是在校园生活中"立规科学""严格执规""公正执规"和"全员守规"。

知行为后果的前提下，自主做出行为选择的能力与习性。

更为重要的是，校规作为一种蕴含价值排序的评价体系，通过实施包括"奖—罚"二元机制和大量侧翼式"潜隐－濡化"控制机制在内的一整套运行原理，能够促进承受者明辨、区别不同价值在校园生活中的位阶，引导、统合不同校规承受者的目标预期，从而使生活于校园之中的人们明确自己的身份，及这种身份所对应的行为规范和价值追求，从而趋于同向、并行，协力趋近共同的价值目标。也就是说，正是校规的存在，鲜明地标识出一定的是否观与价值观，引领、统合校内成员的情感与思维，从而使校规承受者进一步感受到自身作为校园社区主体的身份，培养有意识地调控、支配自我价值追求导向与具体行为方式的能力，使得其主体性得到升华——能够辨识价值排序，并为了沿袭某种价值追求而自觉地调控自身行为。

可见，无论是在启迪、强化受教育者的主体性层面，或是证成大学自身的合法性与合理性层面，再或是基于大学与国家之间"系统－整体"关系而推进国家全面依法治国的治国方略层面，"依规治学"都有其充足的必要性。

"依规治学"的有效性。根据法理学原理，讨论某项规范的有效性即是分析现实中此规范在多大程度上能够达至其预设目标、实现其预期效用。社会生活当中，存在着大量可能对规范目标与效用造成影响的因素，例如：规范的产生来源、规范的执行动力、规范的表达形式以及规范的适用环境等。其中，规范的适用环境主要是指前文已讨论过的校规植根其中的校园文化，在此不再赘述。以下将仅就前三项相互关联的因素对校规有效性产生的可能影响展开讨论。

规范的产生来源，在很大程度上决定着承受规范约束之人是否能够、愿意遵循规范。罗伯特·C. 埃里克森（Robert C. Eriksen）的研究表明[①]，如果规范没有充分考虑承受规范之人的具体情况，那它就仅能被视为一种"外生变量"，仅仅是承受规范之人选择行为方式、做出具体举动的一种参考依据；而当此规范是由"关系紧密"群体在日常事务往来中为了"总体福利最大化"而自身开发的，它就会获得人们的普遍遵循。

同样地，校规是以"外生变量"的形式还是基于"校内成员的福祉"而

[①] [美] 罗伯特·C. 埃里克森：《无需法律的秩序——邻人如何解决纠纷》，苏力译，中国政治大学出版社 2001 年版，第 188—189、第 204 页。

从规范到训导：大学校规的法律人类学研究 >>>

出现、发生于校园生活之中，在很大程度上决定了校规运行的有效性。如果校规承受者仅仅是普遍地认为"校规是学校管理学生的制度依据"，那么，本书在第三章中所列举的诸多校规承受者叛逆或违抗校规的行为就完全不足为奇（甚至可以说是"情有可原"）；而当校规的产生源自使受其影响之人的利益得以普遍增加的目的之时，校规就容易获得受其规制之人的普遍接纳与自愿遵循，那么，也就可以理解某些校规为何得到广大校规承受者自觉地承认与依从。既然校内规范源于维护"校内成员福祉"的需要，那么基于"每个人是其利益的最佳主张者"的常识，在规范的创立与运转过程中就应当有校内各方主体的普遍参与。需要强调的是，此等"参与"绝对并非某种形式上的"征求意见"，而是本书随后将要进行讨论的具体校规运行之下的"文化传习"。

规范的执行动力。 在规范法学派的眼中规范被执行往往与权力和强制有关，例如奥斯丁认为，法律是主权者所发布的命令，而命令就必然包含了"义务"和"强制"两项基本要素："命令或者义务，是以制裁为后盾的，是以不断发生不利后果的可能性作为强制实施条件的"[1]。凯尔森的纯粹法学理念同样强调"制裁"的核心意义。但另一些法学家则提出了不一样的观点，例如哈特认为规范得以执行、获得人们的服从存在两类情形的区分：其一，人们基于"外部观点"，如畏惧规范的制裁而被迫服从；其二，人们基于"内部观点"，如出于彼此之间的互惠合作而自愿服从。社会法学派奠基人庞德（Roscoe Pound）则认为正是因为（法律）规范能够带来秩序、人们为获求秩序而习惯性地服从于（法律）规范。新自新法学派代表人物富勒则完全不同意将强制视为法律规范的特征，反而认为"道德"才是其实质[2]；弗里德曼则更加细致地提出规范的有效执行取决于三个条件，即"规范能够有效传达给规范的对象""对象具备做到规范所要求的能力"和"对象有必须按规范要求去做的意向"，但此意向又是极为复杂、难以拆解的，包括行为人对制裁的畏惧、所在文化环境认同的价值、同等地位之人的看法、行为人的内心准则（良心）和行为的习惯（惯性）等[3]。

法人类学家的研究则更加直观、明晰地为我们拓展出理解规范执行动力

---

[1] [英] 奥斯丁：《法理学的范围》，刘星译，中国法制出版社2002年版，第20页。
[2] [美] 富勒：《法律的道德性》，郑戈译，商务印书馆2005年版，第127—128页。
[3] [美] 劳伦斯·M. 弗里德曼：《法律制度——从社会科学角度观察》，李琼英、林欣译，中国政治大学出版社2004年版，第65、73页。

更为开阔的视野：例如，马林诺夫斯基的"互惠"原理①、霍贝尔所概括的"特殊强力"②、格拉克曼所指的普遍存在的"理性"③，以及西敏司关于"权力"引导民众普遍模仿而对社会选择进行控制的理论等④，这些理论均为我们指示出规范的执行动力不仅仅单纯地依赖于来自某种正式组织形式的权威强制或暴力胁迫，而是有着多种、复杂的其他可能。

同样地，"依规治学"所依托的"规范"之执行动力不仅仅在于学校所实施"奖优罚劣"的"外在强制"，更在于校内规范承受者普遍具有的、对规范的内心服从状况或是某种遵守规范的习惯品性等。当然，校内规范承受者的此等"内心服从"或是"循规习性"往往建基于主体对校园文化的认同与尊崇，而此等认同与尊崇绝非校内主体"与生俱来"的先天品质，相反，却是经校园文化的价值引导体系对主体熏陶与塑造而成的"习得性"惯行，而"树立模范—鼓励模仿—普遍扩散"又是其通常运用的技术逻辑。此技术的运转机理主要包括两个方面，一方面是弗里德曼所概括出的"同等地位人"⑤的"评价态度"或"看法观点"对行为人所施加的压力；另一方面则是行为人所在环境对其"学习"内部规范的鼓励过程。也就是说，如果校内规范承受者普遍地因为其不遵守校内规范而被身边的"同等地位人"非议、批评或指责，并由此而感到"羞愧""耻辱"或"负罪"，主体就可能"迫于群体压力"从而意识到遵守规范的必需；同样重要的是，校园文化环境应当鼓励校内规范承受者去了解、熟悉规范，并为他们提供此方面的便捷途径（例如校规操作者的言传身教、校规承受者之间的同伴教育等），从而使其有机会逐渐养成遵循规范的习惯品性。

规范的表达形式，是指规范以怎样的"面貌"呈现给规范承受者。有效的表达形式使规范可以规范承受者能够理解、易以接受的方式，清晰、准确

---

① ［英］马林诺夫斯基：《原始社会的犯罪与习俗》，原江译，法律出版社2007年版，第16页、30页。

② ［美］霍贝尔：《原始人的法》，严存生等译，法律出版社2012年出版，第23页。

③ Gluckman, M., *Politics, Law, and Ritual in Tribal Society*, London: Bail Blackwell, 1965, p. 178 - 183. 转引自张晓辉、王秋俊《论曼彻斯特学派对人类学的理论贡献》，《思想战线》2012年第6期，第101—104页。

④ ［美］西敏司：《甜与权力——糖在近代历史上的地位》，王超、朱健刚译，商务印书馆2017年版，第151—157、179—180页。

⑤ ［美］劳伦斯·M. 弗里德曼：《法律制度——从社会科学角度观察》，李琼英、林欣译，中国政治大学出版社2004年版，第122—125页。

地完成表义与传达。具体而言，包括规范的语言风格、规范的信息容量和规范的传递途径等因素。

规范的语言风格又可以从两个向度进行分析，其一是语言的精确程度，即用于表述规范的语言的精准、明确情况。语言精确程度高的规范一般采用语义确定、不易引起歧义的语词（例如S大学对宿舍作息时间的规定："开灯时间上午6：30"；"熄灯时间为周一至周四、周日23：30，周五和周六为24：00"）；与之相反，语言精确程度低的规范则是采用语义模糊、存在歧义的语词来表现规范（例如S大学宿舍管理秩序中的规定："学生要讲究宿舍文明，不得无理取闹"）。就此向度而言，前一类型的语言明显更易准确、有效地将规范内容传递给规范承受者，即语言精确程度越高，其传递信息越不易产生不同主体间的差异理解。

其二是语言的强弱程度，即规范的用语归属于"命令型"或是"劝服型"。"命令型"是指直接以"必须"或"应当"类语词来指示规范指向的行为或态度，且并不就指令的原因、根据作出解释与说明（例如：S大学关于晚归且逃避检查的学生的处理规定："若晚归学生为逃避门卫检查，翻越围墙，一经发现，给予严重警告以上处分"）；"劝服型"则是指以说服、劝解类语词来呈现规范信息，并注重解释指令的原因、根据等（例如：S大学就"德育学分制"所作规定"德育学分制的实施是我校德育工作的重要环节，是实现德育目标的必要保证，是以学分的形式规范学生行为表现和德育评价体系……"）。就此向度而言，需要根据规范所承载的不同内容而进行不同风格语言的取舍。一般来说，当规范指向具体行为时，通常宜选择前一类风格，而当规范指向抽象的精神引领时，通常宜选择后一类风格。

规范的信息容量是指一项规范所指向的行为或观念的种类与数量。通常一项规范应当要么仅就某一项行为或观念集中作出规定（例如S大学就"国家奖学金评审"所作规定），要么是对几项彼此存在密切关联的行为或观念作出统合式规定（例如S大学就"本科学生综合素质体系"中各项测评内容所作规定），否则就可能导致规范"超载"，即一项规范同时就多项关联不大的行为、观念或事务作出庞杂、笼统地规定，导致规范承受者难以理清规范的具体指向而无所适从或不知所措。

规范的传递途径是指规范凭借何种媒介举措，从规范创立者之处传达至承受者之处。如果就其种类进行粗略划分，则可区别为各方主体之间凭借讲述的口耳相传和凭借书面文字的复制散布两大类。前一类传递途径，有赖于双方彼此间的信任关系（亲密程度）、表达及理解能力以及双方能够或愿意就此投入的时间与精力，因此充满了诸多不确定性。但由于此类途径为各方主体提供了充分互动的机会与平台，如果由适当的规范操作者负责传递，则便于规范承受者理解与体认规范，易于形成规范的"内部观点"，从而间接提高规范运转的效率。后一类传递途径，例如刊印、发放收录各类S大学学生管理规范的《学生手册》、在校园网络平台发布规章制度等，可以使既定规范在有限时间内大范围地扩散，但由于缺乏各方主体之间的有效沟通交流，可能导致规范承受者对规范的误解或不解，从而基于"外部观点"对规范进行抵制与违抗。就大学"立德树人"的根本任务而言，在进行选择必要的书面形式传递校内规范的同时，更需要由能够对受教育者真正实施精神引领和品行塑造的规范操作者（例如本书多次提及的M老师）来完成校内规范的传递，即将校内规范的传递融入与规范承受者沟通互动的过程当中，"春风化雨"般地引导规范承受者形成对待规范的"内部观点"，使之基于理解与认同而依从、遵循校内规范。

总之，运转于现实生活中的校内规范能在多大程度上实现其预设目标、发挥其预期效用，受到上述多重相互关联的因素之影响。说到底，校内规范的产生缘由、执行动力和表达形式又都受到规范的适用环境，即所在校园文化乃至整体社会文化的具体而现实地限定。一句话，适宜的校园文化是保证高校"依规治学"有效性的关键所在。当然，"依靠校园文化"并不等于无视现行校规在规范向度上的缺憾，而是需要在校规创立与实施过程中不断提升校规产生缘由与校内成员"总体福利最大化"的贴合度、重视除"奖—惩"之外的多种规范执行动力、使用更加清晰准确的语言呈现规范文本、克服校规传递方式的单一性和单向性等，即并非"坐等"校园文化良性发展，而是通过对校规有效性的不断反思与增进，尽可能地减少校规合法性方面的缺憾。

二 日常"经验化"的"文化传习"

校规的良性运行，并非简单的"对标对表""依规执行"，而是蕴含着对受教育者的内心塑造，表现为以各种可以被认知的符号充斥于受教育者的经验世界当中，使他们将这些符号体系内化为个体认知世界的知识、观念与情感，从而在其支配之下而行动的过程。

"文化传习"经验化的内涵。 在此意指校规在日常运行的"过程—事件"之中，以具体的身心经验来推行文化所倡导的秩序观与规范意识，即基于"知行合一"①的教育哲学原理，所谓"知之真切笃实处，即是行。行之明觉精察处，即是知"②，使教育者既能够"知晓"又能够自觉"遵行"优良文化所倡导的道德感、秩序观与规范意识，从而实现对受教育者的文化控制，在经验中完成规范教育，同时实现文化的传承与弘扬。

文化是一个民族的精神家园，也是大学精神的本质属性，追求理想的校园文化，必然需要我们回望追溯中华文化精髓，认清自己的来处与去向，并从中获得向前的不竭动力。一个民族若期望其生命在历史长河之中得以延续、一个个体若想对自己的有限生命进行无限想象，都离不开对所在文化的自觉。文化自觉是以对所在文化的"自知"为前提，历经"自省"而达至"自在"的动态过程。首先是"生活在一定文化中的人对其文化有自知之明，明白它的来历、形成过程、所具有的特色和发展的趋向"，其次是深谙"自知之明是为了加强对文化转型的自主能力，取得决定适应新环境、新时代文化选择的自主地位"③，进行"择善而从"的"自省"。文化自觉在强调参照其他文化进行"反观自身"的同时，也暗含对自身文化精髓的认同、传承与演绎。

"文化传习"的内容。 校园文化作为整体文化的一部分，从传统文化中孕育而来，其对受教育之人给予德行教化、规范教育都离不开从传统文化精髓中汲取养分。

首先，"大学之道，在明明德，在亲民，在止于至善"，已为我们注明大学的规范教育最首要的目标即是增进受教育者的道德修养，倡导明德惟馨，以恪守道德为荣，不断提升自身道德水准。受教育者在校规效力不及之处、操作者监控不至之时也能够以善良品性作为行为标尺。因此，校规的运行通常指向受教育者的品性，校园日常生活之中持续地倚重各类文化符号与仪式，重

---

① 2010年国家教育部颁布《国家中长期教育改革和发展规划纲要》，将"知行统一"列为创新人才培养模式，而其哲学思想根源于明代理学大师王阳明"知行合一"和"致良知"的心学理论。
② [明]王阳明：《传习录》（上）。见邓艾民注《传习录注疏》，上海古籍出版社2012年版，第35页。
③ 费孝通：《反思·对话·文化自觉》，《北京大学学报》（哲学社会科学版）1997年第3期，第15—22页。

温"礼仪廉耻""孝悌忠信""崇德向善",强化"榜样力量"与"示范引领",通过师生间"道德楷模"经验的交流、分享,传播高尚道德的正向力量。

其次,大学校规的良性运行在于强化个体的归属感与群体意识。通过规范的制订、实施来界定出主体在社区中所归属的层级及对应的行为标准,使之感受到与自己居于相似位置之群体的存在及共享规则和价值。较之于西方文化,中国传统文化中并没有出现过"人—物"或"人—神"的二元对立,而是从"天人合一"的整体视角出发,将"个人—外界—自然"视为普遍联系的整体。今天,大学校规的良性运行同样需要强调"天人合一"理念的珍贵价值,在运行中强调"个人—社会—国家"一体的整体观念,克制极端个人主义和学习功利主义,帮助受教育者在"学而优则仕"与"修齐治平"之间找到平衡,启发受教育者树立"为民族复兴而读书"的抱负与情怀,将个人成就与社会价值、国家利益整合为一体,据此不断考问自身学习动机与目标,从而可能在现实中减少"读书无用"的虚无迷茫感、遏制学习中投机取巧、弄虚作假、唯利是图的乱象。建立归属感与群体意识的意义,还在于使个体体会到自身不能离开所在群体而存在,故而不能仅为一己私利而拼搏,而应当将"小我"与社会、国家和民族相联系,顺应整体观的"天道"来定位自己的奋斗目标,并能够选择遵循社会规范、无碍他人利益的恰当手段去追逐这一目标。

第三,校规的良性运行还在于对多元文化的承认与统领。回望中华文化,诸子百家交辉相映,儒道释各教相融共处,承认并尊重不同人群认知自我与把握世界的各种不同方式,是中华文化的一个显要特征,也正因为文化中这种"和而不同"的基因,才使得中华文化至今仍能流光溢彩。在充斥多元文化的当下,校规的创立与实施既要有能够"各美其美、美人之美、美美与共、天下大同"[①]的豁达情怀,更要自觉地承担起文化选择与引领的社会功能,深入了解产生不同文化风格的深层原因,找寻促进各文化间交流与整合的路径。具体而言,在借助校规运行以弘扬校园主流文化的同时,还需要引导师生共同正视、关注校园亚文化群体的存在,并能够切换到亚文化群体的视角去分析促成这些"非主流"的深层复杂原因,通过促进不同文化间的交往涵化,

---

① 费孝通:《反思·对话·文化自觉》,《北京大学学报》(哲学社会科学版)1997年第3期,第15—22页。

从而实现对亚文化群体的感召与整合。换句话来说，校园文化不是"专横绝对"的一元，也绝不是一味地"纵容放任"多元，仍旧需要鲜明的主流引领，使受教育之人能够在多元规则之下进行一定的价值编排与行为选择。而在微观层面的人际关系调控方面，校规同样需要以"和而不同"的理念来维系师生之间、学生之间良性人际关系，在化解校内成员间矛盾冲突之时，能够居于"共情"而尽可能地兼顾各方利益。

第四，校规的良性运行还承载着当代核心价值体系的具象化。核心价值体系是一定社会结构中集中体现其人文精神特质并为该社会内部大多数成员认同、奉行的价值取向、目标理想与行动准则，是一个社会得以存续并有别于其他社会的精神气质。某一社会的"核心价值"并不是偶然堆砌而成的"拼盘"，而是长期沉积、凝练而成的特定模式。正是一个社会的"核心价值"决定了该社会的基本模式，也定义出了该社会文化认可、允许的可能性之"弧"，也即由该文化内部大多数成员普遍认可的、用于指引个人行动或评价他人得失的一种普遍智慧。

中国特色社会主义核心价值体系绝不是偶然、任意地归纳，而是发源自中华优秀传统文化、同时整合时代特征并反映广大社会成员集体智慧的文化产物；是当代中国社会区别于其他任何社会的标志特征；也是社会成员整体特有行为模式的根源所在，标识出主体的观念、情感、行为被允许或被"视为正当"的范围；是当代中国文化中最为深层、最为稳定的元素；是对中华传统文化精髓的延续与弘扬，依然秉承对公共道德、家国情怀、个人修养的无限追求。

价值哲学理论认为，价值体系与人的精神世界密切关联[1]，而人的精神却是种类无限、易逝多变的，故而价值也是无限、多元、善变的；而且价值之间也因其存在持续时间长短、共识人群多寡、心理层面深浅等方面的差别，因此存在着等级秩序。是故，在同一个社会当中，既大量存在着多元的价值，也存在着某种能够以"最大公约数"的形式来统领整合这些多元价值的核心价值。核心价值能够持久地获取更为广大的社会主体共识，"帮助个体彼此照顾，具有共同目标，采取共同行动"[2]从而以"通约""引领"的方式将社会

---

[1] 江畅主编：《现代西方价值哲学》，湖北人民出版社2003年版，第192—193页。
[2] [法]吉尔·利波维茨基、塞巴斯蒂安·夏尔：《超级现代时间》，谢强译，中国人民大学出版社2005年版，第111页。

中的其他价值归整至一定范围之内,从而尽可能地保持社会主体精神凝聚,以及发展目标与手段的协调一致。正是因为发现了核心价值对于"国家－社会－个人"的重要意义,大多数国家都以国家制度来保障推广、教化核心价值①。本书所讨论之大学,是新时代中国特色社会主义的大学,必然担负着释义、弘扬当代核心价值体系的社会职责,需要从办学目的与理念、具体教学管理实务中落实社会主义核心价值体系,明确大学"教"与"学"的终极目标不在别物,而在于"明德""亲民"和"止于至善",在于促进个人、社会与国家的协同发展,在于规范之下的全过程人民民主、"共建共治共享"社会治理,以此不断满足人民"日益增长的美好生活需要"。

文化传习的途径。人性并非天生,而是通过后天学习获得。同样,特定文化内部成员对文化符号及其价值内核的认知、识别与内化也并非"自然天成",而需要诸多具体举措来培育,是一个后天习得的过程。文化传习是一个由受教育之人主动参与的过程,在于使受教育者去探求自己的真理,而不是强制灌输什么是真理。

在哲学的视域下,世界本身即是由不同演化过程组成的结构②。对于个体之人而言,过程是生命意义得以附着的场所——从出生到死亡的经验历程和其中的情感体验;对于整体人类而言,过程是延续不断的文化积淀,因此,没有过程的世界将是无法想象、无从理解的混沌。正是过程使得我们能够在浩瀚时空中定位自身、关联他人、感应规律、表达情绪。正是在与校规"相遇"的具体经验之中,个体和群体能够真切地洞悉规范的深远意义。

"过程"相对于"状态"而言,指"事物状态的变化在时间上的持续和空间上的延伸"③。"正当过程"则是指校园生活中的各方主体能够理解并能依照其安排时空定位、执行各项事务、建立人际关系的环节、顺序与步骤体系。之所以强调过程之"正当",意义在于:其一,"过程"建立在全体成员对话、协商的基础之上,并非任何一方的任意或压制;其二,"过程"的目的

---

① 如德国在其基本法中明列"立国价值"的主要内容,《欧洲基本权利宪章》也在序言中申明其所维护的核心价值观。见汪霞编《国外中小学课程演进》,山东教育出版社 2000 年版,第 860 页。

② 根据英国哲学家怀特海(A. N. Whitehead)提出的"过程哲学"方法论,"过程"是世界的普遍逻辑,因此我们应当以过程的观点来认识世界。在怀特海看来"过程(process)即是实在(reality),而实在即过程""过程与世界就是同一体,整个世界就是一个由众多演化过程组成的结构"。参见[英]怀特海《过程与实在》,李步楼译,商务印书馆 2011 年版。

③ 《辞海》,上海辞书出版社 1989 年版,第 2716 页。

在于通过"降低复杂性、吸收不确定性"[①]从而使各方能够理解历经各个环节、步骤的方向与意义所在，充分表达自己的情感与情绪，而非仅仅是"走过场式"的"手续"或虚假的"摆设"；其三，"过程"以各方能够知晓、理解的形式存在，并没有明显超出各方力所能及的范围。

具体而言，校规要在运行过程中实现文化传习，包括如下三个方面努力：一是设立相应制度以保障正当过程的发生；二是鼓励受教育之人参与评价；三是为受教育者提供救济程序。

"正当过程"发生的前提是在校园生活中存在相应的制度保障，以使得各方参与到学校诸多事务的规范、设计的前期讨论与具体执行过程当中，由各方进行交互式多向沟通对话，使成员成为建构内部规范与秩序的主体和主力。例如，以稳定的制度来保障普通学生、教师能够有机会参与到学校各类管理规章、规划计划的制定与实施当中，并就此慎重地提出自己的意见和主张，且这些意见和主张能够自由地表达和辩论，而非临时会议上的"征求意见"或是形式化地摆放几个"意见箱"。重要的是，此处所指"制度保障"本身也应当是所有成员沟通商谈、平等对话之结果，即"制度"追求于"校－生"共生共荣的体验，并且其创立本身即源自各方主体之间充分的沟通对话。

进一步来看，校规运行的正当程序意义还在于在过程中彰显正义、实现正义、使当事人了解和体会正义。对于受教育者而言，只有置身于正当程序当中，才能够深刻地理解校规产生的原因、运行的状况及实施的目的，而"置身其中"的途径还在于前文反复强调的多种形式的各方主体间"交融"，尤其是使校规承受者融入校规运行的文化环境当中，参与到校规制订、实施和完善的过程，并在其中有机会表达自己的态度与情绪，由此理解、构建并演绎校规制度的正当性、合法性。

在校园生活当中，"大学"的过程其实也就是一种校内成员之间应用言词话语、肢体动作、面部表情及一系列象征符号进行信息传递、态度交流和印象管理的持续性混合。此处强调受教育者能够"参与评价"，意指受教育者不仅能够按照校规预先安排的时间节律去参加与自身相关的具体学习、生活、娱乐等各个环节或片断，而是能够真正"进入"其中，能够自由自主地对各个环节或片断的含义、价值进行反思性评判，而且关键是这种反思性评判能

[①] [德]卢曼：《法社会学》，宾凯、赵春燕译，上海人民出版社2013年版，第223页。

够在各个成员间进行沟通交流，从而形成推动现有生活环节或片断发生变迁的合力，即由广泛成员共同决定校园生活的延续，而不是由部分人根据自己的喜好偏向决定各个环节的内容与顺序，而另一部分人被动地逐一完成各个环节规定步骤。以下将通过一个具体案例描述参与评价的意义所在。

案例4.4 H学院2014级学生C，因家庭经济困难被当地政府认定为"建档立卡户"。2016年9月，学生C因成绩优异而获得国家奖学金（8000元）。根据S大学奖助学金评选规定，学生C在获得奖学金的同时还可以申请获得"国家一等助学金"（3500元）。学生C所在班级的奖助学金"评审小组"认为学生C已获得"大奖"（指国家奖学金），不应当"重复受助"，故把本班"国家一等助学金"的"名额"评给了其他同学。学生C当时对该评审结果表示不满，认为"评审小组"违背了国家奖助政策和学校奖助学金评选规定，剥夺了自己获得助学金的资格。

"评审小组"则认为，本班有很多家庭经济困难同学也需要受到资助，学生C得了"大奖"还来"争"助学金，是极为自私的表现。学生C听到同学们对自己"争"助学金的议论，又考虑到自己历来与班级同学关系融洽，而且还要再与同学们相处两年多，开始犹豫自己是否应当继续就评审结果提出异议，于是找到本班班主任，向老师咨询自己是否应当坚持兼得奖学金与助学金的主张。

班主任老师与学生C进行谈话，向她解释本班家庭经济困难学生人数众多，而资助名额有限，希望她能慎重考虑，多关心帮助身边同学。学生C此后再也没有向"评审小组"提出异议，放弃主张申请"国家助学金"。

2017年9月，国家教育部学生资助管理部门到S大学进行调研督察，在查阅学生资助档案时发现来自"建档立卡户"家庭的学生C没有按国家规定获得2016年"国家一等助学金"资助，要求学校开展调查并就此给予说明。接到命令后，H学院副书记立刻向学生C和其班主任问询此事，学生C表示"是自己主动、自愿放弃的""与班主任和评审小组无关""希望更多同学获到国家资助"。H学院副书记将此解释转告S大学职能部门负责人，再由其传递给调研督察组，调研督察组接受并认可了S大学给出的解释。

从规范到训导：大学校规的法律人类学研究 >>>

这是一个反映校内成员如何在校园生活片断中发生互动往来的"故事"，限于本书主题，我们不去讨论"国家资助政策"及 S 大学相应的具体"奖助学金评选规定"的合理性，而是聚焦于该"过程"中各个主体间发生了什么、体验了什么。其中，学生 C 是否能够同时获得"奖学金"与"助学金"，并不仅仅关系到她的个人利益，而是影响到有限资源在其班级中的分配结果、同班同学对她的"看法"、班主任老师的"工作业绩"、国家资助主管部门对 S 大学资助管理工作合法性及有效性的评价等等，故而各方主体围绕具体事件参与到互动往来之中。在此案例过程中，各方主体的意见、反思性评价得以表达、交流，最终达到一定程度上的相互理解、相互妥协——学生 C 在对群体的"依附感"与个人利益之间重新平衡，最终选择放弃助学金；同学们表达了对既有资助管理规定不认同的态度，并根据内部生成的"偏向福利最大化"规则进行了有限资源分配；校规操作者把握到学生们对既有管理规范的"思想动态"；国家资助管理主管部门了解到资助政策实际执行的"问题"，并默许了其在现实中的这种"变通"（有可能促成政策的变更）……可见，各方参与者在过程中得以感受到自己的"存在感"——自己的"看法"对外界可能产生"重要"影响、他人会就此作出反应、既有规定存在变通的可能等等，由此感受到自己并非可有可无地、按部就班地完成某些步骤，而是作为主导校园生活得以延续的一股力量存在。

试想，如果不允许成员参与到过程之中，或者不允许其与其他主体进行观念交流，那么他将只剩下对"起因-结果"的断裂感受，而会将"过程"当作是被他人控制的"黑箱"。故而，"在场参与"并能够进行"反思性评价"是个体获得存在感、形成对群体认同感的前提，也是群体生活得以延续的动力。在校园当中强调过程价值还暗含公共决策与执行中"自上而下"与"自下而上"双向并行①的理念，以"具体可视"的形式启迪、孕育受教育者的民主精神。

承前所述，保障校园生活主体能够自由自觉地"参与评价"，将"参与"视为一项重要的权利，其关键还在于一旦其意识到自己被"屏蔽"于过程

---

① 费孝通早年提出国家治理需要"自上而下"与"自下而上"双轨并行，需要上通下达、来往自如。中国一直有"双轨政治"的传统只是在不同时代表现出不同特征，有时会存在某个轨道上的"淤塞"。参见费孝通《乡土中国》，上海人民出版社 2007 年出版，第 372—374 页。

>>> 第四章 校规良性运行的文化意义

外,或者参与结果令其难以接受,就可以及时便捷地获得救济,也就是说在校规当中必须有为主体提供可及的、明确的救济程序的相关规定,作为受教育者权利救济的制度保障。众所周知,大学校规的运行可以或直接或深远地影响到受教育之人的诸多权利,故而"有权利就有救济,无救济即无权利"作为法理学上的常识同样需要被吸纳为大学校园文化的一部分。当"救济"作为法律术语来理解时,是指"一种用来主张权利或对权利侵害行为加以阻止、矫正、责令赔偿的方法"[1]。在校园当中的"救济"则是指保障校园生活主体有机会、有途径主张自己的具体权利或当认为自己某项权利受到侵害时能够阻止、矫正侵害并因此获得适当赔偿的制度体系,具体包括学生申诉制度、涉及学生利益事务的公告公示制度等。

现代国家设立行政救济制度的原因在于:一方面通过赋予相对人"救济"权利来限制国家行为的任意,另一方面则是鼓励民众"敢于"参与到国家治理过程之中,即从正反两个方面彰显社会正义与统治合法。如果我们聚焦于大学的法定专有权力——有权确认个体学习经历(学业过程)并授予其一定资质凭证(学历认证),那么便可以将其视作行政机构,也就当然需要赋予作为"行政相对人"的受教育者获得救济的权利——以制度的形式明确、稳定地承认受教育者并非单向、被动地受到校规约束,也并非一味地顺从校规操作者的处理、处分和对待,而是可以主动参与校规构建、组织与执行的主体,可以和校规操作者进行平等对话沟通并坦诚地表明自己的态度、主张与辩解,可以就校规操作者错误的处理、处分或对待进行阻止与抗辩,甚至获得相应赔(补)偿。由此,双方意见、观点得以交融、化合,从而有可能消解矛盾与冲突。

救济程序的存在,可以确保受教育之人的基本权利及诸多具体权利得以实现,当这些权利受到侵害时,能够通过明确的途径与程序而及时阻止侵害的进一步发展,并获得相应补救。更为重要的是,通过救济程序的明确给定,使把持群体规范之人不能再任意而为,而受规范影响之人将有望获得平等的对待,并可能预见自身权益将受到如何对待,从而及时进行申辩而获求救济。正如美国学者杰瑞·马修(Jerry L. Mashaw)所言[2],正是这种救济程序的存

---

[1] Black's Law Dictionary. West Publishing Group, 1999, 1163.
[2] 参见陈瑞华《程序正义的理论基础——评马修的"尊严价值理论"》,《中国法学》2000年第3期,第144—152页。

在，使得人们可以广泛参与到官方处理、裁判的过程之中，主动影响处理或判决结果的产生，而非单方面被动地接受未知的决定或结果，从而获得了把握自身命运的机会，因之体会到作为社会主体的尊严与不受非法追究的安全感。

事实上，在校园生活的现实中，救济程序的重要性已经逐渐被社会公众及校内成员所感受与认同。这种认同直接体现在国家法对校规中应当设置"学生申诉制度"的明确要求和司法机关从外部对救济的实际"支援"。从1999年田永诉北京科技大学案[1]到2017年于艳茹诉北京大学案[2]，我们可以越来越清晰地看到我国司法实践对大学内部学生管理规范应当遵循程序正当原则、大学不当行政行为应当受到纠正的权威观点：作为关乎学生基本权利的特殊行政行为，大学对学生进行处分、处理的行为必须自觉严守正当程序原则，否则将被视为非法而被撤销或责令变更；学生作为相对人有权就学校所作处分、处理决定提出异议、辩解、申诉，乃至提起行政诉讼。国家公权力机关的介入，即是以公开的、权威的方式强化校园文化参与各方的程序意识，如果学校或校规的具体操作者未能遵守正当程序原则，学校将会被申诉或承担诉讼不利的后果。

在田野调查中，可以欣喜地看到部分校规承受者能够将"参与"学校针对个人的管理教育行为、并就此结果提出"异议"视为自身的权利，即校规承受者主体意识的觉醒和行动上的实际参与。例如，在第一章案例1.4中我们可以看到，部分学生已经有了获取权利救济的实践。当然，在校园生活当中，"参与"更多的情况下是学生对涉及自身权益的校园事务公开、公告、公示的关注与回应。

三 规则"内在化"的"赋权增能"

校规良性运行的又一文化效用表现是：在受教育者经历社会化的关键进程中，促成其以"内部观点"去理解、对待社会规则，从而增强自我作为社会主体的权利意识，主动参与社会规则的制定、运行和完善，优化社会结构与资源分配机制，同时获得更多能力以把握自我生活。如果在校规运行的实

---

[1] 案情及审判详见 http://www.chinacourt.org/article/detail/2014/12/id/1524355.shtml 访问日期：2017年8月10日。

[2] 案情及审判详见 http://edu.qq.com/a/20170809/026695.htm 访问时期：2017年8月10日。

践中，受教育者能够体会到自身的校园社区主体身份，并能够感受到作为主体与内部规则之间的良性互动关系，逐渐习得"进入"规则、应用规则的能力，就有可能更好地适应更为普遍的社会生活。

对于任何个体而言，都需要通过习得一定的规范、惯例和生活样式借以融入所在社会生活之中，获取一定的成员身份及资格，这种经历即是个体的社会化。由于生活时空及内容的不断变化，个体社会化是一个持续的过程，需要不断对所在社会的"要求"进行感知、把握与领悟。毫无疑问，能够顺利完成社会化的人，往往能够更好地适应社会生活，在增进社会整体发展的同时，实现个体价值追求。社会化"顺利"与否，并非完全取决于个人天赋，而是有赖于个体能否真正"进入"所在社会生活内部、以"内部观点"去把握所在社会的规律。就此意义而言，校规良性运行而使受教育者有机会习得"进入"规则、应用规则的能力，即是一种"赋权增能"（empowerment）——赋予主体权利意识并增进顺利完成社会化的能力。

这种通过规则"内在化"而对受教育者"赋权增能"的效用包涵如下层面：彰显受教育者的主体性价值、提供受教育者参与规则共建的沟通机会以及培养受教育者"依规行事"的行动习性。以下将结合一个具体案例，就此三项涵义作出说明：

案例4.5 2018年4月8日，S大学组织全体2018届毕业生到校医院进行体检。其间发现H学院一名毕业生G，感染肺结核，并处于"高传染"病程。S大学校医院根据国家传染病防治相关规定和校内规定，要求学生G立即到昆明市结核病医院就医，并停止一切在校活动，以防止疾病在同学间进一步传染。学校同时要求学生G所在班级全体同学和近期与她有密切接触的学生到校医院接受再次检查，确定是否被传染。学生G以及相关学生均服从规定，按校医院要求完成上述行动。

经昆明市结核病医院为期半个月的诊治，学生G于4月25日出院。该医院在其《出院小结》上并没有明确标注她"已康复、可集体住宿"字样，而是注明"目前处低传染病程……于出院一个月后来院复查"。

学生G回到学校后并没有按学校规定到校医院报备、提交出院证明，而是直接回到自己宿舍住宿，并打算继续在学校实验室完成毕业论文写作。

4月26日，H学院辅导员W在例行检查学生宿舍卫生时，发现学生G回到宿舍，询问其是否已获校医院"批准"而回到宿舍，双方对话如下：

W：你怎么就回来了？医院同意了？

G：结核病医院说我可以出院了。

W：那你回来学校有没有经过校医院同意？

G：我还没来得及去校医院。

W：啊？这可不行！当时校医院明确给你说了嘛，让你去结核病医院隔离治疗，完全康复了再回学校。而且回来后要先到校医院出示康复证明才能回宿舍呀！你怎么不遵守规则呢？

G：我有出院证明的（忙向W老师出示结核病医院出具的《出院小结》）

W：（看了一眼《出院小结》，并就此打电话"请示"校医院副院长）这不能说明你已康复，而是还有传染性！这个太严重了，你必须搬出宿舍！你明知道校医院不会同意你回来，就悄悄跑回宿舍……有没有想一想后果？宿舍里住着这么多人，万一传染给其他同学怎么办？这个可是严重危害到大家健康安全的，你赶紧的，现在马上搬出去……

G：现在搬走？我搬到哪去呀？结核病医院让我出院，校医院又不让我住，现在宿舍也不让住，那我去哪住？还有一个月就要毕业答辩了，我毕业论文还没有写完，离开学校就做不了实验，数据还没出来呢，论文写不了就毕业不了……

W：这个不是关键问题，反正你在学校住宿、还打算去学院实验室做实验，这个肯定不行，会传染的……刚才我问过校医院了，他们说你这个情况肯定不能再住宿舍，马上搬走，要不然校医院就启动应急措施，根据校规可以强行勒令你休学并立刻离开学校，这个学期就不能按期毕业。你现在这个病会传染给别的同学，如果引起大范围感染是很危险的，学校也会为此承担责任。

（期间与学生G同宿舍的两名同学上前为她申辩、求情，请W老师"宽容"她，并称她们都自愿在宿舍照顾G，而且自学生G生病以来大家长期住在一起，并没有被感染，表示她们"不怕"。）

W：你们别胡闹，以为同学间感情好就可以防传染？传染病可不是闹着玩的……

就此双方发生争执——学生 G 和同时在场的其他几位同学对辅导员 W 的"质询"表示不满,认为辅导员的"语气""用词"存在"明显歧视"而且缺乏对学生最起码的关心关爱;而辅导员 W 认为自己是出于对大多数学生生命健康的考虑,而且是在严格按校纪校规办事,学生 G 的行为既自私自利又违抗校规,前来为她"说情"的同学则是"愚昧无知""意气用事"。双方陷入僵持状态。辅导员 W 随即向其领导、H 学院副书记 M 请示该如何处理此事。

M 老师知情后,打电话给学生 G 所在班级班主任 C 老师(该班主任四年来一直与该班学生保持良好关系),请班主任老师开展如下几项工作:第一,了解学生心理状况、安抚学生情绪;第二,给学生讲解肺结核及其传染的相关知识(该班主任从事药物化学研究,具备此方面知识);第三,转告学生 G,学院关心其病情并希望她尽快康复。为便于她休养,建议她要么回老家养病,要么到学校附近租住,学院可以为她提供一定经济补助,待 5 月下旬病情进一步稳定后,再申请参加毕业论文答辩。

随后,C 老师到学生宿舍与学生 G 进行谈话,双方对话如下:

C:小 G 身体好些了吧?咳嗽不太厉害了吧?真为你回来感到高兴……时间宝贵呀,离毕业没多久了,前面治病耽误了不少时间吧?

G:是呀,老师您不知道我有多着急,学习资料我可以带到医院看,但实验一直没做完……

C:这确实让人着急……不过嘛,身体才是最重要的,生病了就得先治疗,这个病可不能耽误,否则越拖越严重,会影响今后的生活质量,但如果严格按照医生安排的疗程、定期定量服药是完全可以治愈的……

G:那边医院不让我接着住院了……我觉得应该是不会影响其他人了吧,要不医院能让我出院吗?

C:出院只是表明你暂时不需要被严格隔离了,但仍需要服药治疗,而且还具有一定传染性……(此处省略 C 老师向学生 G 和其他在宿舍的同学简要介绍肺结核的病理学原理、防治常识的内容)

G:老师,我现在该怎么办呢?刚才 W 老师还说要让校医院强行命令我搬出宿舍……我连住的地方都没有,怎么完成毕业论文呀?您知道的，我已经和一家单位签了协议，如果我没有完成毕业论文就拿不到毕业证，工作就泡汤了……

C：学校也有学校的顾虑嘛，毕竟这个病比较特殊。现在最关键的是把你的后续治疗完成，把身体养好才是最重要的……毕业论文的事我们可以和你的指导老师商量嘛，之前你就按学校规定办理过请假手续的，指导老师也知道了你的情况，我们都知道你是个勤奋的学生。不要着急，刚才我已经和你的指导老师通过电话了，他说让你以治疗为主，论文可以不用写成具体的实验报告，可以改为写综述，这样你就不需要再去实验室，具体如何写综述你可以打电话向他请教。

G：真的呀？那真是太好了……

C：身体更重要，你需要一段时间好好休养，宿舍不太适合，做不到严格消毒，很有可能让这些天天帮忙照顾你的同学被感染……你还是需要一个相对安静、隔离的房间来养病。建议你这段时间还是就近找一个出租房安心养病，每天按时服药、消毒，按医生教你的方法处理生活垃圾……至于租房费用嘛，你可以放心，学院会考虑给予一些补助的。

G：我确实也担心会传染给同学，但一时也没想到其他办法，感觉好像是被学校抛弃了一样……您的建议我听懂了……谢谢您。学院能为我排忧解难真是太好了……

学生G于当日搬离学生宿舍。辅导员W带领其宿舍同学对宿舍进行了清洁和消毒，并定期与学生G通电话，了解她每天服药和学习的情况。此后，涉及到的几名学生给辅导员W发短信，向她表示道歉："我们已经理解了老师的一片苦心""请您原谅我们当时的无知与冲动"。

此后，学生G按学院要求的时间提交了毕业论文，并于5月底到结核病医院复查，病程控制良好。7月初，学生G顺利毕业，如期到所签单位报到就职。

透过上述"故事"，我们首先看到的是不同"风格"的校规操作者与承受者沟通对话而起到不同的效果——对立激起违抗、共情引发认同。如果"师长"自居于"强势"地位，将校规执行视为管控对方的权力，那么校规主体双方将无法"进入"对方的"生活世界"，也就暗含校园社区生活的冲突与对抗。正如学生G及其同学与W老师之间就具体校规的合理性、执行的正当性而发生的冲突。学生 G 与 W 老师并没有就校规关于"传染病"隔离治疗的必要性和由此产生的"成本"（包括学生情感、经济、时间等方面的成本①）形成一致观点——W 老师关注的是学生 G 继续住在宿舍是否会导致疾病的群体性传染，所依据的是学校关于"患有特殊疾病（含传染病）的学生应当治愈后再到校学习"规定；而学生 G 则更在意自身是否能获得学校与同学的理解和关爱，所依据的是自身的利益主张与感性情绪。在校规运行的"前半程"，由于具体执行者缺乏对学生 G 主体权利的关注与理解，没有为其提供主张个人权益的机会与途径，故而导致了学生 G 无法"进入"校规内部去思考设立"隔离治疗"的正当性与合理性，甚至可能由此激发对校规整体乃至更为普遍的社会规则的不满与对抗（将其理解为"冷酷无情""恃强凌弱"的命令）。

在校规运行的"后半程"，当班主任 C 老师站到学生 G 的立场上来处理此事件，通过耐心、共情的对话，学生 G 与其同学的态度发生了明显转变，表示能够理解学校的规定。此后，其余同学在与 W 老师共同对宿舍进行清理、消毒的过程中，双方进一步化解了冲突与矛盾。最终，故事中的多名校规操作者以具体的行动唤起了承受者对规则的理解——之前所参照的那条校规不再以"冷酷无情"的面貌出现在受教育者的思维之中，承受者对校规整体的情感体验发生了变化——校规并非"他人"强加的"文本规定"，而是基于对校园社区成员"整体福利最大化"的考量与关照，体现着对各方主体权利的尊重与平衡，以规则来维护校园社区生活秩序。可见，当承受者能够以规则主体身份而对校规形成"情感认同"、能够从校规的"正当起源"来理解社区内部规则、能够以沟通对话的方式来维护自己的权利，那么，他们将更有可能倾向于选择遵循规则的行动策略。

人们的行动策略通常因长期积习而成，表现为在具体情景之下选择如何为人行事的强烈偏好。在校园社区中与规则互动的具体经验无疑会对受教育者产生持续而潜在的影响，正如"知行合一"的教育哲学原理所示，受教育者通过获取"知"而建构内心的行动指引，同时又通过具体的"行"来验

---

① 学生 G 认为全班同学都因为自己的原因而要到校医院排查是否感染，由此产生了一定的"负罪感"和"自卑心"；同时，学校不接受她回校住宿，为争取按期毕业，她将只能在学校外租住，由此要承担一定的经济损失；而如果她不按学校要求搬离宿舍，则可能被"强令休学"而失去顺利毕业、就业的机会。

从规范到训导：大学校规的法律人类学研究 >>>

证、发展"知"的内容与方法，从而实现"知"与"行"的相互建构、相互成全，最终形成一套体认世界、事物、关系的完整经验模式。也就是说，只有当受教育之人在具体的经验中实现了"知"与"行"的统合，才算得上真正地"获知""达行"，也才能够成为规则的主体、社区的主体，以"内在观点"来审视、遵守规则。在反复的体验之中最终"致良知"——实现内心与世界、自我与社区之间的协同发展。

哈贝马斯认为只要卷入日常生活的各方主体有机会以相互理解的取向进行沟通对话，就能寻求对所在社会、规范和各自感受的相互理解。因为共同生活的世界为人们提供了共同的、可接受的背景知识、文化价值和共享规范，于是人们的行动存在着协调的可能——经由主体间的相互对话、理解协调便可以达成关于世界的合意从而实现社会整合、形构人际关系的合法性秩序以及塑造具有互动资质的人格[①]。但是，哈贝马斯并没有给出"共同生活世界"的具体方位，也没有说明如何才能保障各方主体有资格、有能力进行"以相互为取向"的沟通对话。而校规的良性运行，却为我们找到了一种进入"共同生活世界"、培育各方主体"有效沟通能力"的具体途径——校园社区中共享的文化与价值、各方主体共同维护的秩序与规则，构筑起了校规主体的"共同生活世界"，校规操作者于具体的"过程—事件"中的因势利导、谆谆教诲，与校规承受者的沟通对话均是珍视后者主体性价值的表现，也为校规承受者提供了以主体身份"进入"规则内部的可能，并在规则"内在化"的反复经验之中形塑着受教育者"依规行事"的习性。

可以说，校规的运行不仅是操作者与承受者之间的行为互动，也包含着参与各方对规则的态度、信念、判断及理解。无论是上述个案中 C 老师具体执行校规的事件，还是本书此前讨论的多种形态的师生"交融"，其实都是对校规承受者关于自我身份、规则意识的潜在而持续的塑造。当校规的创立与执行均以"主体之人"为中心，使承受者能够以"内在观点"来看待校园社区内部法则，通过有效的沟通、交流参与到规则的制定与运行过程当中，自觉遵守规则，即是本书所指的校规良性运行——不再仅是"建章立制"，也不

---

① ［美］马修·德夫林编：《哈贝马斯、现代性与法》，高鸿钧译，清华大学出版社 2008 年版，第 26 页；［德］尤尔根·哈贝马斯：《交往行为理论：行为合理性与社会合理性》（第一卷），曹卫东译，上海人民出版社 2004 年版，第 13 页。

仅是"处罚违规"或是维护"校园秩序",而是对校规承受者参与创立、执行、变更、发展规则之身份与权利的赋予和对其作为社会主体参与全过程人民民主、"共建共治共享"社会治理之能力的培育。

本章小结

校规远非封闭、自足的规章架构,作为校园文化社区内部法则运行于复杂的现实,因此其并非总是能够如期实现其训导目标。从校规内部来看,这种训导效果的非必定性在很大程度上源自校规自身的局限性;但当我们将校规"放回"其所在的校园文化整体之中,却又能够找到弥合这种局限性的可能——凭借良好的校园文化及其内部多层叠加效应来维持校规的良性运行。校规的良性运行不仅能够建立大学校园社区的规则与秩序,也能在日常生活中通过引领社区成员精神与价值追求而使主流文化得以彰显、传习与弘扬,更能培育受教育者以社区主体身份、以"内在观点"体认规则的习性,从而获得赋权与增能,更加顺利地完成社会化。

校规自身的局限性包括两个相关层面。首先,校规作为一种社区内部法则,也如普遍意义之"法"一般有限,同样存在"规范与事实"之间无法完全对应、所设标准受限于承受者能力、存在管辖时空及内容的限定、强制手段的有限和施行动力与结果的不确定性等局限性,从而注定了现实中的校规不能是封闭、自足的体系。其次,校规需要凭借大量象征性符号来唤起受教育者的感知、领悟与认同,其所实施的精神引领与人格教化有着显著的间接性与象征性——从"规范"到"现实"之间隔着承受者个体对所在文化符号体系的内心感受,故而决定了校规要实现有如布迪厄所言之"魔法占有"的效果存在着诸多屏障与困难。只有当受到"魔法"影响之人的"感知范畴"和"行动范畴"与校园文化所提供的"客观结构""迅速达到和谐",才能保证校规预设的育人目标得以实现,因此决定了校规训导效果的非必定性。

尽管校规的局限性无法从其内部获得消弭,但只要把校规"放回"其所依存的校园文化进行观察,我们仍然可以从中求得弥合的可能。校园文化包括"器物-制度-精神"多个层面,各层面相互叠合交错为一个整体,共生共存,共同发生于校园日常生活之中,深远地影响着校园社区的各方主体。在校园文化多层叠加效应之下,校园文化以柔性、持续、潜隐的方式借由具体、日常的"过程—事件"对校内成员实施着过程控制,受教育者长期、持续地沉浸于一整套的文化符号体系当中,可以逐渐形成对校内训导的内心认同,在此过程之中实现规则控制与自我控制的双向训导;同时,校园文化多层叠加效应也为各方主体间的交融提供了空间,允许在一定情景当中各方主体暂时忽略或倒置原本的权力关系和社会地位差别,以使各方能以一种特殊的方式体会到彼此之间应保持的社会位阶及这些位阶所对应的行为规范,从而在回复日常生活之后,更好地遵守既定规范秩序、维护特定价值追求、化解社会结构内部各方间争议与冲突,也就是通过促进各方主体的协作统合,而使已有社会结构得以加固从而使社区内结构紧张得以舒缓,增进主体对社区成员身份及相应规则的理解与认同。由此,在良好的校园文化当中,校规的训导效果得以趋近预设目标,实现良性运行。

总之,校规良性运行的文化意义在于通过过程控制来实现培养适格社会主体的目标,也即通过校内规则的内化与外溢来支援社会治理。这种过程控制其实就是一种由校规承受者切身体验的习性积累,其中包括经历大学内部持续合法化的"规则之治"、在日常生活之中参与"文化传习"以及在规则适用的具体"过程—事件"中,基于主体身份和内在观点去认知、理解、完善、遵守规则,从而获得更加顺利社会化的"赋权增能"。基于对教育具有社会性与可迁移性的确信,本书认为历经校规良性运行的受教育者,能够养成以内部观点去体认、建构、完善、遵循社会规范,进而优化社会结构的主体意识与实践能力,能够主动自觉地参与全过程人民民主,并致力于"共建共治共享"的社会治理实践。就此而言,正是校规的"内化"促成其效能的"外溢",由此成为一项支援社会治理的重要依托。

结　论

为了解释大学规范教育如何支援社会治理、如何将校规良性运行的效能外溢至更为普遍的社会生活当中，并具体描述"合法之法"与"守法可能"之间的互动、同构关系，本书选取一所典型的中国大学进行田野调查。本书聚焦于该校校规运行的日常事实，通过观察、描述、评析内部法则与成员行动的关系，讨论校园文化社区内部法则的性质和其运行所产生的功能及社会文化意义。研究验证了规范无法依靠自身而孤立、封闭地存在，而规范运行其实就是规范主体在特定文化背景之下与规范之间的互动，由此得出以下三点相互递进的结论：

第一节　校内法则的运行承载着指向校规承受者的过程训导

在法律人类学的视域中，校规是一种内部法则，实在地约束着校园文化社区内部成员的思维与行动。作为现代大学规范教育的重要载体，校规承载着"立德树人"与"文化传承"的社会职能，于具体的"过程－事件"之中训练、教导受教育者，从而实现规范、控制与塑造人的功能，同时促进教育自身发展及服务社会。校规的良性运行实际上持续、正向地训导滋养着受教育者"内在化"的规则意识，当受教育者学有所成、参与构建社会之时，方能够自觉遵守国家法律和社会的规范，引导社会的守法之风。

通过对S大学校规运行实况的观察可见，校规作为一套指引校内成员行为、编排成员价值、引领成员精神的制度性规范体系，并非任意的"建章立制"，也非简单地依照"规范—行为—后果"的线性路线而运行，而是与一整套"事实"与"经验"相互建构的机制，同时是带着社会整体文化深刻"烙印"的开放体系。大学不能脱离整体社会而独在，作为对整体文化的回应，校规具有鲜明的时代特征与地方风格，表现出与国家法、道德、传统等其他社会规范间的相互援引与相互支持——国家法是校规的主要渊源之一，在很大程度上决定着校规的形式、内容与效力，而校规的主要内容则是对国家法的强化与具体化；道德是校规的内在追求，体现为对受教育之人品格情操的教化，通过对校规承受者日常行为及内心观念的引导而得以实现；传统以较稳定的观念模式和行为习惯而持续存在，校规通常会长期维持对具有价值的特定事项、行为的规定而保持着对传统的沿袭。

基于对大学校规上述特性的体认，本书认为校规有着丰富的文化意义，其表层功效在于以明确的指引性规范建立和维护学校教学、生活秩序，界定校内成员之间的权利义务关系。在校规依托校园文化"多层叠加"效应而对校规承受者持续进行过程训导之时，其内在功效则在于传承、弘扬能够引领精神世界与价值追求的主流文化，更在于培养受教育者以主体身份从"内在观点"去理解、完善、遵行规则的习性。

校规良性运行所带来的"过程性"训导，发生于日常校园生活中，对受教育者给予持续、反复的训练与教导。"过程性"强调由受教育者作为规范的积极主体，而非被动客体。他们自主地全程在场参与建构并不断完善规范的过程当中，在具体的"过程－事件"中体验规范运行的目的、机制及后果，能够基于"内部观点"遵循规范，更能够基于"共建共治共享"的社会责任意识来反思、完善规范。"过程性"训导其实就是不断强化受教育者对自己"身在何处"的体认，并引导其逐渐习得何以在校园社区内部规则之下"妥当生活"之道，从而实现对其行为习惯、思维模式、人格品性、价值观念的培育与塑造。

在校园日常生活中进行的过程性训导，往往是以潜隐、持续的方式而进行，表现为反复出现的特定符号、仪式、周期性的作息节律和校规操作者的"循循善诱、谆谆教导"等。在一整套的训导机制作用之下，校规有可能建立并强化承受者对自身成员身份的认同以及习得此等身份所蕴含的行为模式，因而在能够建立稳固身份认同的个体成员及其群体之中常常表现为"外在规训"与"自我规训"的相互交织与相互强化，从而使校规承受者到达"他律"与"自律"衔接吻合的自在状况、形成对生活秩序与规律的强烈偏好、养成善于与他人建立良性人际关系的能力，最终能够自觉地从规范主体的角度对校规乃至更为普遍的社会规范之合法性不断进行反思与构建。

从此意义上来说，正是借由校规良性运行所实施的过程性训导，促进校规承受者顺利进行社会化，而这也正是"此训导"与福柯笔下之"彼规训"的本质区别所在——在福柯看来，社会中无所不在着"规训"，从身体到神经对人们进行着宰制，从而维系一定的、带有压制性质的权力关系。但本书所讨论的校规与训导则是以尊重人的主体性价值为出发点，将校规承受者预设为拥有"明明德于天下、修己以安百姓"之远大理想抱负的、具备"知"与"行"健全能力的主体之"人"，并以促进其能够真正成为主体之"人"为终极目的。美德且健全的主体之"人"即是社会的本体，并非单向接受着来自社会的规制，而是各种社会体制的建构者、参与者、反思者和受益者，因而新时代的校规之训导是一种"立德树人"的训练与教导。

校规是校园文化的重要组成部份，凭借优秀校园文化"多层叠加"效应而得以抑制校规本身局限性，维持校规的良性运行。校园文化为校内成员提供了生活框架和关系往来的舞台布景、框定着成员认知体验的内容、形式和思维模式、塑造着成员的情感与价值观，从而也限定了校规的目标、内容、形式与效用。校规的良性运行依托各种符号、仪式等不断强化个体对于规则的"内部观点"、共同的前景目标及行动模式，并为其提供接近目标的精神动力与方式方法，凭借具体实践来实现对成员的精神引领与价值统合。

经由校规对受教育者的"过程性"训导，校内法则得以"内化"，并进而"外溢"至更广泛的社会生活之中——受教育者携带着校规良性运行所塑造出的特有文化"风格"而步入社会，将成为社会规则和整体文化的能动建构主体。

第二节　校规的过程训导可以实验"法与守法"的良性互构

无论是富勒理想当中的"法律的内在道德"，或是哈特所期望的人们基于"内在观点"而遵守规则，都不能离开规则主体的具体实践凭空而来。尽管哈贝马斯提出通过主体间的沟通商谈，可以化解"合法化危机"，也就是实现"法律的内在道德"与人们基于"内在观点"遵守规则的有机衔接，但是他却没有给出这种"沟通商谈"何以可能的具体途径。所幸的是，在对校规过程性训导的观察当中，我们可以发现大学规范教育存在着"成员普遍融入共同生活—主体间参与沟通交流—逐渐形成群体意识—规则持续内化"的效能。

透过校规的过程性训导,我们得以看到校园生活总体上呈现出秩序井然、关系融洽和健康积极的景象,得以感受到众多受教育者经历大学教育而更加顺利地完成社会化的现实。正是校规训导功能的发挥,使我们得以在校园生活的具体"过程—事件"中体认、感悟"法之合法"与"守法可能"的良性互构。

具体而言,受教育者在经历校规良性运行的切身体验中,构筑起与其他成员间的充分协商关系,并作为创立、完善、发展规则的参与者和受益者,能够以"内部观点"对待规则,将其理解为清晰、明确的行动策略。受教育者的这种体验一方面不断推进着内部规则的"合法性",通过成员间的交流与商谈,使规则更加符合校园文化期待、更加有效地组织校园社区秩序;另一方面也不断将其内化为自身的行动策略,并将服从、遵守校规视为获得、维持社区成员身份的重要标识,以及获得生活有序感的内心需要,使得"守规"成为必然。也就是说,正是校规的过程性训导为受教育者提供了一种商谈空间,在主体普遍、能动的参与之下,内部规则的"合法性"被不断建立、巩固,与此同时,"守规偏好"也被不断强化、内化。

受教育者终将离开校园社区而步入更为普遍的社会生活当中,基于教育功能的社会性和可迁移性,可以预见,校规对受教育者的过程性训导效能将会积习成性,成为他们体验、对待普遍意义上的社会规则的特定方式,也就是本书所指的校内法则文化效用的"外溢"。就此而言,校规的过程性训导即是"法与守法"良性互构的一项具体实验:启迪受教育者的主体性意识,养成积极参与建构、完善社会规则的能力,并从中以局内人的立场来维护、遵守规则。由此,社会规则更趋"合法",守规更趋"自然"。

第三节 对规则的内部体验将引导校规
承受者融入社会治理实践

"法之合法"与"守法可能"良性互构的结果包括社会秩序的形成、社会结构的优化和社会整合的维续,从而是实现社会治理的可行途径。社会治理是国家实现社会控制的具体表现,通过资源的分配调控,形成社会事务处理相对稳定的规则与流程,以及各权利主体间的利益平衡和价值引领。就我国社会治理模式的发展历程而言，曾先后历经"大政府"管控、社会力量有限参与的两个阶段。随着工业化、城镇化的不断发展，原有单一同质的总体性社会日益分化为多元异质性社会，原有社会治理模式难以应对复杂多元的社会问题。就此，党的十九大报告提出"社会治理社会化"的治国理政方略，探索多元社会主体积极参与"共建共治共享"的社会治理模式已然成为当务之急。

"共建共治共享"社会治理策略的提出是基于对多元社会主体及其多元利益诉求的承认，但要真正摆脱对原有社会治理模式的"路径依赖"，实现深层转型，就必须建立对这些纷繁复杂的利益诉求进行统领、整合的有效机制。此时，创立具有"内在道德"的规则和培育能够从"内部观点"理解规则的主体就成为一种支援社会治理的重要机制——只有当多元主体真正普遍地"进入"规则内部，他们才能够共同商谈、建立起统合不同诉求的规则，并在自觉自愿遵守这些规则的情况下，维持社会的秩序与发展。也就是说，"法与守法"的良性互构能够引领一种"规则之治"的观念与实践，使得多元社会主体能够基于内部规则这一"最大公约数"而参与到"共建共治共享"的社会治理实践当中。

大学治理在一定程度上即是社会治理的"微缩版"，同时包括指向行为的规范控制和引领精神的过程控制。仅仅依靠"规范控制"的大学治理模式，注定因"无情"而"无效"。毕竟任何规范的创立和运转都无法离开主体之人而自生自在，尤其是对于强调"人性"培育、塑造与成全的大学校规而言，更应当使指向行为控制的规范同时蕴含"教化"的文化意义。在大学校园文化社区之内，当依照文本的"规范控制"与寓教于情的"过程控制"得以耦合，受教育者才能够从中切身体验校规良性运行所实验的"法之合法"与"守法可能"互动同构，不断习得以"社会主体"身份，进入规则、理解规则、完善规则的意识与能力，从而可以更加能动地融入"社会治理社会化"的实践当中。

本书所讨论的大学内部学生管理规范，并非一个封闭自足的体系，而是与社会整体文化保持着密切互动往来，担负着支援社会治理、增进社会整合的社会职能。在校内规则持续内化与外溢的过程中，受教育者不断理解并实践着"法与守法"的良性互构。这种实践体验并不仅是社会主体在行动上自觉"贴合法律"，还包涵着观念、情感的趋同，于是，"国家－社会－个人"

间整合、统一的价值观念、"明明德于天下，修己以安百姓"的价值追求得以彰显、弘扬。就此意义而言，实际参与"法与守法"良性互构的社会主体更容易形成社会整合的需求，更容易融入"共建共治共享"的社会治理实践。由此，社会治理不再是国家或政府的"外在规则"或"强制命令"，而真正成为众多社会主体的内在需求与共同愿景。

总之，本书对S大学学生管理规范进行法律人类学研究的结果表明，大学内部管理规范并非附着于特定物上的警示标语，也非针对受教育者行为的静止式强制命令，而是动态的训导体系和支援社会治理的重要机制。校规良性运行可以使受教育者从中获得强烈的成员身份意识，在此意识支配下形成社会主体的责任感与使命感，从而自觉养成促进规则内生性发展的习性，并从中渐次习得参与"共建共治共享"社会治理的意识与能力。由此，受教育者在实现个体社会化的同时，成为社会治理的参与者、建设者和受益者，能够在实现个人人生价值的同时为社会的发展做出贡献。就此意义而言，大学的规范教育经由校规良性运行的过程训导而成为支援社会治理的重要机制，是"合法之法"与"守法可能"良性互构的具体例证。

附录一：校规承受者访谈提纲

大学生对校规运行状况认知与态度访谈提纲（编码　　　）

亲爱的同学：

  我是云南大学法学院在读博士研究生，正在进行一项关于大学校规运行状况的研究，想向您了解一些信息和您个人的感受。这些信息仅用于我的研究分析，我郑重保证不会将您提供的信息告知他人，请您放心。

  您提供的信息对我的研究有重要意义，非常感谢您的支持。

云南大学法学院研究生　杜敏菊

Q1. 您现在就读的专业、年级？

Q2. 您是否喜欢所读专业？为什么？

Q3. 您对 S 大学的整体感觉如何？当初为何选择到此读书？

Q4. 您还记得"入学教育"的情景吗？（如果记得）谈谈感受？

Q5. 您能列举一些学校日常行为管理或学业管理的规定吗？这些规定在多大程度上会影响到您个人？您觉得这些规定是否合理？

Q6. 您觉得同学们遵守校纪校规的情况如何？（请举例说明）

Q7. 您觉得同学们在哪些方面能较好地遵守校纪校规？为什么（指遵守的原因）？

Q8. 您觉得哪些校纪校规没有得到很好遵守？为什么（指不遵守的原因）？

Q9. 您觉得校纪校规应当有哪些作用？（请举例说明）

Q10. 您觉得学生是否应当参与到校纪校规的制定、修改过程中？为什么？

Q11. 您觉得哪些因素（包括但不限于规范本身及受规范制约之人）可能会影响校纪校规的制定和执行？

Q12. 您对完善S学校校纪校规的建议或意见？

附录二：校规操作者访谈提纲

教师对校规运行状况认知与态度访谈提纲（编码　　　）

尊敬的老师：

　　我是云南大学法学院在读博士研究生，正在进行一项关于大学校规运行状况的研究，想向您了解一些信息和您个人的感受。这些信息仅用于我的研究分析，我郑重保证不会将您提供的信息告知他人，请您放心。

　　您提供的信息对我的研究有重要意义，非常感谢您的支持。

云南大学法学院研究生　杜敏菊

受访者基本情况

性别：　　　　　　　　年龄：　　　　　　　　职务：

从事现工作年限：　　　访谈时间：　　　　　　地点：

Q1. 请您列举几项比较熟悉的校纪校规。

Q2. 就您所知，哪些校纪校规得到学生的普遍遵守？为什么？

Q3. 就您所知，哪些校纪校规的执行情况不理想？（请举例说明），为什么？

Q4. 您觉得现行校纪校规是否有利于促进您所负责的业务顺利进行？

Q5. 请您谈几件在执行、操作校纪校规过程中发生的、最令您难忘的事件。

Q6. 您觉得学生能否参与到校纪校规的制定、修改过程中？为什么？

Q7. 您觉得哪些因素（包括但不限于规范本身及受规范制约之人）可能会影响校纪校规的制定和执行？

Q8. 您对完善 S 学校校纪校规的建议或意见？

附录三：校规承受者调查问卷

大学生对校规运行状况认知与态度调查问卷（编码　　　　）

亲爱的同学：

　　我是云南大学法学院在读博士研究生，正在进行一项关于大学校规运行状况的研究，想邀请您用几分钟时间帮忙填答这份问卷。本问卷实行匿名制，所有数据只用于研究所需的统计分析，请您放心填写。题目选项无对错之分，请您按自己的实际情况填写。

　　以下问题如未作专门说明，请您在自己认为最适合的一个选项数字上划√；如注明"多选"，请您在认为适合的所有选项数字上都划√；如标注有_____的，请您在_____上填写相关信息。

　　您所填答的问卷对我的研究具有重要意义，衷心感谢您的帮助与支持！

云南大学法学院研究生 杜敏菊
2017 年 3 月

Q1. 您的个人基本情况是：
a. 性别：1. 男　　2. 女
b. 民族：1. 汉族　　2. 少数民族（请注明是_____民族）
c. 家乡在：1. 云南省外农村　　2. 云南省外城镇　　3. 云南省内农村
　　　　　4. 云南省内城镇
d. 政治面貌：1. 中共党员　　2. 民主党派　　3. 共青团员　　4. 群众

Q2. 您对自己目前身心健康状况的评价：
1. 身心健康

2. 身体有一些疾病，但心理状况良好

3. 身体健康，但心理状况不稳定

4. 身体和心理状况都不佳

Q3. 您现在所就读的年级是：

1. 大一　　2. 大二　　3. 大三　　4. 大四　　5. 研究生

Q4. 您所就读的专业属于：

1. 社会科学类　　　　　　　2. 自然科学类

Q5. 入学以来您担任学生干部（包括宿舍长、班委、学生会成员等）的情况：

1. 从未担任过

2. 曾经担任过，现在没有担任

3. 现在担任

Q6. 您在上大学之前有没有了解过现在就读的大学：

1. 毫无了解　　2. 了解过一些，但不太清楚　　3. 非常了解

Q7. 您现在就读的专业是：

1. 本人自愿选择　　　　　　2. 家人帮选，自己无所谓

3. 家人帮选，自己不愿意　　4. 被调剂

Q8. 您对学校的第一印象如何：

1. 比想象中的好　　2. 和想象中的差不多　　3. 比想象中的差

Q9. 您对学校的历史文化是否了解：

1. 毫无了解　　2. 了解一些　　3. 很了解

Q10. 您对学校的内部设置是否熟悉：

1. 不熟悉

2. 有些熟悉，但仍有陌生区域（设置）没去过（用过）

3. 非常熟悉

Q11. 您接受"入学教育"的情况：

1. 没有接受过　　2. 接受过，但记不清楚了　　3. 接受过，印象深刻

Q12. 您是否了解学校针对学生日常行为管理的相关规定？

1. 不了解　　2. 了解一些，但不太清楚　　3. 非常了解

Q13. 您是否了解学校针对学生学业管理的相关规定？

1. 不了解　　2. 了解一些，但不太清楚　　3. 非常了解

Q14. 您是否了解学校评审奖、助学金的相关规定？

1. 不了解　　2. 了解一些，但不太清楚　　3. 非常了解

Q15. 您在校期间是否获得过奖、助学金？

1. 从来没有获得过　　2. 获得过一次　　3. 获得过两次以上

Q16. 您觉得学校现行奖、助学金评选规定是否合理？

1. 完全不合理　　2. 有一些不合理之处　　3. 很合理

Q17. 您是否了解学校对违纪行为认定与处分的规定？

1. 不了解　　2. 了解一些，但不太清楚　　3. 非常了解

Q18. 就您看来，学校的校纪校规是否明确？

1. 很不明确　　2. 有的明确，有的不明确　　3. 非常明确

Q19. 据您所知，校纪校规制定过程中是否有学生参与（如征求学生意见等）？

1. 没有学生参与　　2. 偶尔会让学生参与　　3. 学生广泛参与

Q20. 您认为学校在制定校纪校规的过程中是否应当有学生参与？

1. 应当　　2. 不应当　　3. 无所谓

Q21. 您觉得身边同学遵守"考风考纪"情况如何？

1. 大多数人都能遵守考场纪律，无人作弊；

2. 多数人能遵守考场纪律，但有少数人会作弊；

3. 大多数人都不遵守考场纪律，很少有人不作弊；

4. 所有人都曾有作弊行为。

Q22. 您觉得哪些原因可能导致同学们作弊（多选）？

1. 考试太难，不作弊怕会不及格

2. 为争取奖学金，想得更高分数

3. 作弊不易被老师发现

4. 即使作弊被发现也不会受严重处罚

5. 别人都作弊，自己不作弊会吃亏

6. 经常作弊，习惯了

7. 一时糊涂

8. 其他：_____

Q23. 您个人入学以来是否有过作弊行为？

1. 从来没有　　2. 有过一两次　　3. 有过三次以上

Q24. 您觉得身边同学遵守宿舍作息管理规定的情况如何？

1. 都能遵守

2. 大部分人能遵守，少数人偶尔会有"晚归"或"夜不归宿"；

3. 大部分人能遵守，少数人经常"晚归"或"夜不归宿"；

4. 大部分人都偶尔会"晚归"或"夜不归宿"；

5. 大部分人都经常"晚归"或"夜不归宿"。

Q25. 您觉得哪些原因可能导致同学们不遵守宿舍作息管理规定（多选）？

1. 不了解宿舍关门制度

2. 宿舍关门时间太早

3. 宿舍不应当设置"晚归"规定

4. 宿舍不应当设置"夜不归宿"规定

5. "晚归"或"夜不归宿"不容易被发现

6. "晚归"或"夜不归宿"被发现后不一定会受到处罚

7. "晚归"或"夜不归宿"被发现后处罚不重

8. 其他：_____

Q26. 您个人入学以来是否有过"晚归"或"夜不归宿"的行为？

1. 从来没有　　2. 有过一两次　　3. 有过三次以上

Q27. 您觉得身边同学们在宿舍"违规用电"（指违规使用大功率电器，如电吹风、电热棒、电饭煲等）情况如何？

1. 没有　　2. 很少会有　　3. 很普遍

Q28. 您觉得哪些原因可能导致同学们"违规用电"（多选）？

1. 学校设施不便利（如无热水供应、饭菜不合口味或太贵等）

2. 个人生活习惯

3. 大家都这样

4. 不清楚学校的管理规定

5. 其他：_____

Q29. 您个人入学以来是否有过宿舍"违规用电"的行为？

1. 从来没有　　2. 有过一两次　　3. 有过三次以上

Q30. 您对"宿舍禁止使用大功率电器"这一规定的态度是：

1. 完全不合理　　2. 有不合理之处　　3. 很合理

Q31. 您认为身边同学出勤情况如何？

1. 所有人都能按规定出勤
2. 大多数人都能按规定出勤
3. 少数人能按规定出勤

Q32. 您觉得哪些原因可能会导致同学们不按规定出勤（多选）？
1. 课程时间不合理　　　　　2. 不喜欢课程内容
3. 不喜欢任课老师　　　　　4. 不喜欢课程形式
5. 课程时间冲突　　　　　　6. 生病（包括生理、心理等原因）
7. 其他原因：_____

Q33. 您的出勤情况是：
1. 从不迟到、旷课　　　　　2. 偶尔会迟到，但从未旷课
3. 偶尔会旷课　　　　　　　4. 经常旷课

Q34. 您觉得学校现行违纪处分规定是否合理？
1. 完全不合理，需要彻底修订
2. 有一些不合理之处，需要改进
3. 很合理

Q35. 您觉得同学们遵守校纪校规的主要原因可能是（多选）：
1. 遵守校规有利于保护自己
2. 有人监督，没有违规的机会
3. 害怕违纪行为被学校处罚
4. 违纪违规行为不道德
5. 个人认同校规，自愿遵守
6. 身边人都遵守，自己也跟着遵守
7. 违纪违规行为被发现后会受到同学嘲笑或排斥
8. 其他：_____

Q36. 您的学业成绩在本班排名情况：
1. 优秀（前10%）　　　　　2. 良好（前11%—前30%）
3. 中等（前31%—前50%）　 4. 中下（前51%—前70%）
5. 不佳（后30%）

Q37. 您对自己未来就业情况的预期：
1. 很乐观（相信一定能找到理想工作）
2. 有些担忧（不确定是否能找到理想工作）

3. 焦虑（担心找不到工作）

4. 目前还没有考虑过"就业"的问题

Q38. 如果您现在需要了解某项校规的具体规定，您会通过以下哪些途径获取相关信息（多选）：

1. 上校园网查询

2. 查阅《学生手册》和《学业指导读本》

3. 咨询辅导员

4. 咨询班主任

5. 咨询学校职能部门管理人员（学生处、教务处、研究生处、保卫处等老师）

6. 咨询学校领导

7. 咨询同学（如学长、学生干部等）

Q39. 您对学校现行管理规定的总体评价是：

1. 过于严格

2. 宽严适当

3. 过于宽松

4. 存在该严不严，该宽不宽之处

Q40. 您觉得学校管理规定应当具有哪些功能（多选）？

1. 规范学生行为

2. 塑造学生人格

3. 影响学生"三观"（人生观、价值观和世界观）

4. 调整人际关系

5. 引导学生树立理想

6. 培养学生个人习惯

7. 促进学生学业

8. 帮助学生适应社会规范

9. 促进学生身心健康

10. 其他：＿＿＿＿＿＿＿＿＿＿＿＿＿＿＿＿

★本问卷共设计有 40 个问题，请您再次确认已全部填答完毕！您的参与给予我的研究重大帮助，再次诚挚感谢您的支持！祝您万事如意。

关于调查的说明

调查采用分层抽样法：被调查对象的总体中包含独立的亚群体（假设专业、年级的不同，可能会导致主体对校规认识与遵守情况的不同），目标在于检测不同专业、五个年级段学生对校规的认知与态度。调查样本为460人，其中本科生400人（社会科学类和自然科学类各200人），研究生60人（社会科学类和自然科学类各30人）（S大学在校学生中本科生与研究生的人数比约为10∶3）；样本数约占总体数的1.5%（截止2016年9月，S大学在校全日制本科生26208人、研究生3685人）[①]。分层抽样数及问卷编码见表Ⅰ：

表Ⅰ 分层样本数及问卷编码

样本＼年级段	一年级本科生	二年级本科生	三年级本科生	四年级本科生	全日制研究生
社会科学类	50 （A101－A150）	50 （A201－A250）	50 （A301－A350）	50 （A401－A450）	30 （A501－A530）
自然科学类	50 （B101－B150）	50 （B201－B250）	50 （B301－B350）	50 （B401－B450）	30 （B501－B530）
小计	100	100	100	100	60
合计	460				

问卷采用自填形式，由被测人自行填写。为保证问卷回收率与真实度，已在正式测评前进行小规模（10人）的预调查，根据预调查结果已对正式问卷进行必要修正；正式调查时组织被测人在相对集中的时间、地点进行填答，填答过程中由专人对问卷进行必要说明。问卷分析软件工具为SPSS（20.0）。

---

① 此处数据由S大学学生工作处提供。

附录四：《S大学学生管理协议书》

新生入学报到指南 >> 2017

_____大学学生管理协议书

根据《中华人民共和国教育法》、《中华人民共和国高等教育法》、《普通高等学校学生管理规定》、《学生伤害事故处理办法》等有关规定，为进一步明确学校与学生在管理中各自的权利与义务，加强学校管理，强化学生法制观念和自律意识，促进学生健康成长，_____大学学生工作部（处）_____（甲方）代表学校与学生_____（乙方）签定本协议。

第一章 权利

第一条 学生在校期间依法享有下列权利：
（一）参加学校教育、教学计划安排的各项活动，使用学校提供的教育、教学资源。
（二）参加社会服务、勤工助学，在校内组织、参加学生团体及文娱体育等活动。
（三）申请奖学金、助学金及助学贷款。
（四）在思想品德、学业成绩等方面获得公正评价，完成学校规定学业后获得相应的学历证书、学位证书。
（五）对学校给予的处分或者处理有异议，向学校、教育行政部门提出申诉；对学校、教职员工侵犯其人身权、财产权等合法权益，向学校、教育行政部门提出申诉或者依法提起诉讼。
（六）法律、法规规定的其他权利。

第二条 学校依法享有下列权利：
（一）有权按照国家教育方针和学校的人才培养目标，对学生进行全面的培养和教育。
（二）有权依据国家法律、法规和政策，结合学校实际，制定并执行各种规章制度，有权对优秀学生进行表彰和奖励，有权对违纪学生进行处理。
（三）有权依据国家法律和有关规定，对学生社团和学生自治组织进行管理。
（四）有权根据国家规定收取学费等相关费用。

第二章 义务

第三条 学生在校期间依法履行下列义务：
（一）遵守国家的法律、法规和政策，遵守《高等学校学生行为准则》和《普通高等学校学生管理规定》。
（二）遵守学校的各项规章制度和纪律，服从学校有关部门的管理，应当根据自身的年龄、认知能力和法律行为能力，避免相应的危险。
（三）自觉维护学校的荣誉和形象，努力学习，完成规定学业。
（四）遵守社会公德，遵守学生行为规范，诚实守信，团结互助，积极参加集体活动和社会实践活动，讲文明，讲礼貌，养成良好的思想品德和行为习惯。
（五）按照规定缴纳学费及有关费用，履行获得贷学金及助学金的相应义务。
（六）法律、法规规定的其他义务。

第四条 学校依法履行下列义务：
（一）依法维护学生的合法权益，为学生的成长和成才提供良好的学术环境和校园文化氛围。
（二）对在校学生进行必要的安全教育，按照规定建立健全安全制度，采取相应的管理措施，预防和消除教育教学环境中存在的安全隐患；发生伤害事故时，应当及时采取措施救助受伤害学生。
（三）根据国家有关规定对家庭经济困难的学生提供帮助。
（四）尽力为学生使用教学设施、设备、图书资料等提供良好的服务。
（五）做好学生后勤保障和服务工作。
（六）为学生提供就业指导和服务，并向用人单位推荐就业。

第三章 有关责任

第五条 因学校方面的原因造成学生人身财产损失的，由学校根据国家教育部《普通高等学校学生安全教育及管理暂行规定》和《学生伤害事故处理办法》承担相应责任。

第六条 学生或者监护人知道学生有特异体质，或者患有疾病，但未告知学校，发生事故的，由学生本人或者监护人负责；学生因违反法律法规的规定、违反社会公共行为准则、学校的规章制度或者纪律，实施按其年龄和认知能力应当知道具有危险或者可能危及他人的行为，造成本人、他人或集体的人身、财产损害的，由过错学生承担相应责任。

第七条 学生参加教学实习（含野外实习）及学院批准的集体活动，应遵守活动纪律及有关规章制度，否则造成本人、他人或集体人身、财产损害的，由该学生承担责任；由学生个人及学生团体擅自组织的活动，若发生意外，由直接责任人及组织者分别承担相应责任。

第八条 学生参加实验，应遵守实验室操作规则及有关纪律，否则发生事故造成本人、他人或集体人身、财产损害的，由学生承担责任。

第九条 因下列情形之一造成的学生伤害事故，学校已履行了相应职责，行为并无不当的，无法律责任：
（一）地震、雷击、台风、洪水等不可抗拒的自然因素造成的。
（二）来自学校外部的突发性、偶然性侵害造成的。
（三）学生有特异体质、特定疾病或者异常心理状态，学校不知道或者难于知道的。
（四）学生自杀、自伤的。
（五）在对抗性或者具有风险性的体育竞赛活动中发生意外伤害的。
（六）其他意外造成伤害的。

第十条 下列情形下发生的造成学生人身损害后果的事故，学校行为并无不当的，不承担法律责任；事故责任应当按有关法律法规或者其他有关规定认定。
（一）在学生自行上学、放学、返校、离校途中发生的。
（二）在学生自行外出或者擅自离校期间发生的。
（三）在放学后、节假日或者假期等学校工作时间以外，学生自行滞留学校或者自行到校发生的。
（四）其他在学校管理职责范围外发生的。

第十一条 根据本协议应由学生承担赔偿责任的，由学生及家长或监护人负责赔偿。

第十二条 学校对学生伤害事故负有责任的，根据责任大小，承担相应责任。但不承担解决户口、住房、就业等其他事项。

第四章 安全提示

第十三条 学生在接到录取通知书后可登录　　　大学招生信息网（http://zsc.　　　cn）查询录取信息，确认通知书真伪并核对相关信息，谨防不法分子利用假录取通知行骗。

第十四条 新生到校后应主动了解学院、宿舍的联系电话并及时告知家长，遇到困难或发生情况要及时向学院报告，紧急情况可直接与学校保卫处联系（保卫处值班电话：呈贡主校区 0871-　　　　　　　　校区 0871-　　　　

第十五条 新生报到途中应妥善保管录取通知书、身份证件、银行卡、手机等贵重物品，尽量不要随身携带大量现金，对陌生人保持警惕，以防被骗、被抢等不法侵害；不要轻易向陌生人泄露家庭成员姓名、家庭住址、电话等个人信息，防止不法分子诈骗家长。

学生在大学校园生活中要有甄别不良"校园贷"的能力，如果遇到侵犯自身合法权益、未经学校批准在校园内宣传推广信贷业务的不良网络借贷平台和个人，请学生第一时间向所在学院辅导员反映情况。

第十六条 新生报到时不要携带管制刀具及易燃易爆、有毒等危险品。学生在校期间，严禁到江河、水库、坝塘等水域游泳，严禁酗酒、赌博、吸毒、参加非法组织、浏览淫秽网页。学生宿舍内严禁存放管制刀具，严禁存放易燃、易爆物品，严禁使用电炉、热得快等违禁电器，严禁乱拉电线和使用明火，不得卧床吸烟，停电或离开寝室时应切断电源或拔掉电器插头，以防火灾发生。

第十七条 新生到校后应及时了解学校管理规章制度，严格执行请销假制度，不要擅自外出、夜不归校。外出时最好结伴同行，要注意交通安全，不要乘坐非法营运车辆，严禁骑乘无牌、无证（行车证）摩托车，严禁无证（驾驶证）驾驶摩托车。

第五章 附则

第十八条 本协议适用于　　　大学在校普通全日制本、专科学生。
第十九条 本协议自学生报到之日起生效，至学生毕业之日废止。
第二十条 本协议一式三份，学校、学院及学生本人各一份。
第二十一条 本协议甲方由校学生工作部（处）签章，乙方满18周岁由学生本人签章（字），未满18周岁，由本人与家长（监护人）共同签章（字）。

甲方：　　　　　　　　　　　乙方：学生：　　　家长（监护人）：
　　　　　　　　　　　　　　所在学院：
　　　　　　　　　　　　　　班　级：
　　　　　　　　　　　　　　学　号：

参考文献

一 中文译著

［法］爱弥尔·杜尔干、马塞尔·莫斯：《原始分类》，汲喆译，渠敬东校，商务印书版2012年版。

［法］马塞尔·莫斯：《礼物——古代社会中交换的理由与形式》，汲喆译，商务印书馆2016年版。

［法］米歇尔·福柯：《规训与惩罚》，刘北成、杨远婴译，生活．读书．新知三联书店1999年版。

［法］皮埃儿·布迪厄、［美］华康德：《实践与反思：反思社会学导论》，李猛、李康译，中央编译出版社2004年版。

［法］P. 布尔迪厄：《国家精英——名牌大学与群体精神》，杨亚平译，商务印书馆2004年版。

［法］古斯塔夫·勒庞：《乌合之众：大众心理研究》，戴光年译，新世界出版社2011年版。

［法］让·波德里亚：《消费社会》，刘成富、全志刚译，南京大学出版社2001年版。

［英］哈特：《法律的概念》，许家馨、李冠宜译，法律出版社2011年版。

［英］马凌诺斯基：《西太平洋的航海者》，梁永佳、李绍明译，高丙中校，华夏出版社2001年版。

［英］马林诺斯基：《原始社会的犯罪与习俗》，原江译，法律出版社2007年版。

［英］玛丽·道格拉斯：《洁净与危险：对污染和禁忌观念的分析》，黄剑波等译，民族出版社2008年版。

［英］玛丽·道格拉斯：《制度如何思考》，张晨曲译，经济管理出版社2013

年版。

［英］A. R. 拉德克利夫－布朗：《原始社会的结构与功能》，潘蛟等译，中央民族大学出版社 1999 年版。

［英］斯蒂芬·L. 申苏尔等：《民族志方法要义：观察、访谈与调查问卷》，康敏、李荣荣译，重庆大学出版社 2014 年版。

［英］维克多·特纳：《仪式过程：结构与反结构》，黄剑波、柳博赟译，中国人民大学出版社 2006 年版。

［英］西蒙·罗伯茨：《秩序与争议：法律人类学导论》，沈伟、张铮译，上海交通大学出版社 2012 年版。

［英］安东尼·吉登斯：《社会学》（第五版），李康译，北京大学出版社 2009 年版。

［英］保罗·威利斯：《学做工：工人阶级子弟为何继承父业》，秘舒、凌旻华译，译林出版社 2013 年版。

［英］布莱恩·特纳：《身体与社会》，马海良、赵国新译，春风文艺出版社 2000 年版。

［英］奈杰尔·拉波特、乔安娜·奥弗林：《社会文化人类学的关键概念》，鲍雯妍、张亚辉译，华夏出版社 2005 年版。

［美］罗伯特·K. 默顿：《社会理论和社会结构》，唐少杰、齐心等译，译林出版社 2006 年版。

［美］哈罗德·J. 伯尔曼：《法律与宗教》，梁治平译，中国政治大学出版社 2003 年版。

［美］E. 马克. 汉森：《教育管理与组织行为》（第五版），冯大鸣译，上海教育出版社 2005 年版。

［美］霍贝尔：《原始人的法：法律的动态比较研究》，严存生译，法律出版社 2012 年版。

［美］欧文·戈夫曼：《日常生活中的自我呈献》，冯钢译，北京大学出版社 2008 年版。

［美］欧文·戈夫曼：《污名——受损身份管理札记》，宋立宏译，商务印书馆 2009 年版。

［美］乔治·瑞泽尔主编：《布莱克维尔社会理论家指南》，凌琪、刘仲翔、王修晓等译，江苏人民出版社 2009 年版。

［美］西敏司：《甜与权力——糖在近代历史上的地位》，王超、朱健刚译，商务印书馆 2017 年版。

［美］杰里·D. 穆尔：《人类学家的文化见解》，欧阳敏等译，商务印书馆 2016 年版。

［美］罗斯科·庞德：《通过法律的社会控制》，沈宗灵译，商务印书馆 1984 年版。

［美］W. L. 托马斯等：《不适应的少女》，钱军等译，山东人民出版社 1988 年版。

［美］约翰·N. 卓贝克编：《规范与法律》，杨晓楠、涂永前译，北京大学出版社 2012 年版。

［美］本杰明. N. 卡多佐：《法律的成长、法律科学的悖论》，董炯、彭冰译，中国法制出版社 2002 年版。

［美］基辛：《文化人类学》，张恭启、于嘉云译，台北巨流图书公司 1993 年版。

［美］克利福德·格尔茨：《文化的解释》，韩莉译，译林出版社 1999 年版。

［美］克利福德·吉尔兹：《地方知识——阐释人类学论文集》，杨德睿译，商务印书馆 2004 年版。

［美］杜赞奇：《文化、权力与国家——1900－1942 年的华北农村》，王福明译，江苏人民出版社 2006 年版。

［美］约翰·S. 布鲁贝克：《高等教育哲学》，王承绪等译，浙江教育出版社 1987 年版。

［美］亚伯拉罕. 弗莱克斯纳：《现代大学论：美英德大学研究》，徐辉、陈晓菲译，浙江教育出版社 2001 年版。

［美］约翰·杜威：《学校与社会·明日之学校》，赵祥麟、任钟印等译，人民教育出版社 2005 年版。

［美］罗伯特·C. 埃里克森：《无需法律的秩序——邻人如何解决纠纷》，苏力译，中国政法大学出版社 2003 年版。

［美］埃里克·A. 波斯纳：《法律与社会规范》，沈明译，中国政法大学出版社 2004 年版。

［美］亚历克斯·梯尔：《越轨社会学》（第 10 版），王海霞等译，中国人民大学出版社 2011 年版。

[美]哈里·F. 沃尔科特：《校长办公室的那个人：一项民族志研究》，杨海燕译，重庆大学出版社2009年版。

[美]乔治·凯林、凯瑟琳·科尔斯：《破窗效应：失序世界的关键影响力》，陈智文译，生活．读书．新知三联书店2014年版。

[美]E. A. 罗斯：《社会控制》，秦志勇、毛永政译，华夏出版社1989年版。

[美]劳伦斯·罗森：《法律与文化——一位法律人类学家的邀请》，彭艳崇译，法律出版社2011年版。

[美]威廉A. 哈维兰等：《文化人类学：人类的挑战》，陈相超等译，机械工业出版社2014年版。

[美]露丝·本尼迪克特：《文化模式》，王炜等译，社会科学文献出版社2009年版。

[美]詹姆斯·马奇、马丁·舒尔茨、周雪光、童根兴：《规则的动态演变：成文组织规则的变化》，童根兴译，上海人民出版社2005年版。

[美]詹姆斯．C. 斯科特：《弱者的武器》，郑广怀等译，译林出版社2007年版。

[美]P. 诺内特、P. 塞尔兹尼克：《转变中的法律与社会：迈向回应型法》，张志铭译，中国政法大学出版社1994年版。

[美]奥斯汀·萨拉特编：《布莱克维尔法律与社会指南》，高鸿钧等译，北京大学出版社2011年版。

[德]马克斯·韦伯：《论经济与社会中的法律》，张乃根译，中国大百科全书出版社1998年版。

[德]耶林：《法学是一门科学吗》，李君韬译，法律出版社2010年版。

[德]哈贝马斯：《在事实与规范之间：关于法律和民主法治国的商谈理论》，童世骏译，生活．读书．新知三联书店2003年版。

[德]卢曼：《社会的法律》，郑伊倩译，人民出版社2009年版。

[日]棚濑孝雄：《纠纷的解决与审判制度》，王亚新译，中国政法大学出版社1994年版。

[日]千叶正士：《法律多元：从日本法律文化迈向一般理论》，强世功等译，中国政法大学出版社1997年版。

[日]青木昌彦：《比较制度分析》，周黎安译，远东出版社2001年版。

[挪威]弗雷德里克·巴特等：《人类学的四大传统：英国、德国、法国和美

国的人类学》，高丙中等译，商务印书馆2008年版。

［挪威］托马斯·许兰德·埃里克森：《小地方，大论题：社会文化人类学导论》，董薇译，商务印书馆2008年版。

［挪威］托马斯·许兰德·埃里克森：《什么是人类学》，周云水等译，北京大学2013年版。

［爱尔兰］约翰·莫里斯·凯利：《西方法律思想简史》，王笑红译，法律出版社2010年版。

［比］马克·范·胡克：《法律的沟通之维》，孙国东译，法律出版社2008年版。

二 中文专著

蔡春：《在权力与权利之间：教育政治学导论》，北京师范大学出版社2010年版。

曹正汉：《观念如何塑造制度》，人民出版社2005年版。

董云川、周宏：《大学的文化使命——文化育人的彷徨与生机》，人民出版社2012年版。

董云川：《寻找迷失的象牙塔》，人民出版社2012年版。

费孝通：《乡土中国、生育制度》，北京大学出版社1998年版。

冯凡彦：《舍勒价值秩序理论及当代启示研究》，中国社会科学出版社2015年版。

高其才主编：《当代中国少数民族习惯法》，法律出版社2011年版。

高宣扬：《当代社会理论》，中国人民大学出版社2005年版。

蒋超：《学校法通论》，四川出版集团2006年版。

金生鈜：《教育与正义——教育正义的哲学想象》，福建教育出版社2012年版。

李锦辉：《规范与认同——制度法律理论研究》，山东人民出版社2011年版。

李栗燕：《后现代法学思潮评析》，气象出版社2010年版。

梁治平：《法律解释问题》，法律出版社1998年版。

林惠祥：《文化人类学》，商务印书馆2005年版。

刘星：《西方法律思想导论：传说与学说》，法律出版社2007年版（a）。

刘星：《中国法律思想导论：故事与观念》，法律出版社2007年版（b）。

刘作翔：《法律文化理论》，商务印书馆1999年版。
吕世伦：《西方法律思想史论》，商务印书馆2006年版。
罗豪才：《软法与公共治理》，北京大学出版社2006年版。
罗洪洋：《法人类学的理论与实践》，中国政法大学出版社2013年版。
马凤岐：《变革时代大学的核心价值：高等教育哲学的几个基本问题》，北京师范大学出版社2013年版。
马英：《论法律的现代性》，吉林大学出版社2009年版。
聂长建：《孔子法政哲学的现代性阐释》，中国社会科学出版社2013年版。
彭艳崇：《行动中的法：中国单位组织内在秩序的个案研究》，法律出版社2011年版。
彭华民主编：《人类行为与社会环境》，高等教育出版社2011年版。
苏力：《制度是如何形成的》，中山大学出版社1999年版。
苏力：《送法下乡：中国基层司法制度研究》，北京大学出版社2011年版。
苏力：《法治及其本土资源》，北京大学出版社2015年版。
王邦虎：《校园文化论》，人民教育出版社2000年版。
王铭铭：《社会人类学与中国研究》，生活．读书．新知三联书店1997年版。
王铭铭：《西方人类学思潮十讲》，广西师范大学出版社2005年版。
王启梁、张剑源主编：《法律的经验研究：方法与应用》，北京大学出版社2014年版。
吴宗金、张晓辉：《中国民族法学》，法律出版社2002年版。
谢立中：《结构－制度分析，还是过程－事件分析？》，社会科学文献出版社2010年版。
於兴中：《法理学前沿》，中国民主法制出版社2015年版。
袁德主编：《社区文化论》，中国社会出版社2010年版。
张冠梓主编：《法律人类学：名家与名著》，山东人民出版社2011年版。
张文显：《二十世纪西方法哲学思潮研究》，法律出版社1996年版。
张文显：《西方法哲学》，法律出版社2011年版。
张晓辉主编：《中国法律在少数民族地区的实施》，云南大学出版社1994年版。
张晓辉：《多民族社会中的法律与文化》，法律出版社2011年版。
张晓辉：《法律人类学的理论与方法》，北京大学出版社2019年版。

张云霞：《教育功能的社会学研究》，武汉大学出版社 2011 年版。

张力、金家新：《公立大学法人主体与治理结构完善研究》，华中科技大学出版社 2016 年版。

赵旭东：《权力与公正——乡土社会的纠纷解决与权威多元》，天津古籍出版社 2003 年版。

赵旭东：《本土异域间：人类学研究中的自我、文化与他者》，北京大学出版社 2011 年版（a）。

赵旭东：《法律与文化：法律人类学研究与中国经验》，北京大学出版社 2011 年版（b）。

朱晓阳：《罪过与惩罚：小村故事（1931－1997）》，天津古籍出版社 2003 年版。

庄孔韶主编：《人类学概论》，中国人民大学出版社 2006 年版。

三　中文论文

宾凯：《法律悖论及其生产性——从社会系统论的二阶观察理论出发》，《上海交通大学学报》（哲学社会科学版）2012 年第 1 期。

曹辉：《大学内部治理中的学生参与：动因，路径及其实现》，《国家教育行政学院学报》2020 年第 2 期。

陈立鹏、杨阳：《大学章程法律地位的厘清与实施机制探讨——基于软法的视角》，《中国高教研究》2015 年第 2 期。

丁以升、李清春：《公民为什么遵守法律？——评析西方学者关于公民守法理由的理论（上）》，《法学评论》2003 年第 6 期。

丁以升、李清春：《公民为什么遵守法律？——评析西方学者关于公民守法理由的理论（下）》，《法学评论》2004 年第 1 期。

杜晓林：《依法治国前提下依法治校的思考与对策》，《高等农业教育》2015 年第 4 期。

方文晖：《论大学章程的现实意义——基于法律和文化的视角》，《贵州社会科学》2011 年第 8 期。

高晓文、于伟：《弱者的武器：教师的日常抗争策略研究》，《教师教育研究》2018 年第 5 期。

韩兵：《德国司法审查学校学生管理纠纷的理论与实践》，《河北法学》2010

年第 2 期。

侯恩宾：《从社会管理到共建共治共享社会治理：内涵、逻辑及其方式的转换》，《理论学刊》2018 年第 7 期。

纪敏、谢晓斌：《学校治理与学生管理：当代高校学生事务管理的革新向度》，《江苏高教》2017 年第 3 期。

晋涛：《高校惩戒权的法治化审查：蕴含内容与推进路径——以〈高等学校学生管理规定〉为参照》，《教育发展研究》2020 年第 1 期。

刘东亮：《还原正当程序的本质——"正当过程"的程序观及其方法论意义》，《浙江社会科学》2017 年第 4 期。

刘柳：《论习惯的内在化及其法哲学意义——对哈特习惯理论的反思与推进》，《浙江社会科学》2018 年第 11 期。

马和民、何芳：《学校规则、日常规则与社会适应——基于学生日常生活的社会学分析》，《外国中小学教育》2009 年第 11 期。

秦昀、高恒山：《高校学校纠纷处理中的正当程序研究》，《中国高教研究》2018 年第 9 期。

邵从清：《思想政治教育的文化机理及其实现路径》，《江苏高教》2016 年第 3 期。

孙杰远：《论民族地区社会治理的认同逻辑与教育支持》，《教育研究》2018 年第 11 期。

王红雨、闫广芬：《大学与社会关系新探——以卢曼的社会系统理论为中心》，《高教探索》2016 年第 5 期。

王凌皞、葛岩、秦裕林：《多学科视角下的守法行为研究——兼论自动守法中的高效认知界面优化》，《浙江社会科学》2015 年第 8 期。

王晓升：《现代性视角下的社会整合问题——哈贝马斯交往行动理论的启示》，《武汉大学学报》（哲学社会科学版）2018 年第 6 期。

谢立中：《哈贝马斯的"沟通有效性理论"：前提或限制》，《北京大学学报》（哲学社会科学版）2014 年第 5 期。

张俊友：《美国公立学校停学处分中的正当程序——以 Goss 案为中心的分析》，《西北师大学报》（社会科学版）2017 年第 6 期。

张冉：《高校校规：大学自治与国家监督间的张力》，《清华大学教育研究》2011 年第 6 期。

周详:《我国公立大学的法律属性与依法治教的推进》,《中国高教研究》2015 年第 11 期。

四 外文资料

Brown, S. C et al: "Exploring Complex Phenomena: Grounded Theory in Student Affairs Research" *Journal of College Student Development*, Vol. 43, No. 2, 2002, p. 173 –183.

Evans, N. J. Guiding Principles, "A Review and Analysis of Student Affairs Philosophical Statements" *Journal of College Student Development*, Vol. 42, No. 4, 2000, p. 359 – 377.

Elkins and Becki, "Looking Back and Ahead, What We Must Learn From 30 Years of Student Affairs Assessment", *New Directions for Student Services*, Vol. 151, 2015, p. 39 –48.

Kashima, Y, "Culture as Meaning System Versus Culture as Signification Process". *Journal of Cross Cultural Psychology*, Vol. 31, No. 1, 2000, p. 50—53.

Lauren, B, "Critical Issues for Student Affairs: Challenges and Opportunities". *Journal of College Student Development*, Vol. 48, No. 6, 2006, p. 730 – 731.

Magolda, Marcia B, "Identity and Learning: Student Affairs' Role in Transforming Higher Education". *Journal of College Student Development*, Vol. 44 (Mar/Apr), 2002, p. 231 – 247.

Merry, S. E., "Legal Pluralism", *Law and Society Review*, Vol. 22, No. 5, 1988, p. 869 – 896.

Nader, L., "Controlling Processes Tracing the Dynamic Components of Power", *Current Anthropology*, Vol. 38, No. 5, 1997, p. 711 – 738.

Nader, L., "Coercive Harmony: the Political Economy of Legal Model", *Kroeber Anthropological Society Papers*, No. 80, 1994, P. 1 – 13.

Roberts, Simon, *Order and Dispute: An Introduction to Legal Anthropology*, New York: St. Martin's Press, 1979.

Shumar, Wesley and M. P. D. Shabana, *Cultural Anthropology Looks at Higher Education*, Wiley-Blackwell, 2011.

Torres, V., Jones, S. R., Renn, K. A., "Identity Development Theories in Student

Affairs: Origins, Current Status, and New Approaches", *Journal of College Student Development*, Vol. 50, No. 6, 2009, p. 577 – 596.

Williams, P. J., *The Alchemy of Race and Rights*: *Diary of a law professor*, Cambridge, MA: Harvard University Press, 1991.

五 法律法规、政策文件

全国人大常委会:《中华人民共和国学位条例》,1980年2月12日通过,1981年1月1日起施行,2004年8月28日经全国人大常委会修正。

国务院学位委员会:《学位条例暂行实施办法》,1981年5月20日经国务院批准实施。

国家教育委员会:《高等学校校园秩序管理若干规定》,1990年9月18日公布施行。

教育部:《普通高等学校学生安全教育及管理暂行规定》,1992年4月15日公布施行。

全国人民代表大会:《中华人民共和国教育法》,1995年9月1日起施行。经2009年8月27日第十一届全国人民代表大会常务委员会第十次会议第一次修正。经2015年12月27日第十二届全国人民代表大会常务委员会第十八次会议第二次修正。经2021年4月29日第十三届全国人民代表大会常务委员会第二十八次会议第三次修正。

全国人大常委会:《中华人民共和国高等教育法》,1998年8月29日公布施行。经第十二届全国人民代表大会常务委员会第十八次会议于2015年12月27日修订,自2016年6月1日起施行。经2018年12月29日第十三届全国人民代表大会常务委员会第七次会议第二次修正。

国家教育委员会:《研究生学籍管理规定》(教学[1995]4号),1995年9月施行。

教育部:《学生伤害事故处理办法》,2002年9月1日起施行。根据2010年12月13日《教育部关于修改和废止部分规章的决定》修改后施行。

教育部:《普通高等学校学生管理规定》,2005年2月4日经部长会议通过,2005年9月1日起施行。2016年12月经教育部第49次部长办公会议修订通过(教育部第41号令),自2017年9月1日起施行。

教育部:《国家教育考试违规处理办法》,2004年5月19日公布。2011年12

月23日经第41次教育部部长办公会议修订，自2012年4月1日起施行。

中共中央、国务院：《关于进一步加强和改进大学生思想政治教育的意见》（中发［2004］16号文件），2004年10月。

教育部、共青团中央：《关于加强和改进高等学校园文化建设的意见》（教社政［2004］16号文件），自2004年12月13日起实施。

教育部、共青团中央：《关于进一步加强高等学校校园网络管理工作的意见》（教社政［2004］17号文件）。

教育部：《普通高等学校辅导员队伍建设规定》自2006年9月1日起施行。2017年8月31日经教育部第32次部长办公会议修订，自2017年10月1日起施行。

中共中央办公厅、国务院办公厅：《关于实施中华优秀传统文化传承发展工程的意见》，2017年1月。

中共教育部党组：《关于认真学习贯彻全国教育大会精神的通知》（教党〔2018〕50号）。

中共中央、国务院：《新时代爱国主义教育实施纲要》，2019年11月。

后　记

　　二十多年前，我因懵懂未知而迷恋法科，从歌乐山下开启求学历程。山城盛夏的火热并没有阻却我攀登"法学阶梯"的脚步，得以聆听诸位泰斗的课程与讲演，深以为三生所幸。应届毕业后，我回到家乡春城，到云南大学法学院继续学业。银杏古道，海棠映日，三载求学，暂别母校，十载蹉跎，再拜师门。

　　于而立之年又折返云南大学攻读博士学位，自有无限酸甜苦辣。完成书稿最后一行之时，回首入学以来的种种，不禁感慨万千。平日里那些来不及或羞于表达的感激全都涌上心头，于此刻终可一一倾诉：

　　感谢我的导师张晓辉教授。恩师的高尚品德、渊博学识、严谨态度和仁爱之心是我毕生学习的楷模。老师素以对学生品行和学业的严格要求而著称于云大，每一次为我们讲学或修改论文，他都会倾其所能、细致入微，容不得半点马虎，而我们也都正襟危坐，不敢丝毫懈怠。然而，在生活中他却是一位慈祥和蔼的长者，细心关照每一名弟子。作为老师门下最后一届学生，我更多地获得老师提点，也让老师更为劳神，在此向恩师表达最真诚的谢意。同样感谢师母陈华林女士。师母的温婉优美与恩师的睿智儒雅格外般配，她时常耐心地倾听我们遇到的困难与焦虑，以乐观豁达的人生哲理为我们指点迷津。恩师与师母携手走过数十载风雨，二老不离不弃的一世情缘给我们诠释着真爱与责任的深意。

　　感谢云南大学法学院方慧教授、牟军教授、吴大华教授、王启梁教授、沈寿文教授、罗刚教授和导师组的每一位老师。老师们的精彩授课和严厉批评为我的学业提供了巨大帮助。本书中的很多观点得益于诸位教学中的启示或课程指定阅读文献，如果没有老师们的指引、教促，我肯定难以组织起本书所需理论，在此一并感谢。

　　感谢莫关耀教授，他对我有知遇之恩。这位亦师亦友的前辈多年来一直督促我继续学业。可以说，如果没有他当年对我"不务正业"的当头棒喝，我也许就不会再次燃起对学业的追求。莫老一直鼓励我坚持法律人刚毅的品格和心怀社会的情怀，同时也为我的研习提供了大量机会与慷慨资助。

感谢S大学蔡老、亚娜、阿郑、凌月及诸位受访者。他们一路陪伴，为我完成田野工作提供了大量信息与帮助。正是融入他们的生活与视界，我才得以看到不一样的过程和事件，才能从更宽广的角度记录田野、验证理论。尽管写作已经结束，但与他们在S大学相处的记忆总会让我感到亲切。

感谢我的同门师兄师姐，尤其是婉琳教授、王鑫师兄、秋俊师姐和静宜。他们无私地把课程笔记、参考文献和学习经验与我分享，帮助我逐渐适应师门中的学习方法与节奏，帮助我分析论文的组织架构、理顺书写逻辑，在此诚挚感谢。

感谢我的同窗好友晓堰、海燕、易军、赵璐、薛鸿和艳华。我们一起度过了公共课堂上的侃侃长谈，一起经过了导师组的教诲考验，也一起漫步在校园春光。这些共同过往，将成为我们时常怀念的美好，无论身在何方。

感谢我的挚友陈颖博士。我俩相识、相知至今已超过三十年，我们无话不说，却又可以无需言语而读懂对方。无论是人生的不易或是学业的困惑，我们总能彼此开导、互相陪伴。正因有友如斯，我的人生不孤单。

最深的感谢给我的家人。感谢爸爸和妈妈，他们对我无私的疼爱与信任是我一生健康、自信与快乐的源泉。无论遇到怎样的困难与烦恼，只要回到他们身边，听一番爸爸的论道，喝一口妈妈的热汤，一切都会云开雾散，雨过天晴。为了让我能在工作之余还有时间学习，他们很多时候都替我照顾年幼的儿子，给予他无微不至的呵护。感谢我的丈夫和儿子，他们常常包容我在生活中的粗枝大叶和各种违反烹饪原则的"黑暗料理"。有他们的日子总是生机勃勃，精彩热闹。丈夫大熊负责照顾全家人的衣食起居，承担起大部分家务，并对我文中的观点进行批评与挑战，顺便帮助校对文稿；儿子小熊，总会在我读书写稿太久时，极尽所能、卖萌耍宝，把我的注意力吸引到他身上，顺便让我得以休息、放松。

在向上述亲友师长表达深深谢意之余，最不能忘的是提醒自己：求学之路无止境，为避免迷航和困苦，我需要始终铭记自己为何而出发，厘定目标、且歌且行！对于人们司空见惯的大学"校规"，还有很多理论与实践问题值得我去进一步关注、研究，因为校规的生动运行关乎着每一个师生在大学的生活秩序、关乎着规范教育目标的达成，甚至关乎社会对高等教育价值功能的评判。作为一个以高校学生教育管理为业的研习者，我有责任立足于前进中的时代背景，不断开拓学术眼界，应用更有效的理论工具对大学校规与受其规制的主体间互动展开持续观察与评述，不断思考大学内部的规范教育如何才能促进受教育者成长为社会治理实践中的适格主体。本书的写作，仅是这一研习目标的开篇！

最后，感谢云南师范大学外国语学院为本书的出版给予慷慨资助！

杜敏菊
2021 年 9 月于云南昆明